房地产基金
Real Estate Fund

张 健 著

中国建筑工业出版社

图书在版编目（CIP）数据

房地产基金/张健著. —北京：中国建筑工业出版社，2012.2
ISBN 978 - 7 - 112 - 13916 - 3

Ⅰ.①房…　Ⅱ.①张…　Ⅲ.①房地产－投资基金－中国
Ⅳ.①F299.233.5②F832.45

中国版本图书馆 CIP 数据核字（2011）第 278028 号

房地产基金
Real Estate Fund
张　健　著

*

中国建筑工业出版社出版、发行（北京西郊百万庄）
各地新华书店、建筑书店经销
北京嘉泰利德公司制版
北京市安泰印刷厂印刷

*

开本：787×960 毫米　1/16　印张：16　字数：242 千字
2012 年 3 月第一版　2017 年 9 月第四次印刷
定价：38.00 元
ISBN 978 - 7 - 112 - 13916 - 3
(21948)

内容提要

　　房地产股权投资基金（本书简称房地产基金），对我国房地产业和金融业有巨大的积极作用，它是金融创新，也使投资者有一个新的投资渠道以及房地产企业拥有更多和更灵活的融资渠道。房地产股权投资基金在中国从无到有，业内关注度极高。

　　本书依据作者20多年海内外直接的市场操作经验和深厚的理论知识，系统介绍了房地产股权投资基金的运用与管理。全书共分4章，包括房地产基金的起源，房地产基金的内容，房地产基金的现状和前景以及怎样投资房地产基金。为方便阅读掌握最新政策，最后还附有与房地产基金相关的法律法规文件。

　　本书题材新颖，案例生动，文字严谨，资料丰富，内容达到一定深度和广度。适合的读者包括投资者、房地产、银行、信托、私募股权基金、公募和私募证券基金、保险等相关行业的专业人士和学者。

责任编辑：封　　毅

责任设计：叶延春

责任校对：刘梦然　陈晶晶

作者简介

张健

资深房地产投融资和战略专家、筑石股权投资基金管理（上海）有限公司总裁、盛世神州房地产投资基金管理公司首席投资官、全国工商联房地产商会清华大学房地产总裁商会特聘专家、多所著名大学 MBA 和房地产总裁班客座教授。毕业于上海同济大学和澳大利亚西悉尼大学，在房地产投资、开发、基金和战略方面有 20 多年经验。

曾任职于全球最大的房地产投资集团之一的联胜集团和澳大利亚最大的投资银行麦格理银行，长期担任房地产和金融企业高级管理职位（包括房地产企业董事总经理、区域总经理、副总经理和首席金融专家）；多年来惠助国内外许多知名的房地产公司和投资者获得成功。在中国房地产投资、融资和战略服务方面处于引导和领先地位。

为世茂集团、万科集团、中冶置业、海航集团、中华企业、中房集团、四川蓝光集团、佳兆业集团、香港英皇集团、香港建设（控股）有限公司、英国皇家特许测量师学会、全国工商联房地产商会、麦格理银行、北京大学、清华大学、中国人民大学、浙江大学、上海交通大学、上海财经大学和厦门大学等提供房地产投融资和战略咨询服务、企业培训和授课。经常受邀在国内外房地产专业论坛发表演讲，著有《房地产投资》、《房地产企业融资》和《房地产理财》等六部房地产专著。

Email：jzhanggcf@163.com

前　言

凡二十余年游走在金融与房地产之间，虽身经百战，但精不疲，力未尽，至今仍斗志昂扬。要问动力何在？就是想多做一点事，成为一个对社会有用的人。多年来我一直着迷于两件事：读书与写作。读书是为了打开知识的视窗，让自己从不知到知之，从知之甚少到了解较多。作为多所名校的客座教授，勤学是一种责任，是为了在教学时面对求知若渴的学生多一份百问难不倒的自信；作为企业的高层管理者博学使我在企业实操中多一点方向感，少一点盲动。学行结合不仅仅是达成企业目标，而且还是一个对知识求证即"去粗取精，去伪存真"的过程。写作对我而言不仅是一种兴趣，也是增加信息量并学习、提高和总结的过程。在即将出版我的第七本专著时，写下以上的感言，就是想说明我乐此不疲地一本一本出书的真实目的。

金融与房地产业是我最熟悉的两个领域，我在国内、国外的学习与工作经历都涉及这两个行业，这次撰写的《房地产基金》一书，就是系统地介绍房地产基金的募集、投资、管理以及怎样投资房地产基金。

我多次提到对中国内地来说房地产行业是一个新兴的行业，在二十多年的发展历程中，对国家经济的发展、城市化的贡献、人民居住生活的改善起到巨大的作用，这是有目共睹、举世公认的。但如同国家经济一样房地产也遭遇到"快速与粗放，效率与公平，增长与发展"的问题与矛盾：房价居高难下、政策两极运行、土地住房供需失衡、银行贷款风险加剧、房地产投资产品单一、金融市场发育不良、行业操作不规范等。事实上，房地产市场的这些问题正是我国经济发展问题的一部分，它折射的是社会的问题与矛盾。出现这么多问题的原因是什么？这里面既有政策、制度层面的问题，也有操作技术的问题。中国建筑工业出版社出版的我的房地产系列专著包括这本

《房地产基金》，就是在探讨如何避免或少走一些弯路。在与先进国家的比较中，发现问题所在，找出解决之道。哪些方面我们可以做得更好？作为个人和机构投资者怎样利用房地产周期获利？为什么房地产股权投资基金会在当前出现且受到各方面的欢迎？现在是否是社会资金投资房地产股权投资基金的好时机？机构和个人投资者怎样从投资房地产股权投资基金中获得较大收益？房地产股权投资基金能否很好地解决房地产企业缺乏资金的问题？

近二三十年来，被誉为"资本主义新贵"和"资本催化剂"的股权投资基金（也可称私募股权基金或私募股权投资，英文 Private Equity 或简称 PE）在国际上日益兴起，成为一种同产业资本相融合的强大的金融资本力量，它的投资回报总体上也要大大超越股票和债券投资。股权投资基金整体相对许多其他金融产品有更高的收益率以及对产业发展有更强的关联性，它一直吸引着产业投资者们的关注。

与房地产市场和投资相比，目前国内在房地产金融方面的实践和创新都显得较缓慢，甚至很多专业人士对房地产股权投资基金（又称：房地产私募股权基金或房地产私募基金）、房地产投资信托基金和房地产夹层融资等一些基本概念混淆不清。这些年，世界经济论坛公布了《全球竞争力报告》，中国的排名有较大上升，超过印度、俄罗斯和巴西，在"金砖四国"中处于领先位置。报告指出中国在金融的市场成熟性和高等教育等方面存有不足。

报告的结果表明虽然我国经济多年来良好发展，但是我们应该意识到我们在房地产金融实践、房地产金融教育和人才方面存在明显的差距。而事实上，房地产股权投资基金在房地产和金融方面的应用道理并不晦涩难懂，它是一种私募（或称为非上市）的房地产融资和投资产品；它的融资者主要是房地产开发商，它的投资者包括企业和个人。记得 10 年前我在澳大利亚麦格理银行任职时，麦格理银行投资在上海和天津的房地产项目，都是以私募基金形式在海外募集的；海外的保险基金、养老金、大学基金和富有的个人都非常乐意投资房地产私募股权投资基金。当然在这一过程中，许多其他机构包括律师事务所和托管银行等中介机构也发挥了一定的作用。

　　而从 2010 年 4 月中旬起，为控制国内房地产投资过热和房价过快上升的趋势，中央和地方政府连续出台严厉的调控政策，譬如住房限购政策、大量建设保障房政策、央行对房地产业的银根紧缩政策、国家对地方融资平台更严格的控制政策、银监会对银信合作严厉的政策。因此，在当前形势下，许多房地产企业的融资难问题更加突出。

　　近年来，特别是 2008 年全球金融危机爆发以来，我国政府对房地产金融创新的关注也日益加深；十七大报告指出，要优化资本市场结构，多渠道提高直接融资比重。因此，促进资本市场稳定健康发展，推动金融结构转型，对于提升我国经济竞争力具有现实而重要的意义。2010 年 4 月 28 日国务院常务会议上确定了 2010 年的重点改革任务，包括："加快推进政策性金融机构改革，启动资产管理公司商业化转型试点。加快股权投资基金制度建设"。2011 年 3 月 16 日国家发布了《中华人民共和国国民经济和社会发展第十二个五年（2011—2015 年）规划纲要》，作为未来五年我国经济社会发展的宏伟蓝图，它指出"促进创业投资和股权投资健康发展，规范发展私募基金市场"。近几年来，特别是 2010 年以来，房地产股权投资基金在我国初露头角但发展迅速；北京、上海和天津等发展尤为突出，许多运作的基金和企业已经获得了回报。我相信房地产股权投资基金发展也正在且必将会给我国房地产和金融市场带来更多的活力。

　　房地产股权投资基金对中国房地产金融具有创新意义，例如降低银行风险、增加开发商融资渠道和增加投资者投资产品等，可以说它是中国房地产业和金融业发展的必然产物，它的发展对我国房地产业和金融业也会产生巨大的积极作用。房地产股权投资基金投资的范围可以较广泛，从传统的房地产五大分类（住宅、商业、办公楼、宾馆旅游、工业房地产）到目前我国的很多细分市场，譬如养生养老地产、文化地产、创新创业园区等。

　　房地产股权投资基金在中国从无到有，现在恰逢房地产和金融的整合时代。改革开放 30 年来，造就了大批富有的企业和个人，他们都是潜在的基金投资人；而能够把握商机但缺乏融资渠道的房地产企业可能是潜在的基金融资者。我们相信，随着股权投资基金的参与，房地产企业将有更多和更灵活的融资渠道，它也将会引导房地产行业向各级城市以及其他潜力较大的房地产领域发展。

本书通过海内外直接的市场操作方面经验和理论知识对中国的房地产投资市场作出较全面系统的分析研究。非常幸运的是我多年来的海内外工作、研究、MBA 教学和演讲也与本书内容直接有关，但在完成这样一本较全面和较有深度的书籍中，还是受到了许多人的帮助和支持。这里首先要感谢浙江大学东南土地管理学院吴次芳院长多年前向中国建筑工业出版社的编辑推荐作者；感谢房地产权威专家张泓铭教授的鼓励；感谢中国建筑工业出版社的封毅编辑为本书付出的辛勤工作，她精湛的编辑水平包括对本书的主题和许多具体内容给出的意见和建议为此书增色很多，这也是中国建筑工业出版社出版的我的第四本专著，其他三本专著《房地产企业融资》、《房地产投资》和《房地产理财》的销售情况非常好；还要感谢我曾经任职的联胜（Lend Lease）集团、麦格理银行（Macquarie Bank）的许多同事、澳大利亚西悉尼大学和美国哥伦比亚大学的教授和老师，是你们才使我的工作变得更专业，人也更自信。感谢老朋友、澳大利亚皇家墨尔本理工大学的戴维·希金（David Higgins）教授，做过房地产基金经理和高级研究主管的希金教授，十多年来一直给了我许多目前世界上最先进的房地产信息。感谢老朋友、中国豪宅研究院朱晓红院长给的宝贵意见。感谢盛世神州房地产投资基金管理公司董事长、全国房地产投资基金联盟会长张民耕博士的支持。

盛世神州房地产投资基金管理公司是由北京银信投资有限公司、阳光壹佰集团、上海复地房地产开发有限公司、富汇投资管理有限公司、全国工商联房地产商会委托喜神资产管理公司五家专业机构联合发起设立的私募投资基金，投资的目标是中国具有明确增值潜力的房地产开发项目。

凭借发起人在国内各地跨区域房地产项目的开发经营管理经验以及不动产投资领域的斐然成就，基金拥有了丰富的政府合作资源，项目潜在价值挖掘与开发能力，以及强有力的项目全程管控能力。同时，基金管理团队更是整合了具备海外基金发起投资运营经验和国内房地产开发与投资管理的优秀人才。以上独特与突出的整体优势，使得盛世神州基金可以为其投资人在提供长期良好稳定回报的同时，充分保障资金的运作效率与安全。

盛世神州房地产投资基金管理（北京）有限公司作为盛世神州基金唯一的普通合伙人，为体现自己的信心以及保证与其他有限合伙人利益的一致性，打破普通合伙人只需在有限合伙企业投资 1% 的惯例，普通合伙人加上发起人股东的共同出资的规模可以达到基金规模的 10%。在投资决策机制方面，管理团队精心挑选项目后，由管理公司邀请的 9 名房地产和金融界知名资深人士组成的投资顾问委员会和由 14 名专家组成的投资决策委员会进行精准判断与专业决策，为项目的风险控制增加了可靠保障。

还要感谢我做过讲课、培训和咨询服务的万科集团、世茂集团、中冶置业、中国铁建、海航集团、中华企业、中房集团、四川蓝光集团、佳兆业集团、香港英皇集团、香港建设（控股）有限公司、英国皇家特许测量师学会、全国工商联房地产商会、麦格理银行、美国哥伦比亚大学、香港理工大学、清华大学、北京大学、中国人民大学、浙江大学、上海交通大学、上海财经大学、上海大学、厦门大学和西北大学等有关专家和朋友的支持和鼓励。最后也最重要的是，我要感谢我的家人对我的支持。

在写作本书的最后阶段，有三件事也给了作者较大启示：

首先，惊闻乔布斯辞世。乔布斯在科技创新领域的成就是有目共睹的，值得所有生者学习！乔布斯留下的最大财富，其中追求创新和完美，应该是我们基金投资和管理需要遵循和追求的。

第二，温州发生了"金融危机"，其中企业融资难和不规范的民间借贷等也引起了中央高层的关注。民间借贷的勃兴，一定程度上是对金融市场真实供求关系的一种呈现；而规范发展民间资金的投融资，股权投资基金或私募基金的发展将有很大的空间。

第三，中国人民大学律师学院聘请我作为客座教授，说明我国的房地产金融和创新与法律及政策密切相关，同时也是对我的鼓励。

写作本书确实不易，由于自己还担任基金管理公司总裁，主持日常工作。出差非常频繁，几乎每天与投资者和企业家见面。正因为这种接触与交流，使我体会到我们做房地产基金投资和管理正是灵活应用了市场上的"信息不对称，资源不对称"来获得成功，以及"最好的投资者是成功的机构和个人"和"最佳的投资和投资结构的灵感和安排多数应该来自于企业家"；也使我更加尊崇来自实战层面的经验。

原本此书名是《房地产股权投资基金》，考虑到太专业和太长，我仔细斟酌了几回，最后取名《房地产基金》。写作本书，我一如既往地秉持认真和严谨负责的态度，认真落笔，尽量做到本书内容有一定深度和广度。本书适合的读者包括投资者、房地产、银行、信托、私募股权基金、公募和私募证券基金、保险等相关行业的专业人士和学者。对本书中存在的不足之处，全由我个人负责，并恳切期盼有关企业家、专家和读者提出宝贵意见。

张健

2012 年 1 月于北京

目　录

第1章 房地产股权投资基金的运作来自于生活

导读

2010年7月和2011年4月我先后发表了文章"房地产股权投资基金的运作——从《唐山大地震》投融资模式谈起"和"房地产股权投资基金的运作——从《乔家大院》谈起",并在一些房地产总裁班和研讨会上作了演讲,受到了很多专家和朋友的关注和认同,使得大家对怎样投资房地产股权投资基金、基金合伙人的责权利、股权投资结构、民间集资、票号和钱庄等有了更加形象和深刻的认识。

"一个伟大的创新常常来自于一个简单的想法",如果将电影和电视剧直接与房地产股权投资基金的运作挂钩来演示是一个创新,那这个简单的创新是来自于我自己的一个简单的想法——好的文化产品和投资产品同样是贴近和来自生活的。

从《唐山大地震》投融资模式谈房地产股权投资基金的运作

2010年7月下旬与全国各地天气同样火热的电影是《唐山大地震》，它7月22日公映首日豪取3620万元的票房，超越《阿凡达》，创造了中国电影史首日票房新纪录。截至7月31日凌晨，全国总票房已经超过3亿元。事实上，《唐山大地震》的成功也是私募基金运作模式成功的一个典型案例。

《唐山大地震》起初由唐山市政府、华谊兄弟和中影集团三方投资，据合同约定三方的投资比例分别为50%、45%、5%，投资额分别为6000万元、5400万元和600万元，合计1.2亿元的总投资。随后，华谊兄弟又将5400万元的投资进行二次分解，由浙江影视集团、香港英皇和寰亚与华谊兄弟共同承担。作为最大出资人的唐山市政府，6000万元中的15%（900万元）作为投资，其余5100万元作为"赞助"；在收益上，要华谊兄弟的投资先回收，再回收唐山市政府15%的投资，剩下的收益才是双方平均分配；现在看来唐山市政府应该是"名利双收"了，下面通过《唐山大地震》投融资和运作模式来分析它和房地产私募基金运作的异曲同工之处。

优秀的项目——《唐山大地震》电影剧本

《唐山大地震》以方家一家人的命运故事为题材，结合亲情爱情为主旋律，它唤醒了人们对那个年代的不眠回忆。因此，良好的题材也是该剧为什么取得如此好的票房收入的原因所在。

而私募基金选择项目投资犹如导演发掘一部好的电影题材。私募基金选择项目进行投资，但每个基金一定有最基本的投资原则，譬如包括：

- 拟投资的公司：有优质项目，并具有良好的社会声誉、优秀的管理团队；

- 拟投资的项目：具有良好的市场前景，并且具有很好的投资价格和收益；
- 拟投资的公司能够提供足够的资产信用；投资的项目具有成熟运作的模式。

每个房地产私募基金也会有其特定的投资领域，譬如：

- 拟上市房地产企业的首次公开募股（IPO）投资；
- 优秀的房地产项目投资；
- 二线城市投资；
- 与开发商联合土地投资。

每个基金的投资原则和投资组合均需经合伙人会议通过，并载于《合伙协议》等文件中。

在许多情况下，私募基金也有必要与被投资项目的公司深度合作。基金管理公司负责基金的运作，被投资项目公司负责项目专业方面的运作和管理。基金管理公司扮演的角色十分重要，它能给被投资项目提供的增值服务包括：

- 帮助企业确定战略方向，加强财务控制、法律架构；
- 帮助公司建立治理结构和管理系统；
- 帮助公司拓展市场、融资、寻找合作伙伴。

通过私募基金的增值服务，好的项目和公司"如虎添翼"最终获得资本增值的良好回报，赢得投资者的青睐与嘉许。

投资结构灵活安排——唐山市政府的优惠条件

《唐山大地震》的投融资安排中出现了"5100 万元赞助"、"要华谊兄弟的投资先回收，再回收唐山市政府 15% 的投资，剩下的收益才是双方平均分配"，应该说其投资结构的安排相当灵活。

私募基金的投资结构之所以灵活还源于私募基金相对于公募基金而言所具有的特点，譬如：

- 更具针对性：由于私募基金是面向少数特定的投资者，因此，其投资目标更具有针对性，能够根据客户的特殊需求提供量身定做的投资服务产品；

- 更具灵活性：一般来说，私募基金所需的各种手续和文件较少，受到的限制也较少。

优秀的管理团队——华谊兄弟和冯小刚导演的知名度和能力

投资之后，在艺术上过硬是一部大片成功必不可少的因素；这个过程中，艺术负责人（也就是导演冯小刚）的能力和品牌效应也十分重要；在中国电影圈里，冯小刚和华谊兄弟的良好合作也是获得投资方认可的重要一点。据报道：唐山方面当时考虑了中国的三大导演，张艺谋、冯小刚、陈凯歌。唐山方面认为，以贺岁片起家、善于表现小人物的冯小刚是一个更加适合的人选。

同样，基金管理公司的基金经理人和基金团队也扮演如此的角色。

基金管理公司最大的资产就是专业人才，基金和项目运作的成功与否直接与基金经理和管理团队相关。基金管理公司宜选择那些讲诚信、有专业、有工作激情和认真负责的专业人士。

为了激励和约束基金管理公司，充分保障基金投资人的利益，私募基金管理人的工作表现直接与绩效奖励挂钩。譬如，当投资收益率低于某个预期标准（该标准由合伙人会议决定）时，基金的全部盈利分配给投资人；当投资收益率超过某个预期标准时，提取投资收益的一定百分比（该标准由合伙人会议决定）分配给基金管理人作为绩效奖励。

国有企业可以成为好的合伙人——国有企业可出资 6000 万元

唐山市政府（严格说应该是当地的国有企业）作为最大的出资人，以 6000 万元中的 15% 作为投资，其余 5100 万元为"无偿赞助"，但如果电影最终盈利，其享有影片的利润。

许多人包括专业人士对私募和公众企业及相关概念非常模糊，譬如他们认为"公众的就是国有的，私募的就是私有的"，这是一个非常大的误解，在此我归纳总结几点：

- 公众的，不一定是国有的，反而很多是私人的。譬如很多上市公司股票大部分是私人拥有。
- 私募的，不一定是私人的，反而很多是国有的。譬如我国的许多创业投资基金的投资者是政府出资或国有企业投资。

如果理解了以上两点，那对下面两点也应该理解了：

- 国有的，不一定是公众的；
- 民营的，不一定是私募的。

因此，私募基金的投资者（有限合伙人）也可以是国有企业或有政府背景的企业；就像此次《唐山大地震》，政府出资 6000 万元，成为最大的投资人，而最终合作双方共赢。

创造价值和建立共赢的体现——票房超过 7 亿元

《唐山大地震》无论在票房、还是在内地和香港及台湾的投放拷贝上均创当时历史新高。拷贝数创历史新高，说明影片发行终端电影院对这一作品有信心。对投资者来说也是"名利双收"，唐山市政府、华谊兄弟、冯小刚导演、中影集团、浙江影视集团和香港英皇等都创造了价值，并建立了共赢。

同样，房地产私募基金的出现丰富了我国的房地产金融市场，为我国投资者提供了更多参与房地产投资的机会。它将社会上闲散的民间资本聚集起来，形成资金规模优势，通过有丰富房地产投资经验的专业基金管理公司管理，分散投资风险。

房地产私募基金投资到房地产项目中去，可以优化被投资企业的项目融资结构，满足行业内日益增长的多样化融资需求。由于房地产私募基金主要投向优良企业的盈利状况好的项目，客观上促进了有限资源的优化配置，也在一定程度上缓解了那些优良的大中小房地产企业融资难的问题或帮助它们做强做大，因此好的基金管理公司的追求理念和实际成果应该包含"创造价值和建立共赢"，相信房地产和私募基金的结合也会创造出越来越多的多方共赢的局面和产品。

从《唐山大地震》投融资模式谈房地产股权投资基金的一二三四

在我国现行法律制度下，私募股权投资基金可以采取的组织形式有公司制、合伙制及信托制。公司制是以《公司法》为法律框架，通过发行公司股份的方式筹集资金用于股权投资的基金；信托制是以《信托法》为依据，以当事人各方订立信托合同的方式筹集资金并设立私募股权投资基金；合伙制则是以《合伙企业法》为依据，通过合伙的形式募集资金，成立基金对外进行股权投资。合伙制基金是私募基金的主要形式，它一般由普通合伙人和有限合伙人组成，普通合伙人对合伙企业债务承担无限连带责任，有限合伙人以其认缴的出资额为限对合伙企业债务承担责任。相对公司制和信托制，合伙制这种独特的权利义务关系能更大程度地激发基金管理人的潜能，优化投资组合，提升管理绩效，以回报投资者。

有限合伙制的私募股权投资基金是海外私募基金采用的最常见的组织形式，同时也是全球资本市场的重要参与者。

以下结合房地产行业的特点，通过《唐山大地震》的投融资模式来分析，并采用一二三四"金字塔"式的论述结构，深入剖析有限合伙制的房地产股权投资基金的实际运营。

一个特点：多样化

从定义上来说：私募基金与公募基金是相对的，私募基金是指通过非公开的方式向特定投资者（个人投资者和企业法人）募集资金。私募股权投资基金主要是对非上市企业进行的权益性投资，在投资实施前，设计出安全、合理、可行的退出机制，一般通过上市、并购或股权回购等方式退出。

有限合伙制私募基金的多样化体现在很多方面：投资者的多样化、投资项目阶段的多样化、投资方式的多样化和投资风格的多样化等。

私募基金可以针对单个项目设计投资方案，也可以投资多个项目；既可以投资项目前期的土地获取阶段，也可投资于中期的开发阶段，或后期销售阶段的尾盘收购。私募基金的这种多样性是由它所具有的特点决定的：

- 私募基金一般均有封闭期，封闭期一般为 3～10 年。在基金封闭期内，合伙人不能随意退出，从而保证了基金有足够的资金和时间来运作项目。
- 私募基金运作的成功与否与基金管理人的自身利益密切相关，对基金管理人的激励机制更灵活、更强大。
- 更具针对性：私募基金一般是投向专业领域，因此，其投资目标更具有针对性，能够根据客户的特点和需求，为其量身定做融资产品。
- 更具灵活性：私募基金对于其投资领域较为熟悉，因此基金对所投资的项目手续更加快捷且应变能力很强。

《唐山大地震》的投资方，既有内资，又有外资；既有地方政府，又有影视国企和民企，可谓多渠道融资，很好地印证了私募基金多样化的特点。

两个协议：合伙协议和投资协议

合伙协议是全体合伙人之间签订的协议，《合伙协议》中详细规定合伙企业的经营范围、合伙人的出资情况及权利义务、合伙企业的解散和清算、违约责任、争议解决方式等。

投资协议是合伙企业与投资方（一般为房地产开发公司）签订的协议，《投资协议》中详细规定投资结构和利益分配、投资资金的用途、项目的成本控制、工程进度、质量要求、现金流安排和预测、监管、违约责任、争议解决方式等。

仍以《唐山大地震》为例，合伙协议可以看做是华谊兄弟与浙江影视集团、香港英皇和寰亚等的合作协议。

投资协议方面，作为最大出资人的唐山市政府，6000万元中15%（900万元）作为投资，其余5100万元作为"赞助"；在收益上，要华谊兄弟的投资先回收，再回收唐山市政府15%的投资，剩下的收益才是双方平均分配。在特定的情况和兼顾各方利益的情况下，应该说其投资结构和利益分配安排得相当灵活。

三个团队：专业管理团队、内部支持团队和外部顾问团队

专业管理团队：基金管理公司最大的资产就是专业人才，基金和项目运作的成功与否直接与基金经理和管理团队相关。基金管理公司宜选择那些讲诚信、有工作激情和有责任感的专业人士。

譬如盛世神州房地产投资基金管理公司的主要管理人员具有多年的国内外房地产和金融行业经验，凭借对房地产和金融市场的深入了解和专业的基金管控技术，控制投资风险，为投资项目的顺利运营和投资者的资产升值提供充分保证。

为了激励和约束基金管理公司，充分保障基金合伙人的权益，基金管理人的工作表现直接与基金投资绩效奖励挂钩。当投资收益率低于某个预期标准（该标准由合伙人会议决定）时，基金的全部盈利分配给投资人；当投资收益率超过某个预期标准时，提取投资收益的一定比例（该标准由合伙人会议决定）分配给基金管理人作为绩效奖励。

以《唐山大地震》为例，冯小刚的拍摄团队就是专业管理团队。

内部支持团队：基金管理公司在内部设置了专家顾问委员会和投资决策委员会，作为专业的支持团队，协助基金管理团队更好地管理资产和运作项目。

基金管理公司的专家顾问委员会成员来自于房地产行业的不同领域，涵盖投资融资、规划设计、房产开发、工程管理、市场营销等方面，在基金投资的项目运营和开发过程中，提供全程的顾问服务，努力为投资项目挖掘更大的市场价值，为被投资企业创造更大的市场效益。

投资决策委员会则由房地产和金融领域的专家构成，在基金管理团队需要对外作出重大投资决策时，参与投资决策的讨论，并最终作出投资与否的专业判断。

以《唐山大地震》为例，华谊兄弟、中影集团、香港英皇等就是很好的内部支持团队。

外部顾问团队：基金管理公司除了依靠自身的专业团队外，还聘请了会计师事务所、律师事务所和市场顾问公司作为专业协助。

会计师主要对融资方进行财务方面的尽职调查，掌握其资产负债情况、实际经营情况、抵质押品情况，为基金公司制作投资报告提供依据，为基金公司出具会计、审计报表等提供专业的财务服务。

律师要对拟投资项目进行法律方面的尽职调查，并根据投资模式起草相关的法律文件和协议，与基金管理公司协作制订安全、合理、可行的基金退出方案。对基金管理公司的重要决策出具法律意见书及其他相关法律文件。

市场顾问公司则为基金投资的项目提供专业的顾问指导。在项目选择和评估阶段，市场顾问公司从区域发展、开发模式、市场前景、运营经验等多个角度对项目进行剖析，并提出独立的专业意见。

三个团队相互联系、相互协作，在科学、透明的体制下各司其职，发挥各自的核心优势，为基金有条不紊地运营提供保障。

以《唐山大地震》为例，除了一定有律师等外部顾问团队参与，唐山市政府一定还安排了有关部门协调电影的拍摄过程，他们也就组成了内部支持团队。

四个过程：融、投、管、退

"融、投、管、退"是我们对房地产私募基金运营流程的一个概括，通常从基金的投资流程看，"融"是指从募集准备到基金成立，即所谓的资金的募集；"投"是指从基金成立到签订项目合同；"管"即基金运营管理，是指从签订项目合同到项目的运作结束；"退"是指基金的退出。

需要说明的是，此"融、投、管、退"仅仅是一个形象的描述，事实上，它们相互关联甚至衔接，譬如在融资的时候就应该充分考虑到"投、管、退"，更多详细内容见第 4 章。

从以上的介绍，我们可以发现《唐山大地震》电影的整个"融（融资）、投（投资）、管（拍摄和协调等）、退（放映和获利）"非常成功（有关基金运作的"融、投、管、退"，在本书第 4 章有较详细介绍）。

从《乔家大院》谈我国房地产股权投资基金创新

2006 年 2 月中央电视台开播了以反映晋商乔致庸的经商生涯为主题的 45 集电视连续剧《乔家大院》，受到了各界好评。《乔家大院》以山西祁县乔家堡著名商家乔家的第三代东家乔致庸的一生为主线，时间穿越了清朝的晚期。乔致庸主持"在中堂"家业将事业发展到极致，他的一生经历也正是晋商鼎盛与辉煌的写照，作为中国经济界自发创建票号业的领军人物，他和其他山西商人一起在全国范围内实现了汇通天下，使中国商业有条件融入以信贷为基础的现代金融环境，为民族商业建立了不朽功勋。

当时十分鼎盛的票号业为什么会消亡？同时，十分兴旺的江南钱庄为什么也不复存在？时至今日，我国目前民间集资的状况和前景如何？我国目前的民间集资与股权投资基金有何关系？以下的分析对房地产投融资和基金从业与相关人员有一定的启示。

票号和钱庄及其成功的原因

票号是清代出现的一种以汇兑为主营的金融机构，由山西商人创办经营。它起源于汇兑，为不同地区的资金调拨服务。由于汇兑凭票兑银，所以叫做"票号"。

随着当时商业经济的发展，作为最大商帮之一的晋商在全国范围内的贸易往来频繁，但多系现金交易，其运转一靠商家自行携带，二靠镖局护送，不仅开支很大，费时误事，而且经常发生差错，这就迫使外出经商的山西商人不得不寻找一种新的解款方式，"票号汇兑"便应运而生。

道光三年（1823 年）在平遥西大街"西裕成"颜料铺的基础上创办了中国第一家专营汇兑，兼存放银业务的票号——"日升昌"。晋商的一些商号逐步形成了在山西设总号，在外地设分号，跨地区经营的商业系统。到了20 世纪初，以山西人为主的全国 22 家主要票号汇兑总金额约为 8.2 亿两白银，约相当于当时清政府年度财政总收入的 10 倍。

钱庄起源于江南，以兑换银钱为主，它是中国封建社会后期因货币的兑换而产生的一种信用机构，其中上海钱庄在江南最具代表性。从 19 世纪鸦片战争后上海开埠到 20 世纪初，随着中外交往日渐频繁，上海的商品经济得到了迅猛的发展。钱庄业在上海经济快速发展的过程中起到了举足轻重的作用，并为日后上海成为中国的金融中心奠定了坚实的基础。当时，钱庄主要分布在上海、南京、杭州、宁波、福州等地。钱庄资本大多来自客户存款，而放款都是信用放款，做活生意。

票号与钱庄的性质、组织和营业范围不同，且可互补。钱庄的性质是兑换，票号则是汇兑；钱庄的营业范围一般只限于本地，不在外埠设分店，票号则分号遍布全国各大商埠；票号集中精力经营各地的往来汇兑，把有关地方性质的营业，逐渐让与钱庄。

当时，部分钱庄为保护本身的利益，也仿照票号开办汇兑业务。部分票号除汇兑以外，亦经营存款及放款，所以部分票号与钱庄的业务，由于彼此仿效的结果，也有一定的相似性。

票号和钱庄衰败的原因

在近代历史上，票号和钱庄对促进我国经济发展都起过一定的积极作用。但票号在 20 世纪初就绝迹了。钱庄的生命力比较顽强，可也不成规模，基本上在新中国建立后也绝迹了；当然，它与现在的地下钱庄在法律意义上有较大区别。票号和钱庄与银行的相同点在于它们都属于金融机构，不同点是银行的资金规模更大且能提供更多的产品服务。

归纳票号和钱庄衰败的原因，有以下几个方面：

第一，外部原因。鸦片战争后，由于资本主义的不断入侵，使中国社会渐渐陷入了半封建半殖民地的深渊，强大的外国金融势力控制着中国的金融市场，左右着资金的吞吐、汇率的涨落和金银的出入。票号和钱庄，作为当时我国的金融象征，规模较小，势力薄弱。外国资本进入，给票号和钱庄业务的发展带来了种种阻力和困难，阻断了票号与钱庄由社区型中小型金融服务机构向高度市场化的金融机构的转变。

第二，自身原因。票号和钱庄本身也存在着不少弱点，包括经营的封建保守、没有与时俱进且对外商银行的依赖程度越来越深，导致其抗风险能力的削弱。譬如，由于新式银行的设立，票号不能随时代而变化，仅仅将业务局限在汇兑领域，故步自封，最终被外国银行和官办银行逐步侵蚀了作为生存根本的汇兑业务。

当前的民间集资

作为市场化融资活动的组成部分，近年来，我国民间借贷的融资规模逐年扩大，到目前已达到 2 万亿元以上（这些民间借贷不包括已经纳入各地金融办监管的小额贷款公司）。

民间融资促进了民营经济的快速发展。越是民营经济发达的地区，这种民间融资越活跃，形成了一种良性循环。以江浙为例，那些大大小小的实业和商铺经营，其背后都有民间借贷的影子；部分资金被用以民间借贷，只要拆借资金合法，基本都在熟人之间或通过借贷双方熟悉的介绍人进行，譬如资金链紧张的房地产开发商向其他企业和个人拆借资金的现象普遍存在。

另外，从目前我国的金融体制看，民间资本的投资渠道极为狭窄，民间资本资源没有得到有效运用。

与此同时，目前许多民间资金的交易缺乏法律保护，所以蕴藏着很大的风险，譬如民间集资也容易为非法集资者钻空子，导致市场混乱，甚至可能会引起某些不安定现象。

2011 年 1 月 4 日实施的《最高人民法院关于审理非法集资刑事案件具体应用法律若干问题的解释》，从立法目的、适用范围、认定标准、定罪、量刑等方面进行了全面而系统的规定（具体内容参见本书附录的参考资料）。

民间集资和房地产股权投资基金的结合

如何引导民间资金的去向是搞好我国市场经济和金融市场的关键之一。在十二五规划纲要和国务院关于民间资本的 36 条意见中，都明确提出了促进和鼓励民间资本进入金融领域的方针，为民间借贷法律地位提供了直接的政策和法律依据。

如果对许多集资行为一律以"非法集资"打击，就可能进一步压缩民间融资渠道，进而扼杀民企的活力。如何给民间资本以更多更好的投资金融的路径，引导民间借贷市场健康发展是一个重要问题。

民间融资的方法被越来越多的我国开发商和投资者所采用，有报道估计近十年民间投向全国房地产业的资金已经超过了几千亿元的规模。

我对百年前我国"票号和钱庄"没有华丽转身表示遗憾的同时，也对我们目前民间资金与股权投资基金的结合抱有很大的期望。时代不同了，经过改革开放30年，我国的整体经济实力和国际地位与百年前不可同日而语；虽然也存在着各种竞争，但前景一定更加美好；股权投资基金的参与者也将肩负起促进我国金融改革与发展的重任；我也希望并祝愿我国许多优秀的中小房地产企业也能突破发展中的瓶颈，共同成长为中国乃至世界上有影响力的大型投资管理和房地产企业，真正实现做大做强做久的梦想。

从《闪婚》看股权投资基金管理

2011年4月以来，由著名编剧王静茹和金牌导演王小康联袂打造的国内首部诠释"闪婚"现象的家庭伦理电视连续剧《闪婚》，陆续在各地开播，不久便引起了广泛关注，收视率一路看涨。

很长一段时间以来，"闪婚"话题就已经登上了诸多门户网站的调查排行榜，随着电视剧《闪婚》的出现，"你是否赞同闪婚"成了不少观众热议的话题。闪婚到闪离的人数也在增加，有些人的婚姻只维持了短短数月甚至数周。《闪婚》其实告诉我们，不管什么样的爱情和婚姻，人与人之间如果缺乏互相理解与宽容，遇事就会出现误解，最终成为悲剧产生的根源。

近来，有关闪婚的报道比较多，特别是名人的闪婚更是引起了较大轰动，结局会是怎样呢？那闪婚与股权投资基金管理有何关联呢？原因是股权投资基金管理（或称私募投资基金管理）绝对不允许闪婚，无论结局是悲和喜。

如何对待"一见钟情"——投资的责任

首先要承认:每个基金管理人(或管理公司或基金经理)都有不尽相同的投资原则和理念。

投资方与融资方就好比一对年青男女,作为资金管理者的投资方(基金公司)时常也会对融资方的一个项目"一见钟情",但其必须保持冷静;一定要仔细和深入地作研究,包括长则几个月短则几个星期的"尽职调查",而且需要包括有独立的律师和会计师及其他咨询顾问的意见。

如果融资方强烈要求"太快"作出投资决策,那只有对此项目说抱歉了。

好的投资管理人投资的原则应该包括:如果时间太仓促,宁愿放弃看似好的机会;因为放弃一个好机会,以后应该还会有;但万一是个陷阱,几个好的投资项目的利润很可能不及一个项目的损失;而且声誉会受到很大的负面影响。

从谈恋爱到结婚需要时间磨合——尽职调查

从初步接触到投资协议签署,房地产私募股权基金投资企业的流程有六大步骤:

(1)获得信息,初步了解和筛选。

(2)与企业初步接触。核实多种渠道获得的有关信息;要求拟融资企业提供项目材料,对项目进行初步调查,提出初审意见。

(3)基金公司与拟融资企业签署保密协议;基金公司接受拟融资企业的商业计划书。

(4)项目立项并尽职调查。在对拟融资企业进一步调查研究后,可以进行尽职调查。立项批准后,项目投资经理对项目进行尽职调查,撰写《尽职调查报告》。尽职调查一般需要 10~30 个工作日。

（5）投资决策委员会审查。投资项目由投资决策委员会按照议事规则进行决策，一般简单多数通过即可，重大投资项目要经董事会讨论通过。

（6）签订投资协议。项目经决策委员会或者董事会批准后，双方签订《投资协议》。

其中，尽职调查的范围一般包括：公司基本情况、发展历史及结构，管理团队背景，公司治理结构及管理状况，产品和技术，业务流程和业务资源，行业及市场，财务报表的核实，资产负债状况，经营状况及其变动，盈利预测的核查，潜在的法律纠纷，发展规划及其可行性。

一般说来，基金管理企业都需要对其管理基金依据不同属性（不同行业）制订相应的投资管理流程，这不仅是防控风险之需，即通过严格的流程控制将投资风险降到最低，而且也是私募股权基金向投资人展现科学的投资流程，取得投资人更多支持和信任的渠道。同时，完善的投资管理流程也能帮助基金管理团队掌握项目的时间节点，从而提高整个基金运作的效率。

运营过程中坚持科学的流程和透明度是基本点，譬如，有的基金基本是采取先有基金再找项目的运营模式，来规避由于资金到位时项目还没有完全落实的情况，基金在募集的时候就采取了国际上规范的"承诺制"，即各位合伙人先交纳自己投资总额的一定比例（譬如20%）给托管银行，其他资金根据项目要求，基金经理提前一定时间通知投资者。与此同时，对一些特殊项目，也可以采取先签订项目意向书再找基金的方式；无论哪种方式，投资流程中的绝大部分程序和关键节点是一样的。

结婚不仅仅是两个人的事情——多个主体

不要一下子陷入爱情的漩涡，爱情本来就不是理性的行为，所以在爱情之前要理性。谈恋爱的时候是两个人，一旦结婚那真像是两个家庭结婚。结婚是人一生的大事，结婚不仅是两个人的事情，结婚是三个家庭的事情。

私募股权基金设立后，实质上包含以下法律关系需要专业律师提供服务。

（1）管理人（普通合伙人）设立的基金管理公司及其运作。这其实也需要律师给管理公司提供公司法律服务，包括公司治理结构和规章制度，公司的法律风险管理、有关会议和谈判的出席等。如私募股权基金在对外进行投资时，亦需要律师帮助基金管理公司制作相关的投资合同，对拟投资目标企业的主体资格、资产和财务状况、公司治理结构和规章制度、债权债务状况、有无诉讼纠纷等方面进行全方位的尽职调查，并出具相应的法律意见书。

（2）基于普通合伙人与有限合伙人（投资人）的合伙协议为基础的民事法律关系。普通合伙人与有限合伙人双方根据协议的约定，建立风险控制机制和投资管理机制等，如投资人（有限合伙人）的资格及法律地位，管理人（普通合伙人）的经营权、决策权的运用，有限合伙人的退出等。

（3）基金管理人与被投资人（项目方）的法律关系，此时需要关注的重要问题就是双方签订协议后的履行中的问题。由于出资人将钱给了普通合伙人，普通合伙人又把钱给了投入的项目公司，将来最可能会产生的诉讼是：基金管理公司与被投资企业之间的诉讼，以及基金管理人（普通合伙人）与投资人（有限合伙人）之间的诉讼。

"婚前"协议必不可少——多份协议

婚前协议是指将要结婚的男女双方为结婚而签订的、于婚后生效的具有法定约束力的书面协议。签订婚前协议的主要目的是对双方各自的财产和债务范围以及权利归属等问题作出约定，以免将来离婚或一方死亡时产生争议。婚前财产范围比较广，既可以是房屋、车辆、工资、奖金，也可以是知识产权的收益、继承或赠与所得的财产、股票、股权等。

拥有较为完善的基金投资流程和各类协议往往是基金成立和运作的重要前提，以下是一个基金的投资流程案例，其中基本概括了基金运作的投资流程和可能需要签署的主要协议，包括《合伙协议》、《资金管理协议》、《项目股权回购协议》、《基金三方托管协议》、《保密协议》、《投资主协议》和《项目股权转让协议》等。

附件1.1："中国房地产市场和股权投资基金"——作者在 GRI（2011年2月）新加坡国际房地产会议上的问答①

1. 政府在调控房地产市场方面最新出台了哪些政策？

2011年1月26日，中央政府推出八条房地产市场调控措施来控制房产价格，同时要求各地政府制定价格管制来控制房价。

◆ 对贷款购买第二套住房的家庭，首付款比例不低于60%。

◆ 已经拥有两套房子以上的当地居民不得购买新房。

◆ 加大保障性住房建设力度。

◆ 主要控制三类投资群体：外国投资者、其他省市的投资者以及当地投资者。

2. 影响中国房地产市场的主要因素是什么？

◆ 中国的GDP和经济发展速度。

◆ 城市化进程——未来10年，每年会有1500万农村人口迁居城镇。

◆ 基础设施建设——例如，高铁和高速公路的兴起。

3. 您能简单介绍一下中国的房地产金融形势吗？

◆ 由于融资渠道有限，预售款和银行贷款是房地产开发资金的主要来源。预售款占到总开发资金的44%。中国政府已经加大力度，加强

---

① 注：作者备有此问答的英文稿，有兴趣的读者可以与作者联系：jzhanggcf@163.com

预售审批和银行贷款的控制。

◆ 其他的融资方式可以来源于股权和债券市场，这常见于西方国家，但在中国不是很多。

◆ 因此，迫于压力开发商就去寻找其他融资渠道（譬如房地产信托和房地产私募股权基金）。

◆ 十年前，外国投资者开始从海外筹集房地产私募股权投资基金来投入中国市场。

◆ 直到近几年，中国房地产私募股权投资才开始繁荣。国内有超过 100 个房地产私募投资基金，总额为人民币 700 亿元；2011 年总规模可增长 30% 以上。

◆ 政府对房地产市场实行非常严格的限制（包括对信托业务的严格审查）。

4. 去年外商在中国的房地产投资是怎样的情况？

◆ 外商直接投资（FDI）在 2010 年达到创纪录的 1057.4 亿美元，同比增长 17.4%。

◆ 2010 年，房地产投资占外商直接投资的 22.7%。外商直接投资在中国房地产行业的总投资金额为 240 亿美元，相比 2009 年的 160 亿美元增长了 40%。

5. 对外资进行国内房地产投资有哪些最新规定？

2010 年 11 月 22 日，政府加强了对外商投资中国房地产行业的审批和备案。

◆ 规定将不再审批和归档外商投资性的房地产企业。

◆ 目前，中国政府有严格的政策限制外国投资者投资于中国房地产，政策和法规的实施可能会进一步加强。

◆ 外商投资中国房地产必须经过一个漫长的审查过程。

外国投资者投资中国房地产的主要程序如下：

◆ 必须经当地政府批准。

◆ 在商务部备案。

◆ 之后递交到国家外汇管理局办理登记手续。

◆ 一旦上述程序完成后，外资就可进入中国市场，并可以兑换人民币。

6. 为什么中国政府这么严厉地控制外资在中国的房地产投资？

虽然外资投资仅占整个中国房地产市场的一小部分，政府却非常关注外商投资，原因是：

● 外商投资将缓解对国内房地产市场的资金压力，这可能会间接影响政府的政策控制效果。

● 因为外国投资者更愿意投资高端物业（被认为是标志），这会影响人们对房地产市场的信心。

● 从历史的角度看，当海外资本（"热钱"）流入房地产市场时，房产的价格将会大幅震荡而变得不稳定，因而增加金融风险的可能性。

7. 外企可以在中国设立基金管理公司吗？

可以，外企可以在中国设立基金管理公司，但是由于中国商务部和其他政府机构的规定，不能募集人民币房地产基金。最新的进展是外资在上海和北京成立基金，主要投向高新技术产业等（不包括房地产私募股权投资基金）。

8. 中国的一线到三线城市，哪些会有更多的机会？

● 这些年随着中国整体经济的发展，二、三线城市也发展得越来越快。

● 相比之下，一线城市的住宅房屋销售在逐年减少。

● 一线城市如北京、上海、广州、深圳等的增长是高度饱和的，所以这些地方的市场是非常透明和有限的。另外，这些城市的土地成本也相对昂贵。

- 沿海城市首先发展，然后将最终引导内陆城市的城镇化进程。

9. 为什么零售商业地产和旅游度假地产有更多的发展机遇？

- 中国老百姓在银行中的存款总额超过了 30 万亿元人民币。
- 中国的投资渠道比较匮乏。
- 中国的人均 GDP 为 4500 美元。
- 中国政府鼓励公民消费。

10. 中国政府是否已经通过了房地产投资信托基金（REITs）的监管规定？

- 在中国关于 REITs 的呼声已经有很多年了。
- 中国证券监督管理委员会正在制定管理 REITs 在证券交易所交易的规则。
- 房地产投资信托基金可能会在未来的两到三年内正式在中国上市。

第2章 房地产股权投资基金的内容

导读

第1章我们通过将电影和电视剧的拍摄背景和内容直接与房地产股权投资基金的运作挂钩，这也说明房地产股权投资基金的运作方式就在我们身边。事实上，房地产股权投资基金的基本知识也并不枯涩难懂。

本章首先介绍房地产股权投资基金的概念和内容，深入掌握这些基本知识非常重要，对我们全面运用起关键作用，接着介绍房地产股权投资基金在整个房地产投资中的地位和作用；然后，我们比较房地产股权投资基金与其他房地产投资形式，以便我们更加全面了解房地产股权投资基金在整个房地产金融产品中的定位和特点；最后，我们需要了解外资房地产股权投资基金的发展情况。我们会认识到这样一个房地产金融产品出现的必要性和必然性。

房地产股权投资基金的概念和内容

公募与私募

在许多发达国家，基金是一种专家管理的集合投资产品，以是否公开发行或向社会特定公众发行的区别，界定为公募和私募。

公募又称公开发行，是指发行人通过中介机构向不特定的社会公众广泛地发售。在公募发行情况下，所有合法的社会投资者都可以参加认购。为了保障广大投资者的利益，各国对公募发行都有严格的要求，如发行人要有较高的信用和信息透明度，并符合主管部门规定的各项发行条件，经批准后方可发行。

私募又称不公开发行或内部发行，是指面向少数特定的投资人发行的方式。私募发行的对象大致有两类，一类是个人投资者；另一类是机构投资者，如大的金融机构或与发行人有密切往来关系的企业等。私募发行有确定的投资人，发行手续简单，可以节省发行时间和费用。

在许多发达国家和地区，私募基金非常普遍。与公募基金相比，私募基金具有十分鲜明的特点。在美国，房地产投资信托基金、退休基金、共同基金等公募基金，一般可以通过公开媒体做广告来招徕客户，而按有关规定，私募基金则不得利用任何传播媒体做广告宣传，私募基金投资者主要通过朋友介绍，或直接认识基金管理者的形式加入。

在美国，私募基金常常以有限合伙人企业形式出现，即由普通合伙人（简称 GP，general partner）和有限合伙人（简称 LP，limited partners）LP 组成合伙人企业。基金公司的经营权（常常包括控制权）掌握在 GP 手里，一般是保险公司、财务公司、社保基金、大学基金会、慈善基金会都有可能成为 LP；GP 和 LP 共同组成的私人股本基金是一个有限合伙人企业。GP 负责寻找投资机会并做投资决定，他们的预期收益最高，每年要提取全部基金的一定比例（譬如 2%）作为基金管理费，如果达到了最低预期资本回收率，他们还要提取部分 LP 的利润，相对来说 GP 的风险也较大。

私募股权基金

私募股权投资（private equity 或简称 PE），在中国通常被称为"产业投资基金"。广义的私募股权投资涵盖企业的各阶段，相关资本按照投资阶段可划分为创业投资（venture capital）、发展资本（development capital）、并购基金（buyout/buyin fund）、夹层资本（mezzanine capital）、重振资本（turn around）、Pre-IPO（如 bridge finance）等。

由于多年来私募基金表现出色，私募基金在国际金融市场上发展十分迅速，吸引市场资金大量涌入，并已占据十分重要的位置。近年来，投资者（主要是公共退休基金和公司退休基金）向私人资本投入了更多的资金，用它来取代传统的股票投资和债券投资，希望能由此获得更多的回报。目前欧美地区的一些典型的私人股本基金包括：Blackstone Capital Partners，TPG Partners，Apollo Investment Fund，GS Capital Partners，Bain Capital Fund，Warburg Pincus Private Equity，Carlyle Partners，First Reserve Fund，Permira Europe，The Fourth Cinven Fund。

许多私人股本基金的主业就是买卖公司（上市或不上市企业皆可），然后重组公司进行 IPO，IPO 之后，私人股本基金必然谋取套现获取差价。

虽然股权投资管理公司从投资者那里吸引来了越来越多的资金，但这些公司用于收购的资金中只有一部分是现金，其他相当一部分都来自借贷。因此从某种程度上看，这些公司能否继续完成大规模的收购交易，也取决于他们能否承受借贷成本的压力。如果利率上升至过高的水平，并购交易的强劲势头常常就要随之减小了。

据报道美国法律对私募基金的个人投资者的资格要求较高，其资产净值要达到 100 万美元（不能包含个人或家庭第一住房），个人年收入要超过 20 万美元，家庭年收入要在过去两年中超过 30 万美元，且一次投入要在 10 万美元或以上。

房地产股权投资基金的分类

房地产股权投资基金有不同的分类，主要包括但不限于以下两类：

按照房地产类型分类：住宅基金、工业地产基金、商业地产基金、旅游地产基金、办公楼基金等，即每个基金都专门投资一类房地产产品。

按照介入时间分类：发展型基金、开发型基金、持有型基金等。发展型基金参与土地一级开发，通过出让土地来获得投资回报；开发型基金是参与房地产开发，最终通过房产销售来获得投资回报；持有型基金是投资已建成的物业并以租金和资产升值作为投资回报。

广义上，房地产并购基金也可以属于房地产股权投资基金的一个组成部分。

战略投资者和财务投资者

"战略投资者"一词最早起源于西方的资本市场，随着经济的发展引入到中国。1999 年，中国证监会发布的《关于进一步完善股票发行方式的通知》中首次提出了"战略投资者"的概念，将其定义为"与发行公司业务联系紧密且欲长期持有发行公司股票的法人"。具体来讲，战略投资者是指具有资金、技术、管理、市场、人才优势，能够促进产业结构升级，增强企业核心竞争力和创新能力，拓展企业产品市场占有率，致力于长期投资合作，谋求获得长期利益回报和企业可持续发展的境内外大企业、大集团。

从上面的介绍来看，战略投资者主要具有以下几个方面的特征：

- 与投资对象业务形态相似或互补。战略投资者在对企业进行投资时更加看重行业的长远发展，期望通过投资来改变其在行业内的战略地位。

- 长期稳定持股。战略投资者追求的不是短期收益，而是长远的投资利益。因而战略投资者持股的时间较长，一般都在 5 ~ 7 年及以上。

- 股份占比相对较高。资本结构影响公司的治理。战略投资者为了能够顺利地进入公司管理层，在公司经营过程中拥有话语权，都尽可能地争取更高的股权占比。

- 参与公司治理的积极性高。战略投资者希望通过派驻董事、进驻管理层等途径来参与公司的经营管理，利用自身先进的技术、丰富的管理经验以及资源方面的优势来改善公司的治理结构。

财务投资者是相对于战略投资者而言的。财务投资者是以获利为目的的，通过投资行为来获得经济上的回报，在适当的时候进行套现。

财务投资者主要有以下几个方面的特征：

- 行业专业性不高。财务投资者对于投资对象的业务形态不熟悉，因而更倾向于通过深入的调研、数据的分析等来挖掘公司的价值进行投资判断与竞价。

- 注重直接、短期利益。相对于企业的长远发展，财务投资者更关注短期收益、直接利益。

- 仅提供资金支持。财务投资者以风险投资基金、私募基金、投资银行等为主，仅提供资金上的支持，不参与公司治理。

战略投资者和财务投资者之间存在着很大的差异，但是两者都是以财务回报为目的的。换句话说，利益是投资者与投资对象合作的基础，双方能获得的价值大小是决定合作与否的关键。战略投资者的锁定期过后，未来的投资经营就决定了投资者身份的转变与否（战略投资者还是财务投资者）。

尽管中国的房地产行业目前还在进行产业调整，政府对于房地产行业实行了严格的调控，但整体仍表现出良好的发展态势，蕴含着无限的投资机会。房地产行业是一个资本密集型产业，对资金的需求大、要求高，对银行的依赖程度高。房地产股权投资基金是将筹集到的资金以股权的形式投入到房地产行业中，主要针对优秀的房地产企业、优质的房地产项目等。我们要判断房地产股权投资基金是战略还是财务投资者，需要从房地产股权投资基金的特点入手来解析这个问题。

股权投资基金是指以非公开方式募集的、专项用于对企业进行直接股权投资资金的集合。房地产股权投资基金是以房地产行业为投资对象的股权投资基金。因此，应将股权投资基金的特点与房地产的特征结合起来分析房地产股权投资基金的特点。

股权投资基金主要有以下特征：

- 在资金募集过程中，通过非公开的方式面向少数的机构投资者或个人募集；
- 大多数采用的是权益性投资的方式，即持有企业的普通股或可转让优先股等方式进行投资；
- 投资非上市企业；
- 一般在公司发展的种子期和成长期进入，并在成熟期上市前退出，由此可见它的投资期是比较长的，大约为 3 ~ 5 年或以上，属于中长期投资；
- 属于一种创新的金融工具，并不要求长期地对企业进行控制。

房地产行业是资金密集型行业，项目的开发、经营等需要的投资量都比较大，但回收期较长，稳定的资金来源就显得尤为重要了。同时，现阶段房地产行业中的房地产公司数量多，规模一般都比较小，对资金有强烈的需求。

综合来看，每个房地产股权投资基金都有其特点，可能有的偏向于战略投资，而有的偏向于财务投资。

譬如，有的房地产股权投资基金的特点决定了战略投资的主体地位。首先，时间的匹配。战略投资者追求长远发展，通常持股期长，与房地产股权投资基金更加吻合。其次，房地产行业是一个与其他产业相关度较大的行业，房地产行业的变化直接或间接地影响其他行业的经营状况。战略投资者对房地产行业情况较为了解，能够帮助企业作出合理调整，抢得市场先机。第三，资源优势。战略投资者不但能为房地产企业的发展提供资金支持，还可共享自己的其他资源。

有的房地产股权投资基金以财务投资为主。首先，财务投资者是通过自己的调研来发掘企业的价值，通过竞价来形成发行价格的。这样看来，财务投资者的参与能够保证认购程序的规范化，价格的市场化。其次，财务投资者对于房地产行业不熟悉，一般不参与企业的经营活动，对企业的约束小，给了企业足够大的空间来自由发展。

无论是战略投资者还是财务投资者都是以预期的收益为最终目标的，所以在房地产股权投资中可以将战略投资与财务投资相结合，使两者之间互相限制，更加有利于企业的发展。战略投资者在一定程度上会对房地产企业的发展有约束，加入财务投资者，可以减少战略投资者的股权份额，削弱战略投资者对企业的干预，有利于投资对象按照公司原定的发展方向继续前进。资金的需求贯穿于房地产企业经营的全过程，形成了一个资金链。财务投资者撤资后，资金减少会给企业带来一定的财务困境，战略投资者则在一定程度上缓和了企业的危机。

房地产直接投资和间接投资

在了解了房地产股权投资基金后，我们再从投资者的角度看房地产直接和间接投资，使我们对房地产投资有一个更全面和深刻的了解。

房地产投资可以分为直接投资和间接投资（图2-1）。简单地，对许多个人投资者来讲，房地产直接投资可以是指投资者直接买入住宅房产（一套或多套）、办公楼和商铺（几十到上千平方米）；对机构投资者来讲，房地产直接投资可以是指土地和房产开发商或投资者直接买入整幢办公楼、商场和酒店式公寓或其中的几个层面（几千到几万平方米或更多）。而房地产间接投资可以是指投资者包括个人投资者和机构投资者买入房地产上市公司股票、房地产投资基金和房地产公司债券等。

房地产直接投资主要指直接买入土地作开发或买入房产，在许多国家也有一些个人买地造房的，但目前我国城市的商品房领域还没有出现这种情

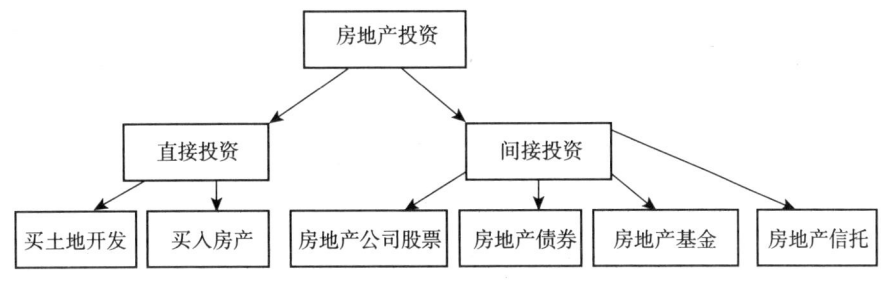

图 2-1 房地产直接和间接投资

况，还有近几年来讨论比较多的个人集资建房也是很难具体操作的，事实上后两项也与我国的现有法律有冲突，所以本节讨论的房地产直接投资就是指直接买入房产。

长期来说，房产直接投资有许多好处，它们包括资产增值、对抗通货膨胀、税务优惠的投资、现金流收入、好的回报率、拥有住房所有权的自豪感、积累财富的方法、再投资的保证、较安全的投资、投资组合的多样化、财务杠杆作用和退休后生活的保障这些优点等，但同时房地产直接投资也是复杂、费时的一种投资类型。首先要有一笔自有资金（可大可小）和银行的贷款，还要时常进行法律咨询，整个交易一般需要近 30～60 天或更长时间，要花很多时间、精力，而投资本身相对也是比较固定的，即它不能轻易地转为现金。然而，尽管有这些限制，房地产投资总体上还是比较可靠的安全性投资，而且时常还会有高于其他投资的实际投资收益。同时，具体房产的选择与投资所花费的时间、精力以及所需的大量资金也意味着，房产投资者不仅仅要考虑这种投资相比于其他投资的诱惑力，而且要考虑内在风险和市场上的其他投资机会。

房地产间接投资包括买入房地产上市公司的股票和债券以及房地产信托，所以它们与投资房地产股权投资基金还是有较大的不同的。本节讨论的房地产间接投资主要就是指房地产股权投资基金。

房地产直接投资的优点

● **资产增值**

在我国谈到房地产和房产，许多人常说"土地是不可再生资源"，英文也有类似的说法，即"买土地——人们已不再生产它"（Buy land-they have stopped making it）。这反映了一个事实：对任何国家的城市或农村，尽管人口不断地增加，但是能使用土地与供给土地的总量是相对保持不变的。这也就暗示了，由于需求的增长速度常常高出了供给的增长速度，因而房价升值将有一个长期的美好前景。特别是当你在住房需求最低或接近于最低时，买进一所住房；然后当供不应求、市场房价达到或接近最高的时候，再卖出这间房，那么房地产投资就可以通过经济增长和通货膨胀的起伏获得大量的资金赢利，这与股票的低买和高抛的基本概念是一样的，但具体操作好它需要很多的知识和丰富的经验，事实上对投资者来说，最高点和最低点常常也是可遇而不可求的。

事实上，从长期来讲，所有的房产投资者都将实现房产资产增值，房产资产增值要比租金收入或税收优惠上都来得重要，这一点在近20多年来我国大部分地区房价上升的趋势中已显现出来，因为投资者资产增值上获得的收益要大大高于在租金收入或税收优惠上获得的收益，后两项收益在许多地区和房价上升的收益相比几乎微不足道。我们相信，在我国或其他任何国家，长期来看，资产增值也会收益更大，但是我们也要意识到过分追求资产增值也会带来极大的风险，许多国家和地区包括日本、美国、澳大利亚和中国香港都发生过的房地产泡沫的一个主要原因就是投资者和投机者过分追求房产价格的升值，自2010年4月国家宏观调控力度加强以来，全国许多城市的房地产市场上也显现了这方面的风险。

房产投资已被证明是最受欢迎的投资方式之一，因为它所产生的资金增值和房租收入效应在过去上百年的许多次经济循环里得到了验证，从中长期来看，房产投资是许多人致富和获得财务自由的有力手段和可靠的保障。

任何投资在一段较长的时间内都会出现风险，在我国十多年来的情况也告诉我们，总体上房产投资的回报要高于股票、债券和银行存款利息的回报，同时它的风险要比股票的风险小很多。

- **对抗通货膨胀**

通货膨胀是指物价上涨而相应的购买力下降的一个现象，市场上有许多投资品种可以带来回报，如股票、债券、银行定期存款等，但长期来讲，居民住房投资对抗通货膨胀有更多的很正面的积极作用。在我国这十多年来，特别是近几年来尤其明显。

通货膨胀会造成现有财富的减少，特别对现金存款形式的财富危害最大，存到银行里的钱的利息收入抵不过通货膨胀，那不但挣不到钱，反而还会赔钱。确实，负利率时代的出现，意味着物价在上涨，而货币的购买能力却在下降。

面对通货膨胀压力的到来，将钱放在银行里显然已不合时宜。对于普通居民来说，需要拓宽理财思路，选择最适合自己的理财计划，这将会对人们的生活产生重大的积极影响。而以实物形式存在的房产，将可能因为通货膨胀的因素而获得价格的上升。事实上，从前几年开始向银行贷款买房的人都会有这一体会，贷款很多的人可能获利更大。

一般来说，房产投资究竟对通货膨胀有多大的抗性取决于房产价格的变化而不是通货膨胀率，许多研究表明，全球房产价格的长期增长率高于通货膨胀率。

- **拥有房产的自豪感**

对一些投资者来说，拥有住房也可以是一种地位和荣誉的象征，这一点在目前我国尤为明显，这不光是对成功人士，对一般家庭和要结婚的年轻人也如是。

前一段时间在网上讨论最热门的一个话题是"男人，不买房，你敢吗？"

引起了很多人的讨论，虽然题目有一些偏激，但这也充分反映了目前社会风气和拥有住房对人和家庭的重要性。同时，如果拥有了自己的房产，投资者就有权在装修、维护等方面适当融入自己的想法，以及获得收租金的满足感，这样投资者就会体验不同于持有其他投资品种的感觉。

- 积累财富的方法

投资房地产也是一种积累财富的方法，比如对有贷款的家庭来说，随着顺利地支付每次还款，投资者就会增加他们在住房里的资产，当然前提是，这种每次还款必须包含利息和本金，且该住房的市场价值没有降低。在许多发达国家有多种贷款形式，其中有一种形式是贷款人每期还款仅需包含利息，即便是这样，在房价增长时期远远超过房价下跌的情况下，投资者的财富仍然会不断增加，因此也就会增加业主在住房里的资产。事实上，随着时间的推移，债务会有实际的下降，因为通货在膨胀、工资在不断上涨，比如现在的 20 万元人民币贷款对那些市区居民来说，已不再像十年前那样是一个沉重的包袱。

不过，这也不是说房地产投资就不会亏本。当前，确实有许多人因投资过大或所购的住房位置不好而亏了许多钱，但是随着时间的推移，长期来看市场形势会不断转好，这是市场发展的大致规则，这也是积累财富的一种手段，所以在发达国家投资顾问要求投资者在买入一处房产后一般需要做好持有 5 年以上的心理准备。

- 较安全的投资

住房投资不仅仅可以提供财产保障，而且也可以提供收入保障。我们了解到，不同的住房将会导致不同的收益，因为不同的住房必须依据其自身的优点而经受市场的考验。这样的话，收益的差异性就表现出来了，即房屋投资回报率由租金净收益（除去花费）和资金增值所得这两部分组成。

有了租金净收入，投资者的现金流入也就不断地增加，而租金的水平又可以反映出同类房的供求状况。

房地产直接投资的弱点

　　房地产直接投资的优点已为投资者知晓，房地产直接投资的弱点虽然我们也经常提到，但许多投资者对其重视不够。特别是经过近几年来房价的上涨，同时随着 2005 年国家宏观调控政策对抑制房价上升较快和房地产投机炒作起到积极的作用的显现，这些房地产直接投资的弱点更加体现出来，下面我们提出主要的几条作分析。

　　● **流动性较差**

　　直接拥有房地产，可以得到完全控制个人或家庭资产的优势，但它并不是流动的资产，即不可以立即转变为现金，要想出售房地产一般是要花费一段时间的，有时会是很长时间。而且房地产是不可分割的，常常很难将部分房地产转为现金。所以，房地产投资通常还必须有一种较中长期的打算，因为资产是固定的。

　　● **买卖成本较高和管理成本较大**

　　目前，我国居民投资房产所花费的成本包括购房前期费用、运作成本和卖房费用。购房前期费用包括首付款、契税、贷款和保险费用等。房产投资日常的运作费用包括：归还贷款本金和利息、物业管理费、维修基金。另外，住房的结构和建房质量以及以前的租客和/或卖主对该房的使用情况也会影响运作成本等。房产卖出的过程中，也会有很多的花费。其中可能包括中介代理费、税费，以及有些银行对提早还清贷款可能收取的罚金等。

　　● **资金的要求较高**

　　房产投资是那种最初要有相对较大资本支出额的投资，首付的 20% ～40% 房款也往往要十万至几十万元及以上，我们可以看到许多人或家庭等到凑足了原来房价的首付款，但房价也上涨了，这样一来就买不起了，同时这部分原来房价的首付款放在银行的存款利息又较低，他们可能就进入尴尬的境地了。

- **投资风险较大**

房地产的位置一般都是固定的，不好任意搬动。而且由于受到经济的限制，理想的住宅类型和地点的选择常常是由不得你自己做主的。房产价格的变动是有周期的，你买入的时候，可能是在高价位，存在房价下降风险（即是指由于房产价格下降，致使该房产价值减少，房产拥有者的资产减少，最坏的情况是可能出现"负资产"，即未还款额大于房产价值）。对于楼价下跌风险，防范措施主要是要把握好整个房地产市场发展的形势和增强自己抗风险的能力及手段。

还有，如果买房者需贷款，那就会有由于买房者（贷款人）收入发生变化或其他原因，没有能力及时归还银行贷款的风险。如因为违约除要归还正常贷款，另外还要交纳违约金，会遭受双重损失。因此，应对此类风险的方法就是要根据自己的资金实力，量力而为，不要过分追求资金杠杆效益，将贷款比例控制在安全范围内，一般来说，每月还款额应在家庭月收入的25%～35%，不能超过50%。事实上，从经济合作与发展组织（OECD）和国外其他最新的资料中，我们可以发现发达国家居民的每月还款额都在家庭月收入的25%以内。

由于20世纪90年代以来我国中央政府采取了更灵活和市场化的金融政策以及我国在2002年加入了世界贸易组织（WTO），可以预见，以后利息率的波动就更加市场化了。住房拥有者可以发现，利息率可能会随着许多不确定因素而上升，而他们的支出也会相应增加。

- **专业性不强**

房地产投资需要较强的专业技能，特别是通过这十多年的房价有升有降的过程，广大投资者也认识到全面的信息和专业知识的重要性，比如对一特定区域房地产供求关系和市政规划、中央和地方政府对房地产的政策影响分析等。而一部分高收入者也没有时间去花费在这些工作上。

房地产间接投资的特点

在我国，直到目前，投资人若要投资房地产，一般只能直接买入房产，常常也需要中介机构协助，费时费力，手续也复杂，最重要的是，变现性不佳。而通过房地产间接投资，譬如投资人可以买入房地产股权投资基金或房地产公司股票，则能够比较便捷地参与到其中。

- **流动性强**

由于房地产本身的特性，导致在交易过程中通常需借助于中介机构，不但费力，且转让手续繁杂，变现性差，从而使得投资者具有较大的流动性风险。

作为另一种投资方式，房地产股权投资基金相对更加灵活；原则上，它可以转让。通常情况下，股票可以卖出其中的任何一部分（然后再买进），但是房产不行，比如说您想卖了自己住房的一个房间（那是不可能的）。

- **买卖和管理成本较低**

由于房地产股权投资基金投资的项目都较大，买卖和管理成本根据单位投资分摊后会较少。房地产股权投资基金和其他基金一样有管理费用，一般是每年收取资金量的2%。

- **降低风险的组合多样化投资**

由于房地产投资往往需要庞大资金的投入，一般大众投资人无法同时进行多项房地产投资，这样容易造成投资过分集中的风险。

房地产股权投资基金可将资金投资于不同类别的资产，让投资更多元化。选择不同地区和不同类型的房地产项目及业务，有效地降低投资风险，也能取得较高的投资回报。虽然自行投资房地产仍是不错的选择，而结合房地产股权投资基金后更能增加投资的益处。

- **专业性**

房地产投资需要较强的专业技能，特别是通过这十多年的房价有升有降的过程，广大投资者也认识到全面的信息和专业知识的重要性，比如对一特定区域房地产供求关系和市政规划、中央和地方政府对房地产的政策影响分析等。而一部分高收入者也没有时间去花费在这些工作上。所以房地产股权投资基金会集中力量通过专业化的调研分析和经营管理，来使项目营运业绩提高，并使投资者可以分享房地产专业投资的成果。

● 税收优惠

在大多数有房地产股权投资基金的国家，相应地有税收优惠方案，使股东收益提高。我国目前通过成立房地产股权投资基金方式做股权投资，基金层面不用缴税。而在房产方面，除了自住房买卖有一定的税收优惠外，非自住房买卖的税率较高。

房地产股权投资基金与房地产信托比较

信托

自 2001 年 10 月 1 日起施行的《中华人民共和国信托法》中所称信托，是指委托人基于对受托人的信任，将其财产权委托给受托人，由受托人按委托人的意愿以自己的名义，为受益人的利益或者特定目的，进行管理或者处分的行为。委托人、受托人、受益人在中华人民共和国境内进行民事、营业、公益信托活动，适用此法。从法律意义上讲，信托是一种财产委托人、受益人和受托人之间发生的财产权关系。

我国信托业的发展可以追溯到 20 世纪初。新中国成立后，由于在计划经济体制下，到 50 年代中期信托业务全部停办。改革开放开始后，1979 年以中国国际信托投资公司的成立为标志，中国的信托业得到恢复。下面让我们简单回顾中国信托业之发展历程：

1979 年信托机构恢复，中国国际信托投资公司成立。

1982 年 4 月，国务院发出《关于整顿国内信托投资业务和加强更新改造资金管理的通知》，主要针对信托业进行了一次机构整顿，此次整顿被称为信托业的第一次整顿。1999 年 2 月，国务院办公厅下发《国务院办公厅转发中国人民银行整顿信托投资公司方案的通知》，对信托业开展了第五次整顿。

2001 年 10 月，《中华人民共和国信托法》开始施行，目的是为了调整信托关系，规范信托行为，保护信托当事人的合法权益，促进信托事业的健康发展。

2002 年 6 月，中国人民银行颁布实施《信托投资公司管理办法》，旨在加强对信托公司的监督管理，规范其经营行为，促进其健康发展。其规定信托公司可受托经营国家有关法规允许从事的投资基金业务，进一步规范信托投资公司资金信托业务的经营行为。

2006 年 7 月，银监会发布《关于进一步加强房地产信贷管理的通知》（银监发〔2006〕54 号）。它指出要进一步规范信托投资公司房地产贷款业务。文件指出，信托投资公司开办房地产贷款业务，或以投资附加回购承诺等方式间接发放房地产贷款的，要严格执行《关于加强信托投资公司部分业务风险提示的通知》（银监办发〔2005〕212 号）有关规定。

2007 年 3 月，银监会正式颁布实施新修订的《信托公司管理办法》和《信托公司集合资金信托计划管理办法》，同时下发《关于信托公司过渡期有关问题的通知》，更是明确揭示了信托业的发展方向，并为信托业的功能归位提供了必要的政策资源。

房地产信托

房地产信托是指信托机构代办房地产的买卖、租赁、收租、保险等代管代营业务以及房地产的登记、过户、纳税等事项，有些还以投资者身份参与对房地产开发经营的投资，也有的还受理其他代理业务。房地产信托是房地产业发展到一定阶段的必然产物。

目前，市场上的房地产信托以资金信托为主，信托公司看好融资方（一般为房地产公司）的项目后，向社会发放信托计划，投资者按照自身需求选择性购买信托公司发放的计划，计划到期时信托公司将按信托计划约定将投资收益分配给投资者。下文如没有特殊说明，房地产信托指的是房地产资金信托。

作为金融业的四大支柱之一的信托，在中国的发展一路走来，颇多曲折。随着 2002 年 7 月信托业的"一法两规"（《中华人民共和国信托法》、《信托投资公司管理办法》、《信托投资公司资金信托管理暂行办法》）的完全出台，我国信托业又有了较大的发展。

房地产企业信托融资主要包括两部分，即信托贷款融资和股权投资信托。

房地产信托贷款是信托机构运用其吸收的信托资金，以贷款形式对房地产开发经营企业进行资金融通的一种方式。房地产信托贷款与一般银行发放的房地产贷款无本质区别，都是以还本付息为条件的资金使用权的暂时让渡，但在具体形式上有较大不同。

房地产股权投资信托是指自然人、法人或者依法成立的其他组织（即委托人）基于对信托公司（即受托人）的信任，将其资金或财产委托给受托人，受托人以受益人的利益最大化为原则，按委托人的意愿，以自己的名义对房地产项目公司进行的股权投资。

股权投资信托的优势是委托人不必以自己的身份出现在项目公司的股东名单上，而由受托人代为出面和管理。股权投资信托适应了那些想获取高回报而愿承担投资风险类型的投资者的需要。

我国信托业与房地产融资有着不解之缘，《信托法》实施以来，在信托公司发行的信托计划中房地产项目始终占有较大比重。尤其是国家加强房地产信贷监管政策出台后，房地产信托逐渐成为房地产企业融资的重要渠道，也成为信托公司的主要信托业务之一。但是我们要看到，在房地产金融市场上，我国的房地产信托与国外的成熟市场比起来还只是刚刚起步，更大的积极作用还有待于进一步发挥。

随着第五次信托投资公司的清理整顿和有关法规的出台，大多数信托机构在股本结构、企业模式、内控机制、管理体制等方面按照现代企业管理要求和市场化标准进行了重大调整。特别是 2002 年 7 月 18 日《信托投资公司资金信托业务管理暂行办法》颁布以后，信托就成为中国房地产和金融界一个热点。信托公司规模有了很大的发展，业务已包括基础设施建设、管理层收购、房地产开发融资，从外汇信托到融资租赁等，信托产品正在各个领域发挥着很大的作用。在近几年我国房地产业发展当中，至少是 2003 年中国人民银行"121 号文"和 2004 年 9 月中国银监会的《商业银行房地产贷款风险管理指引》发布以后，它们对土地储备贷款、房地产开发贷款、个人住房贷款、商业用房贷款等进行的原则性的指导。而纵观所有融资渠道和产品，信托和银行成了一个互相补充的关系，多年来银行用其大量的资金，可以做开发贷款，可以做按揭，房地产主要的融资来源还是银行。而"121 号文"规定，四证不齐全的项目和企业，银行不能贷款，这样一来信托正好可以见缝插针。因为通过信托公司融资完全可以不受此限制，这样一来也促进了我国房地产金融业及相关产品的推出和发展。房地产信托已成为信托市场上的主力产品。

信托产品能够比较灵活充分地适应和处理房地产的多种经济和法律关系，解决其他渠道难以解决的问题。如果房地产信托融资方式使用得当，不但可以降低房地产业整体的运营成本，还有利于房地产资金的持续运用和公司的发展。另外信托在供给方式上也十分灵活，可以针对房地产企业本身运营需求和具体项目设计个性化的资金信托产品，从而增大市场供需双方的选择空间。

但 2005 年 9 月银监会发布《加强信托投资公司部分业务风险提示的通知》（212 号文件），文件指出，2005 年上半年少数信托项目主要是证券和房地产类业务存在一些问题，个别地方甚至出现利用信托财产收益权转让变相违规筹集资金的现象；文件同时提高了新开办证券和房地产信托计划的门槛。文件指出，新开办的房地产业务应该符合国家宏观调控政策，并进行严格的尽职调查，对未取得国有土地使用权、建设用地规划许可证、建设工程规划许可证和建筑工程施工许可证（四证）的项目不得发放贷款，申请贷款的房地产开发商资质不低于国家建设行政主管部门颁发的二级房地产开发资质；开发项目资本金比例不低于35%。

这些规定的严格程度几乎要高于银行要求。因为在这以前国家对房地产业实行宏观调控的"121号文件"规定，银行发放开发贷款时要求必须"四证齐全"且"自有资金达到35%"。在房地产开发企业资质上并没有硬性规定。预计至少近阶段房地产信托业务开展起来将更加困难，而前几年房地产信托计划之所以非常有吸引力，其中一个主要原因是在房地产项目建设初期许多项目自有资金不够，相应达不到银行的放贷标准，而信托融资的门槛相对较低，信托可能提供这方面的资金。这些规定出台，使房地产信托业务开展起来的难度增加很多。

2006年8月，银监会的《关于进一步加强房地产信贷管理的通知》（54号文），明确指出了信托公司开办房地产贷款业务，或者以投资附加回购承诺等方式间接发放房地产贷款，要严格执行"212号文"的有关规定。2007年3月1日实施，新的《信托公司管理办法》明确规定，对向他人提供贷款不得超过其管理的所有信托计划实收余额的30%。这些政策使得房地产信托业务受到相对严格的限制。

目前我国房地产信托按信托财产投资运作方式可大致分为信托贷款、信托股权融资、财产受益权转让。信托贷款一般以发放房地产开发抵押贷款方式运作，其操作流程和商业银行贷款类似，所不同的是资金来源不同。信托投资公司的资金主要通过发行资金信托计划筹集。股权融资根据项目情况进行具体设计。在实际操作中常常采用"阶段性持股"的股权融资模式，并在信托计划开始前通过担保等方式设定安全的退出机制来控制信托风险。财产

（权）受益权转让是房地产开发商将房地产项目或其衍生权益委托给信托投资公司设立财产（权）信托，通过信托投资公司转让信托财产的受益权进行融资。

目前，我国信托融资创新空间宽广，并具有巨大的灵活性，且能针对房地产企业本身运营需求和具体项目设计个性化的资金信托产品，从而增大市场供需双方的选择空间。尽管我国发展房地产信托的呼声日益高涨，但是由于银行融资的成本低于基金、信托融资的成本，长期以来房地产行业依然倾向和依赖于银行融资。

在房地产融资很紧的形势下，房地产信托融资无疑给开发商注射了一剂兴奋剂，业务突飞猛进，2003 年全年中国的房地产业通过信托渠道融得 60 亿元，2004～2007 年在 100 亿～200 亿元之间，接下来几年有了很大的飞跃；到 2010 年，信托业共发行了 1921 亿元的房地产信托项目，同比增长 328%，房地产信托的发行规模占集合类信托规模的比重由 2009 年的 34% 提升至 2010 年的 51%。据用益信托工作室不完全统计，2011 年上半年包括保障房信托在内，共发行 536 款房地产信托产品，发行规模达 1670.1 亿元，发行数量同比增长 145.88%，发行规模同比增长 137.36%。发行规模占 2011 年上半年总规模的 47.6%，占 2010 年全年总发行规模的 41.8%。

我国国内房地产信托贷款计划对投资者的回报为信托计划方案中的协议回报，目前一般在 7%～10% 左右。房地产信托计划的运作方式是提供资金，监管资金使用安全，或部分或局部参与项目公司运作获取回报。房地产信托计划产品周期较短，一般为 1～3 年。而国内的房地产信托计划目前没有相关的税制安排。

自 2007 年 3 月 1 日起施行的《信托公司集合资金信托计划管理办法》在建立合格投资者制度的基础上，取消了原办法中关于 200 份合同份数限制问题的有关规定，规定单个集合资金信托计划的人数除自然人不得超过 50 人外，合格的机构投资者数量不受限制。

所称合格投资者是指符合下列条件之一，能够识别、判断和承担信托计划相应风险的人：

（一）投资一个信托计划的最低金额不少于 100 万元人民币的自然人、法人或者依法成立的其他组织；

（二）个人或家庭金融资产总计在其认购时超过 100 万元人民币，且能提供相关财产证明的自然人；

（三）个人收入在最近三年内每年收入超过 20 万元人民币或者夫妻双方合计收入在最近三年内每年收入超过 30 万元人民币，且能提供相关收入证明的自然人。

房地产股权投资基金与房地产信托比较

房地产是一个资金需求量大、风险较高、产生回报率高的行业，在国民经济中占有重要的地位。一直以来，房地产业与银行关系密切，房地产开发资金 70% 左右依赖于银行贷款，使银行承担较高的风险。近年来，国家对民间资本投资逐步放开，各类房地产金融产品在市场上逐步活跃起来。其中，房地产股权投资基金与房地产信托在民间资本融资领域表现得尤为活跃，为民间资本投资房地产和房地产融资提供了渠道。以下分析房地产股权投资基金与房地产信托的异同点，以便投资者了解两者之间的区别，从而更好地进行投资。

- **房地产股权投资基金与房地产信托的共同点**

房地产股权投资基金与房地产信托作为房地产市场融资的工具和民间资本投资房地产的渠道，有以下共同的特征：

1. 都有专业的融资及资金管理公司

房地产股权投资基金是由发起人成立基金管理公司向特定投资者进行融资，基金管理公司管理所融资金，进行房地产投资；房地产信托则由信托公司发起信托计划向社会融资，并管理所融通的资金进行房地产投资。

2. 融资的目的都是进行房地产投资

无论是房地产股权投资基金还是房地产信托，其融资的最终目的都是进行房地产的相关投资，如以股权或债权的形式投资于住宅房地产、商业房地产、旅游房地产等。

3. 融资的对象都是民间资金和机构资金

房地产股权投资基金是由发起人向特定的投资者（大部分是民间资本）进行融资。而房地产信托通过发放房地产信托计划的形式向社会融资，投资者可选择性地购买信托计划的受益凭证。

4. 资金都保管在托管银行

为避免所融资金被私人挪用，房地产股权投资基金与房地产信托都选择在合适的托管银行开立账户，经过信托公司、基金合伙人允许后才能使用所融资金。

5. 流动性一般

由于二级市场尚未建立，没有有形的集中竞价交易场所，缺少转让平台，房地产股权投资基金与房地产信托的投资者欲转让所持信托产品，只能私下协商转让价格，交易成本高，且不安全。

6. 受到相关法律的约束和相关部门的监管

房地产股权投资基金与房地产信托均属于金融产品，二者都受到法律的约束。2006 年 8 月全国人大修订了《中华人民共和国合伙企业法》，并于 2007 年 6 月施行，规范了合伙制基金的运作，促进了房地产股权投资基金的发展。为规范信托市场，保护信托当事人的合法权益，促进信托事业健康发展，国家于 2001 年颁布了《中华人民共和国信托法》。

- **房地产股权投资基金与房地产信托的区别**

同属于投资房地产行业的金融产品，房地产股权投资基金与房地产信托有许多的共同点，但毕竟是不同的金融产品，二者在运作模式、融资对象等方面都存在诸多差异。下面列出了房地产股权投资基金与房地产信托的部分主要区别。

1. 收益与风险不同

目前房地产信托的收益率一般在 7% ~ 10% 左右，2010 年达到近 10%；而房地产股权投资基金要求的预期投资收益率都在 15% 以上，有些达到 20% 或以上。

2. 管理机构责任不同

房地产股权投资基金一般进行股权投资，并且基金管理公司担任合伙企业的普通合伙人且要承担无限责任，因而基金普通合伙人一般是房地产或私募股权投资基金的专业人士。而房地产信托一般进行债权投资，其投资者中则不一定有相类似的专业团队。

3. 投资年限与收益分配不同

房地产股权投资基金属于中长期投资，其投资年限的设置较为灵活，如采取 "3 + 2" 年限设置方式，即 3 年封闭期加上 2 年开放期。在封闭期投资人不能赎回投资，封闭期结束后投资者每年有两次赎回机会。无论是在封闭期还是在开放期，房地产股权投资基金每年将投资收益分配给投资者。房地产股权投资基金管理公司的奖金与管理的基金的回报表现密切相关。

而房地产信托属于短期投资，一般为 1 ~ 2 年，到期后信托公司将投资者的本金与收益归还给投资者。

4. 所投资项目的要求不同

房地产股权投资基金则有更灵活的项目筛选，只要收益与风险合适，便可以进行投资。而《中国银监会办公厅关于加强信托公司房地产、证券业务监管有关问题的通知》要求信托公司所投资项目资本金比例为 35%、四证齐全、开发企业具有二级以上开发资质。

房地产夹层基金和房地产对冲基金

夹层基金

　　近几年还有一个房地产金融专业名词"夹层融资"经常在我国出现，事实上这一融资和投资业务的发明国也是美国。夹层融资是一种资本的混合形式，在公司的资产负债表上介于优先债权和股权之间。也就是说，在偿付的优先权次序上，它是次于或者说"低于"优先债权的，但优先于普通股或股权。监管是一把双刃剑，既着眼于抑制可能出现的风险，又有助于刺激金融创新，中国式夹层融资便有了诞生的可能。此外，银行往往更看好有机构投资人支持的公司，并且会在更具有吸引力的条款下扩大信用额度。因此，夹层投资人的介入，也会使得企业取得银行融资更加容易。但正如前一章谈及私募基金在我国还未完全立法，所以夹层基金（或称夹层融资基金）作为私募基金的一种形式在我国也还未真正形成。

　　通俗地讲就是做生意的第一笔钱是自有资金，而我国目前许多人和企业认为第二笔钱是银行贷款，就组成了以上提及的股权资本和债权资本的构成及其比例关系，那股权资本和债权资本就这么简单吗？显然不是。以下我们作较深入的介绍。

　　夹层基金（Mezzanine Fund）是指专门投资夹层融资的基金，而夹层融资（Mezzanine Finance）是指在风险和回报方面介于优先债务和股本融资之间的一种融资形式，即它是介于股权与债权之间的投资形式，或"混合了股权融资和贷款两种方式"或：介于两者之间"，在风险与收益方面都比单纯的股权与债权投资要中性一些。夹层投资通常提供形式非常灵活的较长期融资，这种融资的稀释程度要小于股市，并能根据特殊需求作出调整。而夹层融资的付款事宜也可以根据公司的现金流状况确定。

　　由于有部分人士常常将夹层融资误认为过桥贷款或过桥资本，这里有必要先澄清一下。过桥资本也就是过桥贷款（bridge loan），又称搭桥贷款，过桥贷款的性质是一种过渡性的贷款，回收速度快是过桥贷款的最大优点。过桥贷款的期限较短，一般最长不超过一年，利率相对较高，以一些抵押品诸如房地产或存货来作抵押。由于过桥贷款是纯债权性质的，虽然它有时会要求有股权抵押，但它的原始或根本目的是没有红利和股权要求，更像俗称的"高利贷"，所以它和本文的夹层融资有本质的区别。

夹层融资也常常是一种无担保的中期债务，这种债务附带有投资者对融资者的权益认购权，因此也可以说夹层融资只是从属债务（Subordinate Debt）的一种，它低于优先级债务（Senior Debt），但作为股本与债务之间的缓冲，夹层融资使得资金效率得以提高。由于夹层融资常常是帮助企业改善资产结构和迅速增加营业额，所以在参与这种次级债权形式的同时，常常也会提供企业上市或被收购时的股权认购权。

图2-2简要显示债权、夹层融资和股权投资的回报和风险的关系。夹层融资的债权形式的利率水平一般在8%~15%之间，投资者目标回报率是15%~25%。一般说来，夹层利率越低，权益认购权方面优惠就越多。

当迫于种种原因，银行贷款难以取得，而企业方又不愿意出

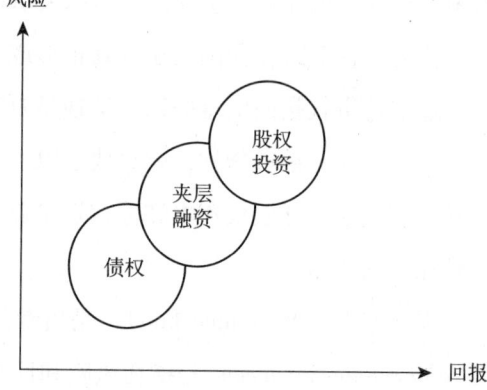

图2-2　债权、夹层融资和股权投资的回报和风险

让股权，或感到股权融资成本过于昂贵时，夹层融资对它们来说就最具吸引力。夹层融资的最大优点是降低了交易中所需的股权的数量。另一方面，尽管夹层融资的回报率仍大大高于银行贷款利率，其条件却远不像银行贷款那样严格。

近10~20年来，夹层融资在美国和其他西方国家得到很大的发展，目

前全球有超过几千亿美元的资金投资于专门的夹层融资，包括有专门的夹层投资基金（Mezzanine Fund），而其中很大部分为房地产夹层融资。这些资金大部分来源于美国，少部分来源于欧洲，亚洲市场夹层融资很小，即亚洲公司对夹层融资的需求较小，一个主要原因是大多数亚洲公司能从银行获得利率较为优惠的贷款即优先债务，而银行在发放贷款时作的尽职调查的严格程度也低于西方国家。

房地产夹层基金

房地产夹层基金是指专门投资夹层融资的基金，它是指在风险和回报方面介于优先债务和股本融资之间的一种投资基金形式。

提及房地产夹层融资许多人会想到房地产开发商夹层融资需求，在美国房地产夹层融资既可以针对房地产开发商，也可以提供给房地产物业持有者（或投资者），因为这些房地产开发商和投资者常常由于种种原因，难以取得银行或其他机构的房地产贷款，而其又不愿意出让股权，或感到股权融资成本过于昂贵时，夹层融资这时候就显得非常有吸引力。

为了获得夹层投资，企业与吸引创业投资一样，也要做财务预测，还要准备商业计划书，以及做演示推介。与创业投资不同的是夹层投资的要求回报率要低一些，尽职调查做得没有那么详细。夹层融资应该作为融资发展的总体战略的一部分来考虑，对许多企业来说虽然夹层融资的成本相对并不便宜，但是有时候它却是最合适的融资方式。夹层融资非常适合于管理者收购（MBO），有并购计划，能够快速成长，而且即将股票上市的企业。

融资企业一般在以下情况下可以考虑夹层融资：

（1）缺乏足够的现金进行扩张和收购；

（2）已有的银行信用额度不足以支持企业的发展；

（3）企业已经有多年稳定增长的历史；

（4）起码连续一年（过去 12 个月）有正的现金流；

（5）企业处于一个成长性的行业或占有很大的市场份额；

（6）管理层坚信企业将在未来几年内有很大的发展；

（7）估计企业在两年之内可以上市并实现较高的股票价格，但是现时IPO市场状况不好或者公司业绩不足以实现理想的IPO，于是先来一轮夹层融资可以使企业的总融资成本降低。

由于企业的市场价值取决于企业的规模，也就是企业的历史业绩和预期业绩，如果夹层融资能够在一年之内使企业的营业额大大增加，同时也给予公众对企业赢利能力的信心，那将使企业的IPO处于一种更有利的位置。在这种条件下，企业可选用夹层融资来完成过渡，直到实现和证明自己的市场价值，而不是在现在以低估的价值进行IPO或股权私募。如果企业可在将来以更高的股票价格进行IPO，那将降低企业总体的融资成本，这就是为什么企业愿意支付较高的利息在IPO之前先来一轮夹层融资。

- **灵活性**

夹层融资的最大优点之一为灵活性，通过融合不同的债权及股权特征，夹层融资可以产生许多种组合，以满足投资人及借款者的各种需求。比如说，有些夹层投资允许夹层投资人参与部分分红，类似于传统的股权投资；另外一些允许夹层投资人将债权转换为股权，类似于优先股或是可转换债。房地产是夹层融资投资的主要行业之一，正如前面提及的，在美国，房地产开发商能够获得的贷款，一般只占整个项目所需资金的65%左右，而开发商自有资本往往只有项目规模的10%～20%。这其中缺口的15%～25%左右，房地产开发商常常要依靠夹层融资来运作，因此房地产业目前仍是利用夹层融资最多的行业之一。

房地产夹层融资是一种非常灵活的融资方式，这种融资可根据募集资金的特殊要求进行调整。对于借款者及其股东而言，夹层融资具有吸引力。譬如对长期融资，许多中型企业发现，要从银行那里获得三年以上的贷款仍很困难。而夹层融资通常提供还款期限为2～7年的资金。房地产夹层融资的回报通常从以下一个或几个来源中获取：① 现金票息，通常是一种高于相关银行间利率的浮动利率；② 还款溢价；③ 股权激励，这就像一种认股权证，持有人可以在通过股权出售或发行时行使这种权证进行兑现。并非所有房地产夹层融资都囊括了同样的特点。

- **回报和风险适中**

收益和风险匹配。对于出资方而言，既能对资金获取稳定收益提供一定的保障，也能分享到项目成长的收益。对于融资方而言，能在项目尚未产生收益时获得成本较低的资金融通，并能利用出资方的资源和背景，促使项目产生效益。

夹层融资的回报通常从以下一个或几个来源中获取：

1. 固定回报，通常是一种高于抵押贷款 2%～8% 的回报。譬如要求每年12% 的固定回报，时间为 2～5 年。

2. 股权分成，通常是在项目完成时，享受利润的再分成；或可转换债权，持有人可以在通过股权出售或发行时行使这种权证进行兑现。

3. 以上两个方面的结合。

夹层贷款一般是中短期的，贷款费用较高，利率也较高（即通常高于银行基准利率多个百分点），一般根据每个项目的风险情况调整，其受一部分开发商的欢迎。在具体夹层融资各方协议中，开发商可能会被要求作为风险的第一承担方，即如果项目亏损，开发商需要首先负责偿还损失，直到达到一个预先约定的额度。

与大多数股权投资相比，夹层投资的回报中有很大一部分来自于定期的固定回报或称利息收入，对相当部分投资者，这一特性使夹层融资投资常常比股权投资更具吸引力。对类似的项目，如果夹层融资的固定回报越低，股权分成比例一般会越高。相对于要求 20%～35%（或更高）回报率的股权投资者，夹层投资者寻求的内部回报率一般在 15%～25% 之间，同时由于夹层融资的回报率仍大大高于银行贷款利率，因此其条件却远不像银行贷款那样严格，而其尽职调查的严格程度却低于股权投资。

房地产夹层融资投资人的最大风险是夹层融资者的公司或项目亏损甚至公司破产。为保障夹层投资人的权益，夹层融资投资人可以优先于股权人得到补偿，通过有关结构安排使夹层投资人权益位于普通股权之上，当然其相对原来房地产贷款机构的债权还是处于低级层次。

在优先股结构中，夹层融资投资人用资金换取借款者的优先股份权益。夹层投资人的"优先"可以体现为在其他合伙人之前获得红利，在违约或借款者破产情况下，优先合伙人有权力控制对借款者的所有合伙人权益。同时有些交易中规定，为了对夹层融资者的公司或项目运作有及时的了解，夹层融资投资者可以在借款者董事会中委任一个董事，并有权对一些特定事件行使否决权。许多情况下，夹层融资的成本一般要低于股权融资，因为资金提供者通常不要求获取公司的大量股本，即它能够降低股权的稀释程度。

- **可调整的结构**

根据约定，夹层融资的提供者常常可以调整还款方式，使之符合借款者的现金流要求及其他特性，其中的主要原因是在签约时，双方都对预期的现金流有个合理的假设，并确认一个还款日程表，可以在一段时间内每次以一定金额分期偿还债务，也可以提前还清，但在具体项目和公司运营一段时间后，当时约定的还款方式可能与实际的现金流有很大的出入，这就需要双方提前约定解决方法。

夹层融资投资者也会要求被融资公司出让一定量的股权，这使得一些资本回报率较高和前景好的房地产企业或者股东关系紧密的企业尤其是家族企业，在面对有这方面要求的夹层融资投资者时感到犹豫，但大多数情况下夹层融资投资者的最终目标是在特定的时期内获取期望的回报率而不是成为长期的股东。与通过公众股市和债市融资相比，夹层融资可以相对谨慎、快速地进行较小规模的融资。

譬如在美国特别是近 20 年来，由于大量商业房地产物业迅速升值，许多原来安排的持有型房地产物业的贷款相对房地产物业本身的价值已显得较低，但很多情况下，原来的贷款机构（比如银行）在增加贷款额方面常常并不积极，而房地产物业的持有者觉得可以从此物业套取更多流动资金。夹层融资这时提供这部分资金，且为未来可能的进一步融资打好基础。

- **评级相对高、限制较少**

资本市场上的专业的信用评级公司譬如 Moody（穆迪）、Standard &Poor（标准普尔）给有夹层融资的公司的级别要高于很高成数债务的公司。

与银行贷款相比，夹层融资在公司控制和财务契约方面的限制较少。尽管夹层融资的提供者会要求拥有观察员的权利，但他们一般很少参与到借款者的日常经营中去，在董事会中也没有投票权。

- **费用较高，夹层融资法律架构复杂**

夹层融资也存在劣势，一方面，由于产品非标准化，加之信息透明度低，其资金费用高于抵押贷款 2~8 个百分点；另一方面，夹层融资法律架构复杂，法律费用也远高于抵押贷款，因此，在美国通常要求夹层融资额至少为 500 万美元。此外，借款者在考虑夹层融资时，必须征得抵押贷款投资人的同意。抵押贷款人会与夹层投资人协商并签订协议，以界定两者关系并控制风险。此协议的签署耗时耗力，也是夹层融资的一大障碍。

从市场来看，夹层融资作为股本与债务之间的缓冲，使得资本供应与需求效用更为贴近，资金效率得以提高；另一方面投资者可以根据自身的风险偏好选择投资方式。

从市场来看，以下几个方面的原因决定了房地产夹层融资在我国有很大的需求：

> 近几年政府实施了一系列宏观调控政策以抑制房地产市场投资。贷款限额降低了，而通往资本市场包括股票和债券等的途径也很小。

对于房地产商来说，夹层融资是一种非常灵活的融资方式，因为这个阶段开发商无法向或无法再向银行贷款，这时如果有夹层融资进去，使项目能够符合银行贷款要求，项目就能顺利启动。对于投资者而言，回报也较银行存款高许多。

➢ 对于中国房地产市场，资金渠道缺乏给夹层融资带来很好发展机会。作为股权与债权的中间产品，夹层投资人一方面可以绕过贷款的政策壁垒，夹层融资又使回报周期短的债权投资模式得以保留。

➢ 在银行贷款难以取得、海外资金相对少、主要在一二线城市且受到限制的情况下，有人把夹层融资看成了房地产企业外部融资的最后渠道。相对于要求 25% ~35% 回报率的股权融资者，夹层投资者期望的内部回报率一般在 15% ~25% 。

房地产夹层融资的出现是房地产业发展到一定阶段的必然要求。通过房地产夹层融资，不仅使房地产投资主体多元化，拓宽了房地产的融资渠道，而且，由于投资基金股权结构明晰，投资者对房地产夹层融资的投资行为能够有效地监督，提高房地产投资的利用效率，降低房地产开发和建设的盲目性，因此我国应该借鉴发达国家的成熟经验，建立我国房地产夹层融资立法，以便尽快形成符合我国国情的房地产夹层融资市场。

市场经济的发展需要依靠强大的法律体系，而目前我国房地产夹层融资相关法律的制定落后于市场需要。缺乏相关法律的保障是发展我国房地产投资信托最明显的障碍之一。

正因为我国目前缺乏相关规范各种房地产夹层融资经营业务的政策、法规及实施细则，关于房地产夹层融资基金具有运作方式、结构和条件、房地产夹层融资经营业务的税收制度等具体操作中需要探讨和解决的关键问题没有明确的规定，在一定程度上妨碍了房地产投资信托的发展，如果这些问题不理清楚，可能会在以后的操作中留下较大的隐患。

夹层融资退出的主要方式有关联方回购、股权转让和项目上市等。目前，国内尚无 REITs 上市通道，房地产企业上市之路也十分艰难，通过项目上市来实现夹层融资的退出目前难以施行。通过股权转让退出对于房地产信托而言也不现实，因为股权转让过程需要就转让价格和条款进行谈判，而目前国内的房地产信托到期就必须兑付，没有任何弹性空间。

可以预见以后只要符合法律，有条件的机构都可以参与夹层融资业务。其中，一个具体的操作方式是，可以首先设立夹层基金，然后明确夹层基金的预期投资目标。譬如，美国房地产夹层融资发展规模之大是与它的融资渠道较宽和法制较齐全有关的，大量的社会福利基金如养老基金、保险基金等大型的机构投资者对房地产业的投资有利于房地产夹层融资的发展。

房地产股权投资基金与房地产夹层基金比较

从投资角度看，夹层融资投资的级别通常比股权投资为高，而风险相对较低。在某些案例中，夹层融资的提供者可能会在以下方面获得有利地位，比如优先债务借款者违约而引起的交叉违约条款、留置公司资产和/或股份的第一或第二优先权。从"股权激励"中得到的股本收益也非常可观，并可把回报率提高到与股权投资相媲美的程度。如果使用了尽可能多的股权和优先级债务来融资，但还是有很大的资金缺口，夹层融资就能在这个时候提供利率比优先债权高但同时承担较高风险的债务资金。由于夹层融资常常是帮助企业改善资产结构和迅速增加营业额，所以在发行这种次级债权形式的同时，常常会提供企业上市或被收购时的股权认购权。

退出的确定性较大。夹层投资的债务构成中通常会包含一个预先确定好的还款日程表，可以在一段时间内分期偿还债务，也可以一次还清。还款模式将取决于夹层投资的目标公司的现金流状况。因此，夹层投资提供的退出途径比私有股权投资更为明确（后者一般依赖于不确定性较大的清算方式）。当前收益率与大多数私有股权基金相比，夹层融资投资的回报中有很大一部分来自于前端费用和定期的票息或利息收入。这一特性使夹层投资比传统的私有股权投资更具流动性。

许多夹层投资则很少寻求控股，一般也不愿长期持有股权，更倾向于迅速地退出。当企业在两轮融资之间、或者在希望上市之前的最后冲刺阶段，资金处于青黄不接的时刻，夹层投资者往往就会从天而降，带给企业它所最需要的现金，然后在企业进入新的发展期后全身而退。这也是它被称为"夹层"投资的另一个原因。

部分夹层投资也要求被投资公司出让一定量的股权，这使得一些资本回报率较高的房地产企业或者股东关系紧密的企业尤其是家族企业，在面对夹层融资时感到犹豫。但夹层投资人的目标并非成为长期的股东，而是在特定的时期内获取期望的回报率，在资金供大于求的今天更是如此。夹层投资者在更积极地争取交易并显示出结构上的灵活性，其中包括允许被投资企业更早地提前赎回债券。

夹层融资最大的优点是灵活性。对房地产企业的灵活性在于：在贷款渠道变窄，贷款门槛变高的情况下获得资金；对投资人的灵活性在于：夹层投资人既可获得类似债权的固定回报，又可获得类似股权的分红，还可将债权转换为股权，类似于优先股或是可转债。

夹层融资的缺点：一是费用高，由于产品非标准化，信息透明度低，其资金费用高于抵押贷款 2～8 个百分点；二是法律架构复杂，法律费用远高于抵押贷款，其协议签署过程涉及借款者、抵押贷款投资人和夹层投资人三方，耗时耗力。

夹层投资人最大的风险是借款者破产，为保障投资人权益，可在借款者董事会中委任一个"独立"董事，或设立拥有投票权的"特别股东"。相对应的股权融资指资金不通过金融中介机构，借助股票这一载体直接从资金盈余部门流向资金短缺部门，资金供给者作为所有者（股东）享有对企业控制权的融资方式。债权融资是指企业通过举债筹措资金，资金供给者作为债权人享有到期收回本息的融资方式。

夹层投资的这些特性，使得它成为颇适合于成长型公司的一种融资方式。

美国的房地产企业普遍采用夹层融资方式来优化融资结构，夹层融资可以有几个阶段来介入项目，但一般是介于获得相关政府批文和施工完成之间。表 2 - 1 仅以一个案例来显示房地产开发流程和夹层融资的介入时间。

房地产开发流程和夹层融资的介入时间　　　　　表 2 - 1

编号	房地产开发流程内容	夹层融资的介入时间	备注
1	获得信息，现场察看	—	—
2	可行性研究（包括初步概念设计等）	—	—
3	买地（拍卖、投标和协议等方式）	—	—
4	获得相关政府批文	可以	—
5	开始施工	可以	5、6 有时次序会调整
6	向银行贷款	可以	6、7 有时次序会调整
7	开始预售	可以	
8	施工完成	可以	
9	销售完成	—	
10	项目完成	—	

在中国的外资房地产股权投资基金

海外私募房地产投资基金对中国的投资，应该有近十年的历史，但一开始规模很小，国内包括专业人士对其了解不多或没有感觉到它的重要性。近几年来，由于包括中国经济的持续稳定的增长、房地产业的发展和人民币升值预期等的影响，外资包括海外房地产投资基金对中国房地产投资有了极大的热情，几年来它对我国房地产业的发展包括更规范地运作和学习国际上的先进经验起到了积极作用。几年来，海外资本在国内一些大城市房地产市场上非常活跃，国内许多房地产公司也以与海外投资者合作为荣，一些楼盘还特地标榜有海外投资背景来提升售价。

虽然几年来国内的许多房地产开发商和投资公司对海外房地产投资基金抱有很大希望，但许多普通买房自住者对所谓的海外"热钱"没有好感。许多海外基金包括海外私募房地产基金投资中国房地产被认为是可以赚取高额利润同时坐享人民币升值的"双赢"投资。他们还被认为是中国房地产泡沫的制造者之一，所以我们有理由对在中国的海外私募房地产投资基金进行进一步的研究。

事实上在我国每年购房的资金总量中，外资所占比例并不大，但由于它集中在北京、上海等少数城市，确实直接助推了这些城市的房地产价格的上涨。2003 年以来国家陆续出台了一些对房地产市场的调控措施，而这几年正是外资包括私募房地产投资基金进入我国的高峰期。这些资金除了直接购买办公楼、商场等租赁型的物业外，部分资金也以各种方式直接或间接参与房地产开发，而这也与近年来国内宏观调控和长期以来融资渠道单一使许多房地产开发商资金缺口问题较为严重有直接关系。实际上，宏观调控对房地产市场最大的影响是减少了资金供应，银行普遍收紧了对开发商的贷款，开发商原来最主要的资金来源突然被截流了。这为外资与当地开发商的合作提供了机会，外资也利用了这个机会进入目前中国回报率较高的行业。

外资房地产股权投资基金的发展

1997～2001 年我国房地产开发利用外资额持续走低，不仅是利用外资投资规模持续缩小，而且外商直接投资的数量也急剧萎缩。据统计，1997 年我国房地产开发利用外资折合人民币总额为 460.86 亿元，其中外商直接投资为 327.90 亿元，我国企业对外融资为 132.96 亿元。而到 2001 年时，我国利用外资总额下降到 135.70 亿元，其中外商直接投资下降到 106.1 亿元，我国企业对外融资下降到 29.59 亿元。

2001 和 2002 年的两年中，海外基金对中国房地产行业仍处于市场观察期。2002～2006 年房地产开发利用外资和外商直接投资的数量才开始回升，2006 年全国房地产开发利用外资 400. 15 亿元，同比增长 55. 2%，以后的几年也呈现增长势态。

可见，一段时间以来外商对我国的房地产发展前景并不看好，因此投资规模迅速萎缩。首先，许多外商对市场的敏感度不如国内公司，其次就是许多外商的决策机构都在境外，加上决策有一个较长过程。但是，由于我国房地产发展近几年一直保持上升态势，加之我国宏观经济保持了稳定高速增长的势头，因此外商对我国房地产市场的看法也发生了改变，这一点在 2004 和 2005 年间特别明显。海外投资基金进入我国的这一态势变化，是由多方面因素的组合而造就的。其中主要包括国内不断规范的市场环境对土地、资金的获取设定了越来越严格的要求，使得在机会利益中壮大的开发企业感受到了资金的压力，并迫切地寻找更多的融资渠道，从而为海外地产基金进入一级开发市场创造了商机。

境外资金进入中国房地产市场，从几年来的情况看有利有弊，它一方面提升了房地产业的供给和专业水平；另一方面也加剧了房地产市场的竞争，消费者可以从中获益。但也有人士认为境外投机资本大规模地进入上海、北京等中心城市的房地产市场，极易把房价推得过高，甚至形成房产泡沫，过高的房价、过高的生活成本不利于吸引投资和劳动力，不利于改善投资环境。

近十年，外资在我国的房地产投资有了较大的增量；不少与房地产金融相关的海外投资机构也将此视为商机纷纷落户北京和上海等大城市，探试性地寻找发展空间。荷兰国际集团（ING）、嘉德置地集团、新加坡投资公司旗下的 GIC 地产基金公司、美国著名投资银行摩根士丹利和雷曼兄弟、美国洛克菲勒财团、澳大利亚麦格理银行等著名的跨国房产投资基金都已活跃在北京和上海市场。比如新加坡的嘉德置地集团中国公司光在北京就待开发或持有多个房地产项目，摩根士丹利的房地产基金在上海和北京参与了几个市中心的项目。

2004 年由于人民币出现了很大的升值压力，而此预期已引致海外资金流入我国，综合各方面估计，流入我国的这些资金可能有几百亿美元，它们除了想套取预期中的汇率升值等好处外，还想利用升值后的其他投资产品（如房地产、股票等）价格上升的趋势，获得更多收益。事实上，流入中国的热钱一部分已进入到房地产市场，这一部分资金会直接购买房产，这对近几年我国大城市房价的上升，起到了一定的作用。事实上，特别是 2004 年以来，北京和上海等大城市里的许多高档楼盘中的房产被海外买家买了很多，而未来一段时间，由于境外资本对人民币升值的预期，更多国际"热钱"可能进入我国房地产业，其投机性也给我国房地产业发展带来一定的风险。

国家外汇管理局负责人也曾表示，出于防止国民财富流失、抑制房地产炒作、维护国家安全等目的，国家外汇管理局将完善外资进入房地产行业的相关外汇管理政策，借鉴国际经验，按资本项目管理原则对外资进入房地产的交易和汇兑环节进行规范，配合上游部门实施房地产调控政策。同时，国家外汇管理局还要对房地产项下违法违规资金流出入加大查处力度，以抑制投机行为，维护宏观调控成果，促进房地产市场持续健康地发展。

譬如国家外汇管理局、商务部、海关总署在 2008 年 7 月 2 日联合颁布实施了《出口收结汇联网核查办法》（简称《办法》），决定自 2008 年 7 月 14 日起对出口收结汇实行联网核查管理。实施出口收结汇联网核查，是通过将企业出口收结汇情况与其海关货物出口情况加以核对，有效甄别货物贸易项下资金流入的实际贸易背景，以保证出口及其收结汇的真实性和一致性。《办法》规定，企业出口收汇（含预收货款）应先进入企业的出口收汇待核查账户。企业在通过待核查账户办理资金结汇或划出手续时，银行应登录出口收结汇联网核查系统，在具体贸易类别相对应的可收汇额范围内进行收汇核注。

为配合实施出口收结汇联网核查，完善外债统计监测，严格管理短期外债规模，国家外汇管理局同时发布了《关于完善企业货物贸易项下外债登记管理有关问题的通知》，决定对企业出口预收货款和进口延期付款实行登记管理。说明监管层已经开始对日益严重的热钱采取更主动和有力的措施。

对国外投资者来说，特别是那些来自亚洲地区的投资者，近几年来选择在中国的主要城市（尤其是北京、上海和深圳等）进行房地产投资是最有利可图的。这从近几年来的房地产价格上涨中可以看出。我们知道房地产开发和投资在任何国家和地区都会有困难和风险，外资房地产开发商和投资者同样会在中国市场碰到一些困难和风险，其中主要包括：

- 政策和法规：由于房地产在中国是一个新的行业，政府会在具体工作中出一些新的政策和法规，外资房地产开发商和投资者没有中国本地的开发商和投资者对其理解透彻和反应迅速。

- 土地获得：2003 年以前，外资房地产开发商获得土地有时较本地的开发商难，但 2003 年以来，土地一般都通过市场公开出让（包括拍卖），这方面更加公平。但由于外资实际到位时间有时很难把握，这会使出让方的积极性减低。

- 项目管理：发达国家很重视项目管理，我国的设计、施工、咨询单位和政府职能部门运作也在学习国外先进的方法。

其中，政策和法规方面对外商的限制尤其明显，譬如 2006 年 7 月，建设部、国家发改委、国家外汇管理局等六部委联合发出《关于规范房地产市场外资准入和管理的意见》，在该意见中，禁止投资者以境外直接持有中国物业的方式投资中国房地产，堵住外资以股权投资方式直接向国内投资。同时，规定境外人士只有在境内工作、学习时间超过 1 年，才可以购买符合实际需要的自用、自住商品房，但不得购买非自用、非自住商品房。

2007 年 3 月，商务部在《2007 全国吸收外商投资工作指导性意见》中也表示，要严格限制外商投资我国房地产。2007 年 12 月 1 日起，新修订的《外商投资产业指导目录》中对外商投资我国房地产业的规定有一些变化：

一是外商投资"普通住宅的开发建设"从鼓励目录中消失；二是限制目录中新增了外商投资"房地产二级市场交易及房地产中介或经纪公司"一项；三是虽然"大型主题公园的建设、经营"不再归于限制目录，但对"土地成片开发（限于合资、合作）"和"高档宾馆、别墅、高档写字楼和国际会展中心的建设、经营"的限制不变。而在 2002 和 2004 年的《外商投资产业指导目录》中，都鼓励外资对国内普通住宅的开发建设。而在限制范围上，也一直锁定在土地成片开发（限于合资、合作），高档宾馆、别墅、高档写字楼和国际会展中心的建设、经营上。

事实上，在我国的房地产外资，相当部分是国内背景的外资房地产公司，即这些公司真正的业务在国内且控制人也在国内；中国房地产上市公司综合实力 20 强中，有意思的是超过 10 家企业在香港上市。

新政频频出台为市场带来的变化预期，使海外基金在中国的操作模式，有从前段时间的住宅市场，向稳健的商业地产市场（商铺、写字楼、服务式公寓等）逐步过渡的趋势。比如在房地产遭遇国家政策的连环打压时，有部分海外基金也逐渐从上海住宅市场悄悄撤退，转向商业领域或者其他地区市场。

另一部分投资机构更加看好中国的物流地产，有转投物流地产的趋势。因为目前许多物流地产的投资回报率在 10% 左右，而商业地产的投资回报率在 6% ~ 8% 左右，且物流地产的投资回报率较为稳定。

还有部分外资向内地的二线城市发展，主要是选择有经济能力且有发展潜力的城市，预计未来几年二线城市的房地产有较大需求，房价也比一线城市有更大的上升空间，以投资回报估计也比上海、北京等一线城市高许多。

在我国的海外房地产投资基金的特点

在我国的海外房地产投资基金对项目和国内合作方的基本要求可能包括：

1. 基金的资金量比较充足，希望得到多于 50% 的股份，这样可以控制整个项目的管理；

2. 合作方诚信，是否愿意去发展一个品牌，有长期的计划，是否有共同的理念去发展；

3. 合作方是否有多过一个的合作，如果只有一个就没有太多合作的必要了；

4. 合作方已有一个有经验和声誉好的企业，要寻找强大的、值得信任的管理团队；

5. 对直接买入的办公楼、商场和酒店公寓等要求：建筑物的质量、物业管理的质量、建筑物的地段和租客情况都要好、对参与开发的项目大小要求和有时要求合作方最好是土地方；

6. 中国仍然是一个高风险、高投资回报的地方，所以预计的投资回报率（Return on Cost）和内部收益率（Internal Rate of Return，IRR）都要超高国外成熟市场；

7. 在投资和撤资方面都要灵活和方便。由于投资的总收益很大部分常常取决于投资者获取的股权分成，因此一个清晰的退出机制至关重要。股权变现的可能方式包括：股权回购协议，项目公司整体出售，以及房地产企业上市等等。

能达到以上海外中国房地产基金对国内合作方的基本要求的中方公司是国内知名企业或土地方，而这些合作的绝大多数业务在 2002 年以后，且 2004 年以来有明显增加，外资公司主要来自欧美、新加坡和中国香港，投资银行和金融财团为主，涉足中高档住宅、酒店式公寓、办公楼和部分综合项目。外资进入房地产领域，在买入持有上以办公楼和商场为主，在开发和销售环节以中高档住宅为主。

通过国外和中国市场的比较，我们也可以发现海外房地产基金内地运作限制多，因此外资地产基金在内地市场的发展仍处于试探阶段，尚没有一家海外基金直接以房地产基金的名义在中国注册，多以离岸投资公司的身份出现。

出现这种情况的原因主要是外资房地产基金要进入中国，必须在国内先有投资项目，然后才能通过外资委引进相应的资金；由此外资公司在资金周转上较被动。

经国务院同意，建设部、商务部、国家发改委、人民银行、工商总局、外汇管理局 2006 年 7 月 11 日联合发布了《关于规范房地产市场外资准入和管理的意见》，提高了外资进入中国房地产市场的门槛和投资成本，譬如外商投资房地产企业注册资本金未全部缴付的，未取得《国有土地使用证》的，或开发项目资本金未达到项目投资总额 35% 的，不得办理境内、境外贷款，外汇管理部门不予批准该企业的外汇借款结汇。外商投资房地产企业的中外投资各方，不得以任何形式在合同、章程、股权转让协议以及其他文件中，订立保证任何一方固定回报或变相固定回报的条款。相信这一政策会在较大程度上减少外资在房地产市场的投资。

目前，海外地产基金主要以两种方式进入内地市场：第一种是投资开发型，即从前期就开始介入项目的开发，如新加坡政府投资公司、嘉德置地、摩根士丹利、德意志银行、荷兰国际集团、澳大利亚麦格理银行；第二种是收租型，即购买有稳定租户的成熟物业，长期持有、收租赢利，如美国国际集团（AIG）、新加坡政府投资公司、新加坡腾飞基金（Ascendas MGM）投资银行高盛与摩根士丹利和澳大利亚麦格理银行等。我们可以发现许多外资是兼有两种投资方式。

早期（20 世纪 90 年代中期）进入我国的外资迫于种种限制，只能直接进入房地产开发领域。而 2003 年以来，外资直接买入整幢办公楼和商场的案例越来越多，2004 年，政府加强宏观调控的情况下，全国房屋销售价格仍整体上升 9.7%。在房价上涨和人民币升值预期背景下，一些境外资金被吸引进入到房地产领域。开发型海外地产基金主要选择上海、北京投资，投资项目以办公楼和中高档住宅为主。

一般海外房地产投资信托只收购办公楼、商场和酒店式公寓，很少涉及住宅，因为住宅具有高风险、高回报率的特点，而商用物业，租金增长比较平稳，相比住宅而言，所承担的风险较小。比如上海和北京的甲级写字楼的市场透明度高，未来两年的供需关系稳定，并能够提供稳健的收益，许多海外基金对它们都很感兴趣，有成功经验后往往也会再选择广州、深圳，接着进入经济发达的二线城市，如苏州、宁波、杭州等。这些外资的海外背景或接盘者可能是房地产投资信托、退休基金或保险基金，它们更倾向于以长期持有的方式，获取稳定的租金收益。这些国际房地产投资信托基金更倾向于长期投资，并且完全按照市场情况进行独立判断，因此实际上能够让市场更加理性，会起到稳定的作用。同时，它们不会受国内政策的控制，政策对它们的影响不大。

近两年境外资金进入中国房地产市场，除了以房地产独资公司和合资公司形式进入外，还常以外资产业基金投资公司的身份投资房地产。由于中国目前对产业基金没有明确的法律法规依据，目前尚没有一家海外基金直接以房地产基金的名义在中国注册。

境外房地产投资基金在境内的运作主要采取了直接购买房产、进行项目合作、买地开发以及直接参股房地产公司等几种模式。其中，后三种模式主要是通过成立外商房地产投资企业进行项目开发，而采用直接购买房产模式的，主要以选择收益稳定、租金回报高的中高档写字楼和住宅为主。境外房地产基金在完成交易后，往往会再将相关的物业进行打包，或采取直接向国外银行、保险公司私下配售进行套现，或通过REITS等在海外上市，融通大量资金再进行其他交易。

此外，还存在一些非房地产外商投资企业通过借入外债或增资，用于支付土地出让款，储备土地准备进行变相房地产开发经营，如一些外商投资企业以办厂为由大量征用土地，购置房屋，不进行原定项目的生产经营，待房屋和土地价格上涨之后，再转手获取高额的收益，超出原规定的经营范围，在一定程度上加剧了境外资本流入房地产行业的状况。

近年来欧元、澳元和新加坡元等外币几乎没有升值，人民币还有升值潜力；许多外资还是看好中国整体经济发展和人民生活水平提高；还存在许多大型金融投资机构从分散投资角度看也需要投资中国等因素。以上这些因素，也导致很多外资还在继续投资我国房地产。

房地产股权投资基金的内容常见问题答疑

1. 私募基金和私募股权基金的区别是什么？

私募基金是通过非公开方式，向特定对象募集资金而设立的投资基金。私募基金主要分为两大类：私募产业投资基金和私募证券投资基金。私募证券投资基金主要投资于已上市的证券。私募股权基金则是私募产业投资基金的主流。私募股权基金主要投资于未上市的企业股权，伴随企业成长阶段和发展过程培育公开上市的企业资源，最终目的是通过上市、转让或并购等方式在资本市场退出。私募股权基金对未上市的股权进行投资，对企业成长和扩展都发挥着比较大的作用，因而对于实体经济发展有推动作用。

2. 什么是私募股权基金的针对性和灵活性？

公募的不一定是国企，例如：上市的民营企业，成功实现了公募。私募的不一定是民企，例如：中关村的很多高科技企业都接受过政府以私募股权基金形式的投资。

针对性：由于私募股权基金是面向少数特定的投资者，因此，其投资目标更具有针对性，能够根据客户的特殊需求为其提供量身定做的投资服务产品。

灵活性：一般来说，私募股权基金投资的领域广泛，在法律框架下，投资结构也较灵活。

3. 私募股权基金和风险投资的区别有哪些？

（1）投资的阶段不同。一般而言，风险投资基金进行投资时，被投资企业仍然处于创业期，还没有发展成熟，甚至可能只是拥有一项新技术、新发明或者新思路，而没有研发出具体的产品或者服务。私募股权基金的投资对象是那些已经形成一定规模的，并产生稳定现金流的成熟企业。甚至有些私募股权基金只热衷于投资 Pre – IPO（公司上市之前的比较短的时间段），在这一点上是与风险投资完全不同的。

（2）投资的主要行业不同。风险投资基金的投资对象通常是高新技术企业，这类企业具有高风险、高回报的特点。20 世纪 90 年代以来，风险投资的主要投资对象从遗传工程、计算机硬件等转向光盘驱动器、多媒体、电信业、计算机软件行业和国际互联网领域，都是高新技术行业。私募股权基金的投资对象没有这样的限定和偏好。例如在我国，私募股权基金更青睐像房地产、食品、服装这样的传统行业。

4. 什么是直接投资和间接投资？

直接投资是指投资者将货币资金直接投入投资项目，形成实物资产或者购买现有企业的投资。通过直接投资，投资者便可以拥有全部或一定数量的企业资产及经营的所有权，直接进行或参与投资的经营管理。直接投资包括对现金、厂房、机械设备、交通工具、通信、土地或土地使用权等各种有形资产的投资和对专利、商标、咨询服务等无形资产的投资。其主要形式有：

（1）投资者开办独资企业、直接开店等，并独自经营；

（2）与当地企业合作开办合资企业或合作企业，从而取得各种直接经营企业的权利，并派人员进行管理或参与管理；

（3）投资者参加资本，不参与经营，必要时可派人员任顾问或指导。

间接投资是指投资者以其资本购买公司债券、金融债券或公司股票等各种有价证券，以预期获取一定收益的投资，由于其投资形式主要是购买各种各样的有价证券，因此也被称为证券投资。与直接投资相比，间接投资的投资者除股票投资外，一般只享有定期获得一定收益的权利，而无权干预被投资对象对这部分投资的具体运用及其经营管理决策；间接投资的资本运用比较灵活，可以随时调用或转卖，更换其他资产，谋求更大的收益；可以减少因政治经济形势变化而承担的投资损失的风险。

5. 什么是基金中的基金

基金中的基金是以其他投资基金为投资对象的基金，其投资组合由各种各样的基金组成。基金投资者的投资是两个层次的专家经营和两个层次的风险分散，但相应地，也在两个层次上对基金投资者收取管理费用和销售费用，投资者的投资成本也较高。

6. 什么是阳光私募？

阳光私募通常是指由投资顾问公司作为发起人、投资者作为委托人、信托公司作为受托人、银行作为资金托管人、证券公司作为证券托管人，依据《信托法》发行设立的证券投资类信托集合理财产品。

阳光私募投资于证券市场，定期公开披露净值，具备合法性、规范性。

阳光私募基金一般是指私募信托证券基金，主要投资于二级证券市场，与私募股权基金重点投资于一级股权市场在投资对象上有所区别。

阳光私募基金是借助信托公司发行的、经过监管机构备案的、资金实现第三方银行托管的、有定期业绩报告的、投资于股票市场的基金。阳光私募基金与一般私募证券基金的区别主要在于规范化、透明化，由于借助信托公司平台发行，能保证私募认购者的资金安全。与阳光私募基金对应的有公募基金。

7. 境外资金进入中国房地产市场的主要形式是什么？

近两年来境外资金进入中国房地产市场，除了以房地产独资公司和合资公司形式进入外，还常以外资产业基金投资公司的身份投资房地产。由于中国目前对产业基金没有明确的法律法规依据，尚没有一家海外基金直接以房地产基金的名义在中国注册。

境外房地产投资基金在境内的运作主要采取了直接购买房地产、进行项目合作、买地开发以及直接参股房地产公司等几种模式。直接购买房地产模式，主要以选择收益稳定、租金回报高的中高档写字楼和住宅为主；后三种模式主要是通过成立外商房地产投资企业进行项目开发。

此外，还存在一些非房地产外商投资企业通过借入外债或增资，用于支付土地出让款，储备土地准备进行变相房地产开发经营，如一些外商投资企业以办厂为由大量征用土地，购置房屋，不进行原定项目的生产经营，待房屋和土地价格上涨后，再转手获取高额的收益，超出原规定的经营范围，在一定程度上加剧了境外资本流入房地产行业的状况。

8. 外资房地产投资基金认为的风险是什么？

可以不回避风险，但需尽可能规避风险，投资风险有但不限于以下几种：

（1）外汇：由于投资国货币升值，会间接导致对外投资收益减少。

（2）政府批文和合同：在任何国家，从事房地产开发都要获得政府的一些批文和签订许多相关合同。

（3）市场：内外独立的部门要有独立的市场研究报告（包括产品定位和目标客户），选择信誉良好的策划营销公司。

（4）税收：未确定部分可在项目签订之前征询并争取确认，包括营业税、所得税和契税等。

（5）撤资：是否有较好的资产转让市场，政府部门是否会限制撤资的灵活性，如何将投资回报和本金汇去国外。

（6）其他：项目是否抵押，项目是否由一家以上单位所有，项目近期是否要改造等。

9. 什么是房地产并购基金？

并购基金，是专注于对目标企业进行并购的基金，其投资手法是，通过收购目标企业股权，获得对目标企业的控制权，然后对其进行一定的重组改造，持有一定时期后再出售。

对房地产企业来说，并购能够扩大房地产企业的规模，增加效益，有利于在短时间内形成品牌优势，增强抗风险能力，同时也能盘活被并购的房地产企业，解决已经或可能出现的房产项目停建、缓建等问题。因此，并购将成为今后房地产市场发展的一个主要方向。房地产企业并购一般可以分为资产收购和股权收购两种方式。资产收购主要是指收购方直接通过买卖的方式取得被并购方名下的土地使用权、在建工程或已建成的房产。

10. 什么是房地产股权收购？

房地产股权收购主要是指收购方直接通过受让目标公司股权的方式，取得对目标公司的控制权，从而实际控制并取得目标公司名下的土地使用权、在建工程或已建成的房产。

房地产企业的并购本质上是对被并购企业所开发的房地产项目的吸收。具体操作方式又有多种，比如整体开发项目转让、在建工程转让、合作开发等，需要企业集合自身情况和项目状况作出判断。

在实际的房地产并购过程中，较少采用资产收购的方式进行房地产并购。因为，一方面，资产收购会产生较大的交易税费，增加收购成本；另一方面，对在建工程的收购，涉及审批、文件变更等众多手续，较为繁琐。因此，在房地产项目不具备直接转让条件的情况下，大都会采用股权收购的方式进行并购。但通过股权收购方式收购，涉及的法律关系较为复杂。

第3章 我国房地产股权投资基金的现状和前景

导读

虽然我国的改革开放从 1978 年就开始了，但房地产市场起步较晚，即从 20 世纪 80 年代末开始启动，它在我国最近 20 年的发展过程中，对国家经济、人民生活的改善起到了非常重大的作用。与此同时，房地产领域暴露出了很多问题并对我们提出了很大的挑战，其中房地产企业融资更是一个非常突出和关键的问题，它牵涉到银行的贷款风险、开发商融资渠道少和投资者投资品种缺乏等方面。

这些问题与目前我国房地产金融市场结构单一，没有形成完整的房地产金融体系有密切联系。而完整的房地产金融体系，应包括多元化、规范化的房地产金融产品和市场并应该会对整个房地产和金融市场起到积极正面的作用。

本章对我国房地产金融 60 年的历史作简述，特别回顾过去 30 年并展望未来；较深入地讨论和分析我国房地产金融概况以及我国房地产股权投资基金法律、政策及行业的背景；认识到房地产股权投资基金的重要性及其发展的必然性。

房地产、金融和经济

在最近 20 年的发展中，房地产业对国家经济、人民生活的改善作出了非常重大的贡献，已成为国民经济的支柱产业之一。但同时也暴露出了很多问题，对我们提出了很大的挑战。譬如，长期以来，我国大多数房地产企业对商业银行贷款过度依赖，即商业银行贷款成为房地产开发资金的主要来源，造成房地产贷款的风险与商业银行在资本市场中的角色不相吻合。

首先，随着全球次贷危机的警示和我国近年来房价的快速上涨，国家对房地产业的宏观调控日益增强，各种调控措施纷至沓来，使我国的房地产企业在资本市场的融资难度加大了许多，部分房地产企业陷入了资金方面的困境，其再开发能力受到了极大的限制。

其次，中国的房地产市场发展到现在，越来越成为资本大鳄的竞技场；当前由于土地、设计施工、市场营销等方面的成本不断上升，国内一二线城市的房地产优质项目逐渐向资金来源丰富的大型房地产开发企业倾斜；一些上市公司、金融控股公司、国有大型公司、民营实业财团纷纷投资房地产市场。大企业的进入和土地门槛的提高，越来越挤压了中小房地产企业的生存空间，这些问题都对中小房地产企业的发展提出了越来越高的要求。

与此同时，国家对商业土地的控制日趋严格，土地取得的难度日益加大。这必然会导致一部分中小型房地产开发企业失去市场优势，而实力较强的房地产企业则会进行规模化扩张。房地产业并购的时代俨然来临。

近年来，特别是 2008 年全球金融危机爆发以来，我国政府对房地产金融创新的关注也日益加深。而从 2010 年 4 月中旬起，为控制国内房地产投资过热和房价过快上升的趋势，中央和地方政府连续出台严厉的调控政策，譬如住房限购政策、大量建设保障房政策、央行对房地产业银根紧缩政策、国家对地方融资平台更严格的控制政策、银监会对银信合作严厉政策。因此，在当前形势下，许多房地产企业的融资难问题更加突出。

讲到金融，首先人们会想到的是自己的银行存款和贷款、退休金和投资产品等，而这些与商业银行、保险公司、退休基金公司和投资银行等传统意义上的金融机构直接相关，也都与融资和投资有关。金融包括了以下含义，即：通过股票、债券、票据的发行和交易来参与企业组建、重组及其经营活动；围绕个人投资、消费而开展的"个人理财"；关于货币、银行、证券、保险、信托、信用评估等行业广泛意义上的创办、参与、经营和管理活动的理论与实务的总称，因此金融在国家和人们的生活中占有极其重要的地位。

正如 2006 年 1 月 31 日离任的，先后经历里根、老布什、克林顿和小布什四位总统，对华尔街、美国经济乃至世界经济影响深远的前美国联邦储备银行主席格林斯潘在 2002 年 11 月 13 日美国国会联合经济委员会听证会上指出的：

"当人们的其他资产有了较大的减少，而从房地产中贷款出的资金已经对美国的消费市场起了很大的支持作用，如果这种情况没有发生，当人们的资产有了较大的减少的同时美国的经济活动可能会更加脆弱。"

美国次贷危机在 2007 年中爆发后，有很多学者认为，格林斯潘时代的美联储应该对造成信贷市场的泡沫负责。2003 年中期，美联储将基准利率降到 1%，并维持长达一年之久，催生了房地产市场的泡沫，而现在的困境只不过是那些泡沫的破裂罢了。有专家谴责美联储在 2002～2006 年期间采取了过分宽松的政策。

格林斯潘的回忆录《动荡岁月：一个新世界里的历险记》中似乎在为自己辩护，他写道："即便我们可能因通过降低利率而催生我们最终必须承担的某种通胀泡沫，不过我们愿意这样做。那是正确的决策。"

这也说明房地产、金融和经济是相互关联和作用的，如果处理得当，国家整体经济情况会从中受益。与房地产市场有关的经济主要特点是：经济发展并不是与房地产市场发展完全一致，而是不断地从增长期到停滞期（有时甚至下降）之间反复摆动并相互关联，这种经济活动的上下波动就称作经济周期。不过，首先，我们有必要仔细观察决定经济周期走势的关键经济因素，包括利率、失业率、商业投资水平、个人消费、政府政策、当前财政状况、我们主要贸易伙伴的经济健康状况、通货膨胀率以及消费者和商业信心等，这些都是影响经济增长水平的关键因素，并且很大程度上可以通过国民生产总值的变化得到证实，国内生产总值可以衡量在某一特定时间（通常为一年）的经济活动水平。这些关键的经济指标及它们各自的影响和这些变因内部都是相互联系的。此外，这些因素还将对购买自住或投资房产花费的时间产生非常大的影响。

由国民生产总值反映出经济活动的增长和收缩的经济活动称为经济周期。其中下降就相当于收缩，上升就相当于增长状态。房地产市场也类似于一种周期性的运动。譬如说，在住房贷款的高利息率、实际收入的减少以及高位房价这些主要因素的影响下，房地产市场会呈现下降趋势。极为稳固的经济增长水平而利息率与通货膨胀在低水平的年份里，健康的消费与投资情绪推动就业率的提高，也使得家庭收入有了实际增长，刺激了人们的买房欲望。不过到了进入加息的周期，房产价格的上涨幅度也会更有节制。换言之，一个国家的房地产市场与它运转周期的健康状况很大程度上是由它的人口与经济状况决定的。不过，有时候这些决定因素会被房地产的供过于求或供不应求的现象掩盖。因此，对房地产及相关产品投资者来说，了解它们之间的联系是非常关键的。

在典型的经济周期的复苏期内，宽松的货币政策（不断降低的利息率）以及财政政策的延伸（即通过增加政策花费，扩大财政赤字）一般都会提高消费者和企业的信心，从而扩大商业投资，进而加大消费者的开销。开发与建筑公司以及零售业通常也有先期引导作用，它们将直接导致就业机会的增加。

几年前全球许多国家经历了前所未有的低利息、低通货膨胀率、房地产投资额和在建房产量的增长，这些都是促使经济较快发展和全球许多城市房地产价格较快上涨的原因。房地产市场的循环周期（它是不断变化的）受到经济因素的直接影响，譬如：利息率、失业率、可用资金、实际收入的不断变化、经济增长率、转向投资、有关住房投资的税收政策、政府补助金、住房储量的供过于求与供应不求以及住房的目前价格与预期价格，而且人口因素也可能是运转周期的一个主要方面。

读者需认真地关注经济与房地产市场健康状况的影响，其中包括任何时刻影响经济活动水平的因素。需要强调的是，房地产循环周期并不是像它呈现出来的那么容易或准确的。对高潮期起促进作用的因素常常并不怎么明显或清楚，在下降期与停滞期也是同样的情形。就是说，上升和高潮期与下降和停滞期之间的差异并不总是如前面介绍的那样清楚、明显。国际著名的研究公司 BIS Shrapnel 在其房地产市场循环周期对投资者的影响的研究中指出：

冒险性投资活动是极为不稳定的。它必须有投资资金的流入社会才会促使投资达到高潮。这种高潮期中活动越高，就会使得住房出现供过于求的现象，因此在撤出资金的时候就不可避免地引起下降趋势。高峰期起伏得越厉害，随之产生的下降幅度也就越多，而随后的高潮越能达到的程度也就越高。经济环境与不断变化的人口既可作为当前周期运动的补充，也可能会减弱周期运动。以上的观点已经或将要证明我国许多城市过去几年和将来几年的房价趋势。

经济环境与不断变化的人口既可作为房地产周期运动的有力补充，也可能会减弱房地产周期运动。例如，北京和上海移民是住房循环周期的关键推动力之一。所有的市场都受到这些经济与人口变因的影响，而这些因素的变化幅度又决定着消费品与公司的信心度。在通常情况下，这些信心程度就会转化为其经济内部的消费水平，而且在过去的十多年里，这两个部分作为经济增长的关键来源，它们会指明经济的健康状况以及房产周期所处阶段。

最后，在了解了以上几个方面后，我们特别应该注意的是尽管随着我国经济各方面越来越市场化，但是房地产业和金融业也仅仅分别发展了近20年，而其中政府的政策对房地产业和金融业产生了巨大的影响。1992～1993年的一次房地产建设高潮与1992年邓小平南行讲话和中共中央十四大关于建立社会主义市场经济体制的重大决定公布有直接关系。而1999年启动的新一轮房地产建设高潮和住宅消费市场的启动，一个主要原因是受国务院明确提出1998年以后停止住房实物分配，实行货币分房和开发房产贷款的一系列新政策的影响。所以，目前我们在研究中国房地产市场时，了解并掌握国家的房地产及相关政策和金融方面对其的作用和影响至关重要。

我国房地产金融60年简述

我国房地产金融在改革开放之前的30年基本处于停滞期；改革开放后，特别是随着住房制度改革，我国房地产金融逐渐发展起来，它在我国近30年来的发展过程中，对国家经济和人民生活的改善起到了非常重大的作用。对60年房地产金融的回顾可以用多种方式，由于本文篇幅所限，这里将它归纳为四个阶段。

第一阶段：停滞期（1949～1979年）

改革开放前，由于长期实行公有制和计划经济体制，在房地产领域包括住房建设的资金实行国家财政资金统一拨付的方式；住房建设无偿占有资金；在住房的分配上采取的是福利制，通常如入住共有住房，只需交纳很少的租金。虽然其间也出现过部分和短暂的融资活动，但可以说一直到1979年，我国房地产金融基本上是处于停滞期。

第二阶段：萌芽期（1980～1987 年）

1980 年 6 月，中共中央、国务院在批转《全国基本建设工作会议汇报提纲》中正式提出实行住房商品化政策，1984 年四大国有银行陆续开始经营部分商业性金融业务，接下来的几年广东一些沿海发达地区尝试借鉴香港地区的贷款买楼做法，这可以作为我国房地产金融业务之一。1987 年年底，烟台和蚌埠成立住房储蓄银行，也是我国房地产金融萌芽期的一个象征，住房储蓄银行专门办理与房改配套的住房基金筹集、信贷、结算等政策性金融业务。

第三阶段：初步发展期（1988～1997 年）

1988 年 1 月，国务院决定分期分批实行住房制度改革。1991 年 2 月，国务院办公厅对上海市人民政府上报的房改方案作了批复，原则同意；1991 年 5 月上海住房公积金制度实施，并在接下来的几年全国推广；1996 年 7 月 1 日中国人民银行《贷款通则》发布和实行；1997 年 5 月 9 日建设部发布《城市房地产抵押管理办法》。它们为接下来实行的银行个人住房贷款业务确立了方向。

从 1991 年 1 月 29 日，万科正式在深交所挂牌交易以来看，房地产企业在证券市场中走过的是一条由热到冷再缓慢升温的曲折之路。1994 年以前，房地产企业曾经是证券市场的一个亮点；从 1994 年下半年开始，国家为了抑制房地产开发过热，出台了一系列政策，譬如在新股发行方面，中国证监会则于 1996 年开始对金融、房地产行业企业暂不受理。

1987 年国家颁布了《企业债券管理暂行条例》，但企业债券市场一直停滞不前；在这一阶段，甚至到目前的近 20 多年来，发行房地产企业债券的房地产公司屈指可数。

改革开放开始后，1979 年以中国国际信托投资公司的成立为标志，中国的信托业得到恢复。在这段时间内，也出了不少问题，国家对信托业开展了多次整顿。

第四阶段：发展和创新期（1998 年至今）

1998 年，《国务院关于进一步深化城镇住房制度改革加快住房建设的通知》决定停止住房实物分配，逐步实行住房分配货币化；同时，建立了职工住房补贴和住房公积金制度，为推进住房商品化创造了条件。在接下来的年份里，全国许多地方出现了房地产供需两旺、房地产价格上涨和房地产贷款发放过快的现象，2003 年开始国家陆续出台了许多包括与房地产金融相关的宏观调控政策。这一阶段我国房地产贷款的发展速度很快。

值得注意的是我国几大银行房地产开发商贷款的不良贷款率是个人房产贷款不良贷款率的几倍，房地产开发商之间贷款质量差异也明显，其中有的不良贷款率相对偏高，超过 5% 以上，这应该引起警觉。

另外，到 2011 年，我国推行住房公积金制度已有 20 年，这项改革举措，对推动房地产业及相关产业的发展，帮助城镇职工实现自住其力的目标，也起到了积极的作用。

2001 年国内资本市场恢复房地产企业 IPO，也只有部分房地产企业得以上市，其中很大部分都是国有股份控股。目前，在沪深两市上市的房地产公司已近 100 家，其中房地产公司首次公开发行股票并上市和通过买壳上市的几乎各占一半；与此同时一些房地产公司选择到境外上市或者借壳上市。2001 年 10 月《中华人民共和国信托法》实施以来，在信托公司发行的信托计划中房地产项目始终占有较大比重；尤其是国家加强房地产信贷监管政策出台后，房地产信托逐渐成为房地产企业融资的重要渠道。

海外房地产投资资金对中国的投资，应该有十多年的历史，它伴随着由中国经济的持续稳定的增长、房地产业的发展和人民币升值预期等的影响；但一开始规模很小，2003 年以来有明显增加。2006 年有关当局发布《关于规范房地产市场外资准入和管理的意见》以后，海外资金的投资和融资能力及预期回报受到很大影响。2008 年全球金融危机爆发后到目前，外资对我国房地产的投资趋于平稳或稍有下降。

我国《典当管理办法》自 2005 年 4 月 1 日起施行，近几年，特别是 2006 年以来，由于开发商的开发贷款获批从紧，一些资金雄厚的全国大型典当行成为不少房地产开发商的一个重要选择。政府也意识到发展多元化和多层次的资本市场的重要性并在积极开展有关工作。譬如，房地产抵押证券化在 2005 年开始也有了一些尝试；2007 年 8 月 14 日国家正式颁布实施《公司债券发行试点办法》，2007 年 8 月以来，一些公司等陆续发行了公司债券，房地产公司债融资有望改善其融资结构；我国近期房地产金融正在或将要创新包括但不限于并购贷款、房地产投资信托基金和保险资金投资房地产。我相信我国房地产金融创新任重道远，但前景光明（更多内容见下一节）。

我国房地产金融 30 年概述

我国房地产金融在改革开放之前的 30 年基本处于停滞期；改革开放后，特别是随着住房制度改革，我国房地产金融逐渐发展起来，它在我国近 30 年来的发展过程中，对国家经济和人民生活的改善作出了非常重大的贡献，也必将发挥更大和更积极的作用。

与此同时，我国房地产金融方面也暴露出了很多问题并对我们提出了更多的挑战，其中牵涉到银行的贷款风险、开发商融资渠道少和投资者投资品种缺乏等方面的问题。

本节首先回顾近 30 年来我国房地产金融的发展，然后简述我国房地产金融市场的主要问题和发展前景。我们相信我国房地产金融创新将会促成房地产市场更理性化发展；在房地产企业通过增加直接融资渠道的同时，使商业银行本身也有更好的抗风险能力，房地产机构和个人投资者有更多的投资渠道。在大力发展多层投融资产品的同时，也使我国证券市场的产品结构趋于合理和房地产市场能够长久健康地发展。

我国房地产金融政策和市场回顾

表 3-1 基本上显示了我国目前房地产金融产品的状况，以下将主要介绍 1~5 项，简要介绍 6~9 项。

我国目前房地产金融产品的状况   表 3-1

项目	资金来源	目前状况
1	银行房地产贷款	主要靠银行，要求提高，难度加大
2	房地产公司上市	近几年直接国内 IPO 和借壳上市的很少
3	房地产债券	较少（公司债券已进入试点）
4	房地产信托	有一定规模，但难度加大
5	房地产股权投资基金	可以运作，发展很快
6	海外房地产资金	不鼓励（部分限制）
7	房产典当	规模较小
8	房地产投资信托基金	快要进入试点
9	房地产保险资金	进入试点

● **房地产贷款**

现在我们先回顾一下近 30 年来我国主要的房地产和银行贷款政策。

1980 年 6 月，中共中央、国务院在批转《全国基本建设工作会议汇报提纲》中正式提出实行住房商品化政策。1984 年开始四大国有银行陆续开始经营部分商业性金融业务，接下来几年广东一些沿海发达地区尝试借鉴香港地区的贷款买楼做法，这可以作为我国房地产金融业务之一。1986 年，国务院成立了住房制度改革领导小组，负责领导和协调全国的房改工作。1987 年年底，为配合国家住房制度改革，围绕房改领域开展业务，我国分别在烟台和蚌埠成立住房储蓄银行，专门办理与房改配套的住房基金筹集、信贷、结算等政策性金融业务。1988 年 1 月，国务院决定分期分批实行住房制度改革。6 月拟订了"发行住宅建设债券"、"推行公积金，提租给补贴，新房保证金"和"推行公积金，新房新制度，老房第二步"三个方案。1991 年 2 月，国务院办公厅对上海市人民政府上报的房改方案作了批复，原则同意；1991 年 5 月上海住房公积金制度实施，并在接下来的几年全国推广。1991 年，国务院提出分步提租、出售公房等推进房改的思路。1994 年，国务院作出深化城镇住房制度改革的决定，提出建立与社会主义市场经济体制相适应的新的城镇住房制度。

1996 年 7 月 1 日中国人民银行《贷款通则》发布和实行，1997 年 5 月 9 日建设部发布《城市房地产抵押管理办法》，它们为接下来实行的银行个人住房贷款业务确立了方向。1998 年，《国务院关于进一步深化城镇住房制度改革加快住房建设的通知》决定停止住房实物分配，逐步实行住房分配货币化；同时，建立了职工住房补贴和住房公积金制度，为推进住房商品化创造了条件。2003 年 6 月 13 日央行发布了《关于进一步加强房地产信贷业务管理的通知》，它对房地产开发的四个主要环节均进行了严格的限制。2003 年 8 月 31 日国务院出台"18 号通知"，即《国务院关于促进房地产市场持续健康发展的通知》。2004 年 9 月 2 日银监会出台《商业银行房地产贷款风险管理指引》。2005 年 9 月银监会发布《加强信托投资公司部分业务风险提示的通知》（212 号文件）。2006 年 5 月 29 日九部委出台《关于调整住房供应结构稳定住房价格的意见》（国六条）。

在中国房地产开始发展以来的这 30 年间，银行房地产贷款政策的执行对房地产市场的发展起了非常重要的作用，到目前为止，房地产贷款还是我国房地产金融最大和最重要的组成部分。譬如从 1992～1993 年房地产出现第一轮高潮，1994 年银行开始了宏观调控，收缩银根；到了 1998 年后房地产实行商品房改革，银行则相应推出了一系列开发和按揭信贷业务，对房地产行业的发展起了极大的推动和支持作用，促进房地产行业进入了全面繁荣的时期。可以说我国的房地产金融是伴随着住房制度改革和金融体制改革的不断深入，以及房地产市场的日趋成熟而逐渐发展和完善起来的。以上这些政策实施总体上大大改善了居民居住条件，并在扩大内需、拉动经济增长、发展资本市场、扩大就业等方面也发挥了重要作用。

最近几年，有关部门又陆续发布了《关于规范房地产市场外资准入和管理的意见》、《中国银行业监督管理委员会关于加强商业性房地产信贷管理的通知》。我们也应该认识到我国房地产金融面临的许多问题不是由政府在几年内出一些政策所能全部解决的，由于许多问题的长期性存在和解决的复杂性，它将是一个长期而艰巨的任务。

截至 2011 年 3 月末，全国主要金融机构房地产贷款余额 9.89 万亿元，同比增长 21%，增速比上年末低 6.4 个百分点。其中，房产开发贷款余额为 2.49 万亿元，是 1998 年房地产开发贷款余额 2680 亿元的近 10 倍；购房贷款余额为 6.48 万亿元，是 2000 年年末 3377 亿元的 19 倍，占当年 GDP 的近 16%。值得注意的是，我国几大银行的房地产开发商贷款质量要大大低于其个人房产贷款的质量，即房地产开发商贷款的不良贷款率是个人房产贷款不良贷款率的几倍。同时，四大银行房地产开发商之间的贷款质量差异明显，其中有的不良贷款率相对偏高，超过 5% 以上，这应该引起警觉。

另外，我国推行住房公积金制度已近 20 年，住房公积金作为一项行之有效的措施和切入点，其对住房商品化的推动作用已得到广大城镇居民的基本认可。这项改革举措，对推动房地产业及相关产业的发展，帮助城镇职工实现自住其力的目标，也起到了积极的作用。但我们应该意识到住房公积金体系也存在发展不平衡、监管和法律制度不完善等问题需要我们解决。

- **房地产企业上市**

目前，全国房地产开发企业超过 5 万家，投资规模在 10000 亿元以上；在沪深两市上市的房地产公司已近 100 家，其中房地产公司首次公开发行股票并上市和通过买壳上市的房地产上市公司几乎各占一半；房地产行业已是我国国民经济中重要的支柱产业。

自 1992 年以来，房地产企业在证券市场中走过的是一条由热到冷再缓慢升温的曲折之路，由最初的盲目开发步入到现在的理性发展时期。1994 年以前，房地产企业曾经是证券市场的一个亮点；从 1994 年下半年开始，国家为了抑制房地产开发过热，出台了一系列政策。中国证监会于 1995 年明令：对将募集资金用于别墅性质的高档住宅、度假村、高档公寓、写字楼和建筑标准在四星级以上的宾馆饭店建设的配股申请不予审批；在新股发行方面，中国证监会则于 1996 年开始对金融、房地产行业企业暂不受理，1997年继续沿用了这一规定。房地产企业上市暂停的 5 年间，由于受到增发条件的限制，以及房地产企业高负债对业绩的不利影响，房地产企业实现股市融资还有一定的操作难度。2001 年国内资本市场恢复房地产企业 IPO，也只有部分企业得以上市，其中很大部分都是国有股份控股。

不鼓励房地产企业通过上市进行融资，主要还是有关部门认为房地产公司是以年为投资回报核算周期的企业，首先其经营回报往往不能稳定地以年来体现，其次房地产公司在土地获得上也有一定的不稳定性或变量，因此对投资者来说风险较大，所以相信此政策还会持续一段时间。

与此同时，许多房地产公司不得不选择到境外上市，或者借壳上市。我国房地产企业在借壳上市方面就非常积极并有几次高潮，这可以从沪深两市现有的房地产上市公司中发现。借壳上市可能蕴涵着一定的风险，因此选择合适的壳资源至关重要。而事实上，很多年来，我国借壳上市的房地产公司，大多数并没有寻找到再融资的机会。

近几年来，我国许多房地产公司国内上市非常难，许多企业就寻求境外上市，譬如在 2006～2007 年的两年时间，内地有 10 多家房地产企业要到香港上市，总集资额近 900 亿港元。香港是内地民营企业境外上市融资的首选之地，有许多优势包括既可得海外上市之利又享本土市场之便等。

- **房地产债券**

我国早在 1987 年就颁布了《企业债券管理暂行条例》，但企业债券市场一直停滞不前。长期以来，中国企业债券余额占年债券市场余额的比例低于 6%。

房地产债券作为企业债券中的一个组成部分，近 20 年来，发行债券的房地产企业屈指可数。我国房地产债券最早出现在 1992 年，由海南经济特区的开发商推出房地产投资券，由于后来接连出现企业债券到期无法偿还的事件，国家采取了严厉措施，限制企业发行债券，尤其严格限制房地产企业，从此我国债券市场陷入低潮。

1993～1998 年政府禁止房地产企业通过股票和债券融资，其间房地产企业没有公开发行房地产债券。企业发行债券在境外是一种非常重要的融资方式，但是目前在我国内地房地产企业通过债券融资方式的非常少，发行债券融资对筹资企业的条件要求较高，对于房地产企业来讲更是困难。而且，现有房地产债券设计品种单一，近几年发行的房地产债券都是三年期，固定利率，到期一次还本付息。

事实上在 2007 年 8 月 14 日正式颁布实施《公司债券发行试点办法》之前，国内市场并无真正意义的公司债券，债券发行采用审批制，由国家发改委确定，要求银行担保，主要为大型国企融资使用。

2007 年 8 月以来，金地集团、万科集团和保利地产等陆续发行了公司债券，房地产公司债券融资有望改善其融资结构。由于房地产项目的开发周期一般在 2～4 年或以上，但目前房地产开发公司往往存在短贷较多，长贷缺乏，融资结构非常不合理；房地产公司债券的出现可以说填补了一项空白，满足了相当部分公司的需求。

到目前为止虽然有房地产公司成功发行公司债券，但在试点阶段要求太高且批准的很少。这是由于目前公司债券发行试点针对的是大型上市公司。同时，我们也应该意识到中国的公司债券市场还处于非常初期的阶段，从许多国家的经验来看，完善的债券市场对于保持金融稳定和经济平稳发展都发挥着重要的作用。我国和部分发达国家公司债券市场有较大不同，与发达国家相比，我国无论是债券融资占整个融资总量的份额，还是公司债券占债券总量的份额都相去甚远。

- **房地产信托**

1979 年以中国国际信托投资公司的成立为标志，中国的信托业得到恢复。在近 30 年的发展过程中，国家对信托业开展了多次整顿，包括 1982 年 4 月国务院发出的《关于整顿国内信托投资业务和加强更新改造资金管理的通知》，主要针对信托业进行了一次机构整顿，此为第一次整顿；到 1999 年 2 月国务院办公厅下发《国务院办公厅转发中国人民银行整顿信托投资公司方案的通知》，此为第五次整顿。

具有里程碑意义的是 2001 年 10 月《中华人民共和国信托法》的开始施行，它的目的是为了调整信托关系，规范信托行为，保护信托当事人的合法权益，促进信托事业的健康发展。2002 年 6 月，中国人民银行颁布实施《信托投资公司管理办法》，规定信托公司可受托经营国家有关法规允许从事的投资基金业务。2004 年 10 月 18 日，银监会发布关于向社会征求《信托投资公司房地产信托业务管理暂行办法（征求意见稿）》意见的公告，信托业开始面临第六次整顿。2005 年 9 月银监会发布《加强信托投资公司部分业务风险提示的通知》，文件要求各地银监局要进一步做好信托公司的风险监督工作。

我国信托业与房地产融资有着不解之缘，《中华人民共和国信托法》实施以来，在信托公司发行的信托计划中房地产项目始终占有较大比重；尤其是国家加强房地产信贷监管政策出台后，房地产信托逐渐成为房地产企业融资的重要渠道。

近年来，为配合宏观调控，国家对房地产信托管理还是比较严格的。譬如，"212 号文件"指出，新开办的房地产业务应该符合国家宏观调控政策，并进行严格的尽职调查,对未取得国有土地使用权、建设用地规划许可证、建设工程规划许可证和建筑工程施工许可证(四证)的项目不得发放贷款,申请贷款的房地产开发商资质不低于国家建设行政主管部门颁发的二级房地产开发资质;开发项目资本金比例不低于 35%。这些规定的严格程度几乎要高于银行要求。

与此同时,在房地产融资很紧的形势下,房地产信托融资业务取得了很大的发展。2003 年全年中国的房地产业通过信托渠道融得 60 亿元,到了 2004、2005、2006 和 2007 年,这一数字分别是 200 多亿、157 亿、146 亿、85 亿和 229 亿元。2007 年罕见的大牛市将信托业的目光吸引至了证券市场,房地产投资信托情况跌入低谷,2008 年以后,房地产通过银行信贷融资的难度加大,反而促使房地产投资信托融资金额快速上升,2010 年达到了空前的近 2000 亿元。

2011 年 1~4 月共发行 222 款房地产类集合信托产品,发行规模达 722.11 亿元;与去年同期相比,发行数量增长 66.92%,发行规模增幅达 115.26%。截至 2011 年 5 月末,我国信托资产规模已达到 36000 亿元,远远超过公募基金的资产规模。特别需要指出的是,房地产信托业务发展迅速,截至 2011 年 5 月末,投向房地产领域的信托资金余额达 5800 多亿元,比一季度末的 4869 亿元的大幅增长。

- **房地产股权投资基金**

2011 年 3 月 16 日,国家出台的"十二五规划"作为未来五年我国经济社会发展的宏伟蓝图,它指出"促进创业投资和股权投资健康发展,规范发展私募基金市场"。因此,相信房地产股权投资基金发展也正在且必将会给我国房地产和金融市场带来更多的活力。目前,我国在运作房地产股权投资基金的法律方面已不存在障碍,许多运作的基金和企业已经获得了回报。

房地产股权投资基金对中国房地产金融具有创新意义,例如降低银行风险、增加开发商融资渠道和增加投资者投资产品等,可以说它是中国房地产业和金融业发展的必然产物，它的发展对我国房地产业和金融业也会产生巨大的积极作用。房地产股权投资基金投资的范围可以较广泛，从传统的房地产五大分类（住宅、商业、办公楼、宾馆旅游、工业房地产）到目前我国的很多细分市场，譬如养生养老地产、文化地产、创新创业园区等。

房地产股权投资基金在中国从无到有，现在恰逢房地产和金融的整合时代。改革开放 30 年来，造就了大批富有的企业和个人，他们都是潜在的基金投资人；而能够把握商机但缺乏融资渠道的房地产企业可能是潜在的基金融资者。我们相信，随着股权投资基金的参与，房地产企业将有更多和更灵活的融资渠道，它也将会引导房地产行业向各级城市以及其他潜力较大的房地产领域发展。

- **其他房地产融资方式和金融产品**

由于中国经济的持续稳定的增长、房地产业的发展和人民币升值预期等的影响，外资包括海外房地产投资基金对中国房地产投资有了极大的热情，这些年来它在一定程度上对我国房地产业的发展包括更规范地运作和国际先进经验的学习起到了积极的作用。

近几年来，特别是有些人认为 2004～2007 年是海外资本在国内一些大城市房地产市场的资本运作年和机构投资年，国内许多房地产公司也以有海外投资者合作为荣，一些楼盘还特地选出有海外投资背景来提升售价。2006 年有关当局发布《关于规范房地产市场外资准入和管理的意见》（建住房〔2006〕171 号）以后，海外资金的投资和融资能力及预期回报受到很大影响。2008 年全球金融危机爆发后到目前，外资对我国房地产投资趋于平稳或稍有下降。

2010 年，外商直接在华投资额达到 1507.4 亿美元，创下历史新高，同比增长 17.4%，其中房地产投资占 22.7%。房地产市场上的外商投资共计 240 亿美元，相比于 2009 年的 160 亿美元，增长了 40%。2011 年商务部公布的数据显示，去年第四季度以来，外商投资我国房地产领域增速高企的势头得以延续，1~3 月、1~4 月和 1~5 月外商投资房地产金额分别为 144 亿、222 亿和 266 亿元，同比增速分别为 45.2%、62.3% 和 57.3%。

看来这两年，外资在中国又掀起了一个高潮，也引起了有关方面的重视。

房地产典当是房地产权利特有的一种流通方式，它是指房地产权利人，即出典人在一定期限内，将其所有的房地产，以一定典价将权利过渡给承典人的行为。房地产设典的权利为房屋所有权。《典当管理办法》已经商务部部务会议审议通过，并经公安部同意，自 2005 年 4 月 1 日起施行。

近几年，特别是 2006 年以来，开发商的开发贷款获批从紧，这样一些资金雄厚的全国大型典当行成为不少房地产开发商的一个重要选择，将他们现有的土地、楼盘作为抵押物，谋求流动资金。房地产典当融资成为中小型房地产企业的融资方式，典当的单笔业务款项从几万元到上千万元不等，时间以 3~6 个月的为主，最短的甚至 1 个月。房产典当已经占许多典当行业务的 50% 以上。目前，大多数房产典当行为还是以短期融资为目的，比如一些中小企业主短期内需要大量资金，会通过典当房产的方式解决。比起银行推出的抵押贷款，典当业具有方便、快捷、灵活的特点。

房地产投资信托基金是以信托方式组成而主要投资于房地产项目的集体投资计划。它主要是拥有并营运带来收益的房地产，例如办公楼、购物中心、酒店、公寓和工业厂房。主要还是以租赁的方式把这些物业分租给租户，这些租金为股东带来回报。

2008 年 12 月 3 日，国务院召开常务会议时指出，要创新融资方式，包括了房地产投资信托基金。由人民银行牵头的 REITs 试点方案为债权型产品，主要在银行市场间流通；而证监会方案则是股权型的，在交易所上市。一般认为推出股权型 REITs，必须首先通过有关基金结构、税收政策的具体法规及其他相关监管条例。

我国的房地产投资信托基金估计在一年内开始试点，最近有报道先从债权型开始试点。由于受到房地产投资信托基金本质和特性决定，它针对的也主要是商业、办公和工业项目等租金收益型资产；试点期间也一定限制较多，包括数量很少和参与者必须是大型企业等。

2010 年 9 月 5 日，保监会发布了《保险资金投资股权暂行办法》和《保险资金投资不动产暂行办法》，我国首部私募股权投资办法和保险行业首部完整的不动产投资办法出炉，这意味着险资可以名正言顺地投资房地产和私募股权，但到目前为止，保险基金还是不能投资住宅房地产和作房地产开发。

到目前，保险资金运用余额达到近 5 万亿元，其中银行存款占 30%，债券投资占 50%，权益类资产占 17%，其他投资占 3%。按照这一规模计算，可用于不动产的保险资金约为 5000 亿元，股权投资基金为 2500 亿元。保险公司如果采取间接投资的方式，"险资投资股权办法"在可选择的股权投资基金方面提出了比较严格的要求，例如：基金管理机构的注册资本不低于 1 亿元，已完成退出项目不少于 3 个，以及管理资产余额不低于 30 亿元，股权投资基金募集或认缴资金规模不低于 5 亿元。

从 2010 年 4 月中旬起，为控制国内房地产投资过热和房价过快上升的趋势，中央和地方政府连续出台严厉的调控政策，譬如住房限购政策、大量建设保障房政策、央行对房地产业银根紧缩政策、国家对地方融资平台更严格的控制政策、银监会对银信合作严厉政策。因此，在当前形势下，许多房地产企业的融资难问题更加突出。

近年来，特别是 2008 年全球金融危机爆发以来，我国政府对房地产金融创新的关注也日益加深。2008 年 12 月 3 日召开的国务院常务会议上研究确定了金融促进经济发展的政策措施，其中第五条是"创新融资方式，通过并购贷款、房地产信托投资基金、股权投资基金和规范发展民间融资等多种形式，拓宽企业融资渠道"。

2010 年 4 月 28 日，国务院常务会议上确定了 2010 年的重点改革任务，包括："加快推进政策性金融机构改革，启动资产管理公司商业化转型试点，加快股权投资基金制度建设。"

2011年3月16日，国家发布了《中华人民共和国国民经济和社会发展第十二个五年（2011—2015年）规划纲要》，指出"要优化资本市场结构，多渠道提高直接融资比重"。因此，促进资本市场稳定健康发展，推动金融结构转型，对于提升我国经济竞争力具有现实而重要的意义。

我们在为现阶段我国房地产金融创新有更实质性发展庆幸之余，也必须清醒地认识到由于全球金融危机和经济危机的影响，我国经济包括房地产市场的发展还将面临更大的挑战；但我们相信我国房地产融资创新将会促成房地产市场更理性化发展；在房地产企业通过增加直接融资渠道的同时，使商业银行本身也有更好的抗风险能力，房地产机构和个人投资者有更多的投资渠道。在大力发展多层投融资产品的同时，使我国证券市场的产品结构趋于合理和房地产市场长久健康地发展。

我国房地产金融市场的主要问题

在最近十几年的发展中，房地产业对国家经济、人民生活的改善作出了非常重大的贡献，已成为国民经济的支柱产业之一。但同时暴露出了很多问题并对我们提出了很大的挑战，譬如长期以来，我国大多数房地产企业对商业银行贷款过度依赖，即商业银行贷款成为房地产开发资金的主要来源，造成房地产贷款的风险与商业银行在资本市场中的角色不相吻合。

随着全球次贷危机的警示和我国这些年来房价的快速上涨，国家对房地产业的宏观调控日益增强，各种调控措施纷至沓来，诸如：紧缩银根、提高二手房贷款条件、限制房地产企业上市融资、土地付款和房产预售政策趋紧，以及最近出台的"国十条"等措施层出不穷，使我国的房地产企业在资本市场的融资难度加大了许多，部分房地产企业陷入了资金方面的困境，其再开发能力受到了极大的限制。

其次，中国房地产市场发展到现在，越来越成为资本大鳄的竞技场；当前由于土地、设计施工、市场营销等方面的成本不断上升，国内一二线城市房地产优质项目逐渐向资金来源丰富的大型房地产开发企业倾斜；一些上市公司、金融控股公司、国有大型公司、民营实业财团纷纷投资房地产市场。大企业的进入和土地门槛的提高，越来越挤压了中小房地产商的生存空间，这些问题都对中小房地产企业的发展提出了越来越高的要求。

与此同时，我国房地产业是我国经济中的支柱产业，其资本需求也趋于旺盛；另一方面，在我国工业化和城市化发展进程的推动下，经济增长和社会生活对住房及其房地产的需求量不断增长，房地产业在相当长的时期里会保持较高速增长。

在我国金融市场中，房地产企业融资始终是一个非常突出和关键的问题，它牵扯到银行贷款风险、开发商投融资渠道少、投资品种缺乏和立法、监管和信用体系的建立等方面。在当前的经济形势和房地产融资环境下，许多大中小房地产企业都面临融资难的问题。这些问题与目前我国房地产金融市场结构单一、没有形成完整的房地产金融体系有密切联系。

从投资方面看房地产投资产品也很少，普通投资者只能通过直接购买房产，基本上没有其他房地产投资产品，而部分机构投资者目前还不能直接参与房地产投资。目前，我国城乡居民的储蓄余额超过 30 万亿元，建立和创新我国自己的房地产投资产品，将其中的一部分吸引到房地产产业上来，将有利于房地产市场和金融市场的持续稳定发展。

在欧美发达国家，房地产金融市场发展得比较成熟，其中私募基金市场高度发达，譬如房产基金、保险基金、养老金等是房地产企业私募股权融资很好的方式。当前我国房地产金融处在探索阶段和创新阶段，挑战和机会并存。我国房地产企业融资过分依赖银行贷款、投融资机制，资本市场存在着缺陷，与房地产业是我国经济的支柱产业地位不相匹配，落后的房地产金融已经严重阻碍和制约了房地产业的发展。以下归纳了几个方面。

● **房地产融资方式和金融产品少**

目前在我国,由于历史的原因,房地产金融产品中房地产信贷占了绝大部分;但当房地产市场发展到一定规模以后,单一的房地产信贷所遇到的问题就愈加明显了。

事实上自 2000 年以来,我国房地产企业融资相继涌现自有资金加上银行贷款融资方式、自有资金加上信托计划融资方式、股权融资加上银行贷款融资方式等融资模式。

房地产发展确实需要多元化和多层次的资本市场的融资渠道来支持,以化解或者分解单一靠银行贷款的风险。因此,我国房地产金融面临的主要问题,不是房地产信贷政策松紧问题,而是房地产融资渠道宽窄的问题,多元化融资是国家宏观调控背景下房地产业的必然选择。

● **立法、监管和信用体系的不完善**

目前我国房地产金融立法方面的不完善,已经给房地产金融业的发展带来了相当大的负面影响。虽然目前基本的法规建设与监管工作都取得了可喜的进步,但与行业发展的要求相比仍有待改善。有了较完善的金融产业立法,就有了明确的发展方向和发展目标,房地产及相关金融行业就有了可供遵循的政策依据。因此,尽快制定适合中国国情的房地产金融相关法规,已成为推进我国房地产金融甚至我国金融行业的重要环节。

加强社会道德和信用建设,建立与完善个人和企业信用体系,对房地产金融的健康发展也非常重要。我们知道房地产金融的主要方面包括融资和投资,而联系二者的很重要的桥梁是信用,缺乏信用的体系是不会正常运作并有巨大风险的。

● **缺乏房地产金融的专业人才**

房地产融资和投资市场的成功运作,同时需要大量既懂房地产专业知识,又掌握金融业务和相关法律法规的复合型人才,通常包括房地产专家、律师、税务专家、估价师等,他们常常会组成一个团队来核实交易的所有方面，有时这些队伍由许多人组成。这样对项目可行性研究、风险控制、现金流预测和分析等具体操作至关重要。

随着我国经济的发展，我们还要培养既熟悉中国国情又了解国际运作的各类人才。另外，必须认识到人才的专业能力和诚信精神的培养同样重要。譬如，我国信托公司在运作房地产信托产品时，往往集多种角色于一身，既是信托计划的管理人，又是房地产项目的管理人，而国内大部分信托公司缺乏既懂房地产、又懂金融业的人才，这也是很多房地产信托产品运作不尽如人意的主要原因之一。

房地产私募基金是我国金融与房地产市场发展的必然产物

从目前我国的金融体制看，民间资本的投资渠道极为狭窄，民间资本资源没有得到有效运用，在当前银行贷款紧缩的政策下，许多开发商的资金都十分紧缺，有些甚至面临资金链断裂的严峻形势，国内外上市是许多房地产开发公司融资的渠道，但其倾向于大的房地产公司，且真正的上市公司还是很少。

另外，国内产业基金和房地产投资信托基金立法等也还未完成，海外上市的数量也极其有限。为了脱离困境，私募基金的方法被越来越多的我国开发商和投资者所采用，但这些私募基金并不是严格意义上的私募基金，而是一种地下基金，一种非公开宣传的、私下向特定投资者募集资金进行的一种集合投资。有报道估计近十年民间私募基金投向全国房地产业的资金已经超过了千亿元规模。由于目前私募基金缺乏法律保护，所以蕴藏着很大的风险，譬如私募基金也容易为非法集资者钻空子，导致市场混乱，甚至可能会引起某些不安定的因素，还有就是缺乏对合格投资人的划分标准。事实上，一段时间以来央行、证监会和银监会的高层开始越来越重视活跃的私募基金，业界也普遍呼吁应使各类私募基金阳光化，但预计私募房地产投资基金在我国推行还会遇到诸多困难。

近年来，一些地区出现部分单位以集资合作建房名义，变相搞住房实物福利分配或商品房开发等问题。为维护住房制度改革成果，政府部门相继出台了《国务院办公厅转发建设部等部门关于调整住房供应结构稳定住房价格意见的通知》（国办发［2006］37号），《建设部、发展改革委、国土资源部、人民银行关于印发〈经济适用住房管理办法〉的通知》（建住房［2004］77号）和建设部、监察部、国土资源部三部委联合发布的《关于制止违规集资合作建房的通知》（建住房［2006］196号）等文件，因此在集资合作建房方面的规定也越来越严格。

房地产企业融资是战略问题

《哈佛商业评论》2009年曾经引用的一项调查写道："在世界范围内（调查）的259名高级经理人中80%以上的人员指出，战略的生命周期正在变短。72%的人员认为，首要竞争对手在5年内会成为一家风格迥异的企业。"企业越来越多地发现，它们所制定的战略在有机会得到证明之前，已经开始面临时过境迁的危险了。

承认房地产企业融资是战略问题，在企业正常发展阶段就开始布局企业的融资计划和企业资本结构，这样可以使企业有较好的股权和债权比例等，对企业的中长期健康成长有利，也会很大程度上避免临时抱佛脚事情的发生。如果到自己企业缺钱的时候才去融资，可能出现非常被动的局面。

以各种不同方式获得一块土地，然后银行贷款、建房和销售的日子，对刚起步的企业还有一定吸引力，但对一个成熟的房地产企业，这些已不是进一步发展的最关键因素了。而尽早和合理地制定企业的融资计划和优化企业的资本结构，将成为房地产企业长期健康发展的最关键因素之一。值得注意的是近年来，越来越多的房地产企业（特别是发展到一定规模的）董事会或老总意识到了企业融资与投资一样都是战略问题。

房地产行业是典型的资金密集型行业，与融资紧密相连。在许多西方发达国家，房地产企业融资有很多年的发展和创新，已经摸索出了较成熟的方法；它的具体内容有：房地产公司贷款、房地产股票与债券、房地产投资基金（包括上市的和私募房地产投资信托基金及其他私募房地产投资基金）、房地产夹层融资、股权转让和其他各种基金（包括退休基金和保险基金）等。房地产企业融资渠道可以有很多，但是资金性质无非两类，即股权和债权。一类是项目不必偿还的资金，即股权资本；另一类是项目必须连本带息偿还的资金，即债权资金。事实上也存在股转债和债转股资金，它们还是在股权和债权的范畴。

而房地产企业股权和债权可以从企业资本结构角度来探讨。企业资本结构是指企业各种长期资金来源的构成和比例关系；长期资本来源包括长期债权资本和权益资本。譬如，一般来说，较好的公司的资本结构中，债务首先占有一定的比例，其次要有短、中和长期债务。债务过高会增加公司的流动性和破产风险；债务过低则表明资金运用效率偏低；而在债务中，短、中和长期债务也要有个适合的比例。相对而言股权资金过高资金运用效率偏低，股权资金过低存在破产风险。因此，在保证公司财务稳健的情况下，根据公司的实际情况选择不同比例的股权和债权，有利于公司财务杠杆的良好运用，从而能为公司股东谋求收益最大化。

总体上，我国房地产企业平均负债率较高：譬如到 2011 年上半年上市房企整体资产负债率达到了 72%，负债总额突破 1.09 万亿元，同比上涨 41%。最具杀伤力的流动负债已经占到负责总额的 70.6%，同比上涨 54%。"招保万金"平均资产负债率从 2010 年年底的 72.37% 上升至 74.4%，它们平均资产负债率刷新近 10 年来高点。个别公司负债率超过 100%，多家公司负债率低于 100% 但超过 80%；这些高负债公司存在很高或相当高的破产风险。

合理的资本结构能够使一家企业在风险最低的情况下保持最高、最快的增长，能够使企业达到利润的最大化。根据我国房地产市场目前发展的实际情况，房地产开发企业债权一般尽量不要长期占一家公司总资产的60%或以上；当然一段时间如果几个月或半年超过这一比例，特别是大家都认为房地产处于绝对的牛市情况下，债权达到70%，偶尔一段时间也是可以的。

债权可以分成短期债权和长期债权，短期债权就是一年或一年以内。一家公司如果全部是短期的债权那就风险很大了，短期债权应该占整个债权的40%或30%以下。

股权和债权的关系理清了，我们也应该理解收益和风险的匹配。当然我们搞股权和债权的融资都要以把握房地产和资本市场的趋势；譬如认识和预测今后两三年利息要上升，企业现在发行债券应该有其合理性。

房地产企业应该根据自己企业实际情况和目前形势作出合理的融资战略决策，尽可能在企业健康发展阶段考虑和实施融资计划，这样无论是股权还是债券融资，融资成本都会较企业出现财务困难时低，这样就为企业资本结构最优化和未来利润最大化打下扎实的基础。

我国房地产私募基金出现的必然性

房地产私募基金的出现丰富了我国的房地产金融市场，为我国投资者提供了更多参与房地产投资的机会；它将社会上闲散民间资本聚集起来，形成资金规模优势，通过有丰富房地产投资经验的专业基金管理公司管理，分散投资风险。

房地产私募基金投资到房地产项目中去，可以优化被投资企业的项目融资结构，满足行业内日益增长的多样化融资需求。由于房地产私募基金主要投向优势企业的赢利状况好的项目，客观上促进了有限资源的优化配置，十分有利于那些拥有好项目的优秀中小房地产企业发展壮大。

由于房地产私募基金投资人相对少，投资人可以与基金管理者直接交流，便于及时了解基金运营状况，基金投资运营过程具有很高的透明度。投资人对投资项目有更多选择权，有机会对基金的重大决策发表自己的意见。基金投资人不直接参与基金的商业运营，而是委托基金管理人管理基金的日常事务和委托基金托管人对资金使用进行监管。基金由专家队伍运营，能最大限度地保障资金安全，实现房地产行业投资者较高投资回报率。

为了脱离融资困境，房地产私募基金的融资模式已被我国越来越多的开发商和投资者所采用。房地产私募基金的出现不仅能够解决房地产资本市场融资难的问题，还能满足人们对房地产行业高收益的投资需求。

于 2006 年 8 月 27 日正式修改并将于 2007 年 6 月 1 日开始实施的《中华人民共和国合伙企业法》，里面专门增加了有限合伙条款，同时允许法人合伙，这样为风险投资、私募股权投资创造了一种新的渠道。在有人承担无限责任的基础上，由更多人承担有限责任，来解决资金募集的问题。它的出台，进一步扫除了私募股权投资面临的法律障碍，也将使私募股权投资基金的资金来源和退出渠道向国内转移。

在现在新修订的《公司法》之后，在《信托法》、《公司法》和《合伙企业法》的基础上，许多高级官员和权威学者认为我们在国内搞私募基金用不着人审批，按照《公司法》到工商局注册成立公司就行了，按照《有限合伙法》注册有限合伙企业，我们有关地方政府和有关部门应该更多地去引导，去支持私募股权基金和私募基金，而不是非要等一个产业投资基金办法的出台。也有专家提议应取消产业投资基金这一说法，因为产业投资基金在本质上与私募股权基金是一致的。

我国的房地产私募基金市场虽然刚开始起步，但随着我国资本市场的完善，未来房地产私募基金的发展不可限量。在国家层面上，央行、证监会、银监会和各地方政府的高层也开始越来越重视活跃的私募基金，纷纷出台了相关政策。房地产私募股权基金在我国的蓬勃发展的大趋势是必然的。

发展我国房地产投资基金的意义

房地产投资基金是通过集合社会各方面资金，聘用专业人士投资和经营管理，为房地产投资者参与房地产投资和收益分配提供了现实途径，而且也可以解决房地产公司的外部融资渠道单一和融资难问题并促进房地产业的资金结构和产品结构的优化。目前，我国的房地产个人投资者、房地产机构投资者（信托公司、保险公司、基金公司和投资公司）和房地产公司等都对房地产投资基金有强烈的兴趣。房地产投资基金业务的展开将有利于我国房地产业的健康发展。以下我们讨论成立房地产投资基金对各个方面的意义。

● **房地产个人投资者**

房地产投资有规模大、资金周期长及专业性等特点，这使得大众投资者难以直接介入，但发展房地产金融相关投资产品为投资者提供了多元化的投资渠道。

从目前我国的金融体制看，大众投资者因为投资渠道狭窄而使资金没有得到有效运用。至 2011 年底，我国城乡居民储蓄余额预计达 30 万亿元以上，建立我国自己的房地产金融投资产品，将其中的一部分吸引到房地产产业上来，譬如让散户有机会去购入包括一些大型商业房地产的信托单位，让他们享受到以往只有大型房地产发展商可以持有大型优质物业的权利。投资者在投资组合中加入房地产投资，使房地产投资基金成为房地产业的重要融资渠道，将有利于房地产市场和金融市场的持续稳定发展。

近年来虽然现在社会上运行着一些私募基金，但是由于我国相关的产业投资基金法律尚未出台，使得这些私募基金缺乏法律保护，运作不规范，而且投资方向单一，难以有效地避免市场系统风险，造成这些私募基金风险极大，因此社会大众资本急需拓宽投资渠道。房地产金融投资产品市场的发展不单是一种有利于房地产商套现的工具，它也让投资者有更多的投资选择，这肯定会促进资本市场多元化的发展。同时这几年，全国许多地方出现了很多房地产投资者和炒房者，对各个方面伤害很大，政府因此推出相关抑制措施，相信私募集房地产投资基金产品的推出，会吸引其中相当一部分人过来。所以，房地产金融投资产品这类新型投资工具的出现为社会大众投资者介入房地产业提供了有利条件。

● 房地产机构投资者

对国内许多机构投资者来说，目前我国由于金融市场不成熟和金融产品单一，加上国家对机构投资房地产有较大限制，还不能有较安全的方式投资房地产，这种情况已经被很多业内人士意识到，而一些投资和金融机构也意识到了这里所蕴涵的巨大的商机。几年来保险公司、信托公司和基金公司等机构的一些人士也非常关心并愿意参与到这个市场。因此如何顺利地开展房地产融资和投资业务，已成为业界十分关注的问题。

对机构投资者来说，参与房地产投资和融资对其业务的长期稳当和多元化发展都是有利的和必须的。譬如投资公司或投资基金能投资房地产股权投资基金，这样一来不但能减少商业银行的压力，而且能给投资者带来相对高的回报。再譬如，房地产股权投资基金产品出台，对于拓展机构投资者市场规模、促进金融产品创新也有积极的现实意义。因此借鉴国外先进经验，并结合我国现实的金融体制，建立由包括退休基金、保险公司、银行、信托公司、各类基金公司等组成的多元化投资机构体系，并由各方投资者和政府相关机构进行监督的房地产金融投资和融资市场对机构投资者有重要意义。

事实上，在过去的几十年里许多发达国家房地产市场结构发生了巨大变化，原来的许多由公司和家族拥有的房地产项目，现在已经被机构投资者所控制，包括退休基金、保险公司和其他基金公司等。因此，我们应该加快培养大量的机构投资者，只有在一个机构投资者占主体的市场上，才能保证有一个稳定健康的秩序。比如美国房地产投资和融资市场发展规模之大是与它的融资渠道较宽和法制较齐全有关的，大量的退休基金、保险基金等大型的机构投资者对房地产业的投资有利于房地产金融的发展。

- **房地产公司**

正如前面多次提到的，房地产开发具有投资大、周期长的特点，目前国内金融体制造成房地产企业融资困难，长期以来，我国房地产业的贷款是推动房地产开发的主要资金动力，房地产开发非常依赖银行贷款。采用银行贷款的方式进行融资一直是我国房地产公司主要的融资渠道，大约70%的房地产开发资金来自银行贷款的支持。为了防止房地产市场的隐患最终转嫁给商业银行及其他相关社会问题，2003年6月央行《关于进一步加强房地产信贷业务管理的通知》等政策的出台，在业界引起强烈反响。特别是2005年3月底国务院出台控制房价的八条意见，开发商想从银行贷款已有较大的难度，各级银行都对开发商和项目的选择非常谨慎。

随后2006年5月29日九部委《关于调整住房供应结构稳定住房价格的意见》（国六条）及相关文件出台，它们要求加强对房地产开发贷款的信贷管理，调整和改善房地产贷款结构。加大对商业银行房地产贷款的检查力度，切实纠正违规发放贷款行为，包括督促商业银行调整贷款结构和客户结构，严格控制不合理的房地产贷款需求，防范贷款风险。

因此，在我国每当政府进行宏观调控或房地产项目出现一些问题时，许多房地产企业都会面临资金周转困境，经营步履维艰，这也是造成我国房地产开发企业生命力较短的主要原因之一。而发展房地产投资基金给房地产企业带来了生机，房地产企业通过这些金融产品可以大大拓宽融资渠道，减少对间接融资的依赖，从而降低了经营风险。作为股东它必然更加关注企业的规范化运作，从而对房地产企业的运行起到外部监督的作用。

合理的房地产投资基金产品可以促成房地产投资的理性化发展，通常只有那些运作规范、市场前景好的房地产及相关项目才能得到房地产投资产品的资金支持。因此，发展我国房地产投资基金产品在客观上促进了房地产行业内部的结构调整，促进了优胜劣汰，同时通过兼并、收购等手段加快同行业企业间的联合，有利于实现资源的优化配置，对房地产市场长期健康发展有利。

- **商业银行**

发展房地产投资基金首先可以满足房地产市场对信贷资金的部分需求，尤其是在通过增加直接融资渠道的同时，使商业银行本身也有更好的抗风险能力。从国际经验看，一旦经济不景气或房地产泡沫破灭，呆坏账比例容易升高，而实施房地产投资和融资渠道多元化使开发商有更多融资渠道，同时对银行的依赖减少。其次，我国银行房地产贷款业务发展很快，但当它发展到一定规模时，可能会面临较大的资金缺口，以及资金来源的短期性与住房贷款资金需求的长期性矛盾，这无疑会带来新的金融风险，因为商业银行的资金主要是吸收社会存款，如过多投向期限较长的房地产项目，不符合银行资产的流动性、安全性的要求，容易造成清偿危机，产生金融风险。

到 2006 年之后，外资银行在服务对象、经营地域和服务品种上要享受国民待遇，一些外资银行在体制和机制上的创新早已有突破、在产品和服务多元化上又有良好的基础，因此，竞争将会是很激烈、很残酷的，中国必须面对的最大挑战之一，是为国内银行系统的民营化和与外国银行竞争做好准备。

譬如，虽然目前我国商业银行信贷资产里，个人住房抵押贷款是优质的一块，但是如果从长远着想还是可能存在一定的风险。《金融机构信贷资产证券化试点监督管理办法》于 2005 年 11 月 7 日以中国银行业监督管理委员会 2005 年第 3 号主席令正式发布，于 2005 年 12 月 1 日实施，预示着这个投资渠道已被打通，目前建设银行等在做的试点工作已展开。通过抵押型房地产投资信托（抵押贷款证券化，即 Mortgage-Backed Securities 或 MBS），可以分散该业务面临的金融风险，使整个住房金融市场与资本市场有机互动，可以扩大商业银行的融资规模，同时还会带来良性的连锁效应，提高银行资产的流动性、降低银行开展住房贷款业务的成本。

- **证券市场**

发展房股权地产投资基金对我国房地产投资者、房地产公司、商业银行的积极作用现在大家已达成共识，但对证券市场的影响这方面讨论得较少，事实上这一点很重要。

譬如目前我国证券市场最大的问题之一就是产品结构不合理，高风险产品占主要地位，在证券市场上的可交易品种中，大约70% ~80%为风险较高的股权类产品；低风险产品品种单一，不但是市场规模小，而且品种极为单调，只有少量流动性较差的国债及少量企业债等，不能满足广大个人和机构投资者的需求。因此，大力发展低风险市场产品，包括更多房地产投资信托基金，以使我国证券市场的产品结构趋于合理，是目前我国证券市场发展的重点之一。

随着金融市场的进一步完善和开放，国外金融机构投资我国房地产金融市场已经成为可能，所以为了适应竞争的需要，我国有必要积极促进房地产金融的发展，加快房地产金融市场的前进步伐。同时，对上海和深圳来说，缺少投资产品，同样会减低吸引外资能力和成为国际和地区金融中心的地位，对我国证券市场的中长期发展不利，因为在成熟规范的市场中，各种房地产金融工具同时存在，它们包括房地产上市公司、各种房地产投资基金、债券等，这样一来可以使房地产投资和经营更专业化和资源配置更合理化。

法律及政策鼓励股权投资

- 2006 年 8 月 27 日，《中华人民共和国合伙企业法》由中华人民共和国第十届全国人民代表大会常务委员会第二十三次会议修订通过。
- 2006 年 12 月 30 日，天津市贯彻落实《国务院关于推进天津滨海新区开发开放有关问题的意见》中提出的"鼓励天津滨海新区进行金融改革和创新，在金融企业、金融业务、金融市场和金融开放等方面的重大改革，原则上可以安排在天津滨海新区先行先试"的重要精神，在滨海新区首先试点股权投资基金。

- 2007 年 6 月 1 日，中国开始实行的修改后的《中华人民共和国合伙企业法》，为股权投资基金的成立提供了法律依据和政策依据。在法律支持和政府鼓励的条件下，中国的股权投资基金的发展迎来很大的机遇。

- 2008 年 12 月的《国务院办公厅就金融促进经济发展三十条意见》中第十九条包括："加强对社会资金的鼓励和引导，拓宽民间投资领域，吸引更多社会资金参与政府鼓励项目。出台股权投资基金管理办法，完善工商登记、机构投资者投资、证券登记和税收等相关政策，促进股权投资基金行业规范健康发展。"

- 2009 年 5 月 25 日，《国务院批转发展改革委关于 2009 年深化经济体制改革工作意见的通知》明确，我国将加快股权投资基金制度建设，尽快出台股权投资基金管理办法。

- 2010 年 4 月 28 日，国务院总理温家宝主持召开国务院常务会议，审议并原则通过《关于 2010 年深化经济体制改革重点工作的意见》。会议确定了 2010 年的重点改革任务，再一次重申加快股权投资基金建设。

- 2011 年 3 月 16 日国家发布了《中华人民共和国国民经济和社会发展第十二个五年（2011—2015 年）规划纲要》，作为未来五年我国经济社会发展的宏伟蓝图，它指出"促进创业投资和股权投资健康发展，规范发展私募基金市场"。

发展我国房地产股权投资基金要考虑的因素

- **发展我国房地产投资基金立法**

我国房地产金融行业的发展，迫切需要比较完善的法律与监管环境，使相关企业的经营有法可依，并在平等的环境下开展竞争。虽然目前基本的法规建设与监管工作都取得了可喜的进步，但与行业发展的要求相比仍有差距。同时，对于房地产金融创新，虽然各方面的积极性和呼声很高，但总体上推进还比较缓慢。而法律是其推进比较慢的原因之一。

房地产股权投资基金、房地产投资信托基金和房地产夹层融资是什么？首先要从法律上界定它，各方面要协调并立法，这样一来投资者才愿意投资，也才能使这个市场长远发展。

房地产金融产品多样化的出现是房地产业发展到一定阶段的必然要求。通过多元的房地产投资和融资产品，不仅使房地产投资主体多元化，拓宽了房地产的融资渠道，而且，由于这些投资和融资产品立法后结构明晰，投资者对其投资行为能够有效地监督，提高房地产投资的利用效率，降低房地产开发和建设等的盲目性，因此我国应该借鉴发达国家的成熟经验，建立符合我国国情的多样化的房地产金融产品。

市场经济的发展需要依靠强大的法律体系，而目前我国房地产金融相关法律的制定落后于市场需要。缺乏相关法律的保障是发展我国房地产金融最明显的障碍之一。譬如由于我国规范产业投资基金的法律法规还未正式出台，所以在当前情况下，我国设立房地产股权投资基金只能通过《公司法》和《合伙企业法》来约束。

- **吸取股票和信托市场的教训**

多年的宝贵经验和教训告诉我们，任何一类金融机构或产品要长久稳定地健康发展，只有提高经济效益、加强风险管理并最终为投资者带来投资回报。

1990 年年末沪深两个交易所成立之初，正处在中国改革的特殊时期，作为一个很具市场经济特色的新事物能够被各方面所接受，为国企融资可能是一个最佳的方式和理由。多年以来，衡量证监会工作最重要的指标之一往往就是当年的融资额。2001 年下半年开始的熊市和目前对未来的不乐观在很大程度上就是市场对这种市场运作方式的否定。现在大家也认识到股票市场是一个有效的融资和投资的场所，过分强调融资功能，忽视了投资功能，最终会导致投资者信心受到挫伤并使市场长期失去应有的作用。虽然近期投资者的信心有所增强，但还有许多工作要做，这需要一个过程。

中国的信托虽诞生于 1979 年，即改革开放初期，但长期都专业不明确，行业较混乱。直到 2001 年才回归主业。其间经过 5 次整顿，由原先的 239 家缩减到了现在的 59 家。但信托由于其运作模式的特殊性，风险管理非常重要。多年来的情况是，为了能够和其他金融机构竞争，信托经常不得不提出更高的回报许诺，而高回报的要求一旦和信托的风险管理和运营能力水平脱节，这往往在后来被证明是很多风险的来源。因此，我国发展房地产投资基金产品也要吸取股票和信托市场的教训。

- **增强投资安全性**

寻求投资回报是所有投资者的共同特征，很重要的一点是回报必须和风险相联系。在这一方面，多元化的房地产投资基金产品可以给不同的投资者带来多样化的选择。譬如我们看到许多房地产投资者在更加重视安全的时候，在许多情况下也愿意接受比较低的利润，经过几十年来许多国家的具体操作，不同的房地产投资基金证明可以在风险上满足这方面的要求，同时提供较高的回报。

再譬如房地产开发投资基金投的是开发项目，风险较大，回报高，但收入相对不稳定，也就不能具备定时分红等一系列房地产投资信托基金的特点。

另外需强调，多元性房地产投资基金产品的市场对投资者有很大的吸引力，但每一项产品都存在和投资回报对应的风险，投资者应该学习分辨这些风险。

- **培养房地产投资基金的专业人才**

房地产投资基金的成功运作，同时需要大量既懂房地产专业知识，又掌握金融业务和相关法律法规的复合型人才，通常包括房地产专家、律师、税务专家、估价师等,他们常常会组成一个团队来核实交易的所有方面。这样对项目可行性研究、风险控制、现金流预测和分析等具体操作至关重要。另外必须认识到人才的专业能力和诚信精神的培养同样重要。

譬如我国信托公司在运作房地产信托产品时,往往集多种角色于一身,既是信托计划的管理人,又是房地产项目的管理人,缺乏专业化分工。事实上国内大部分信托公司缺乏既懂房地产、又懂金融业的人才,结果很多房地产信托产品运作得不尽如人意。

金融行业的竞争主要也包括人才的竞争,逐步培养熟悉中国国情又了解国际运作的各类业务人员有其必要性,目前国内能够符合这些条件的人才并不多,很难适应大规模房地产金融市场的经营运作,一些人士还没有意识到其迫切性和重要性,所以发展我国房地产金融时也迫切需要更多相关专业人才。

外资房地产股权投资基金在中国的发展和机遇[①]

全球经济经历了重大变革和调整。中国对全球经济的贡献逐渐上升,这意味着它将为全球投资者提供大量投资机会。

外商不动产私募股权基金 10 年前就开始在中国投资。而直到近几年,国内(人民币)私募股权基金才在中国繁荣兴起。很多外国的投资者和基金经理都对投资或管理人民币房地产私募股权基金兴趣盎然。然而,外商在中国操作房地产私募股权基金,使事情变得错综复杂了,容易引发各种混乱,因此来自各方面的阻力都比较大。

这篇研究试图回答以下问题。规范外商投资者的法律法规有哪些?房地产私募股权投资基金现状和未来的发展趋势如何,未来可能的机遇在哪里?

---

① 注:本节是作者 2011 年 6 月发表在 The Institutional Real Estate Letter-Asia Pacific(亚太房地产机构杂志)的一篇文章,作者备有此问答的英文稿,有兴趣的读者可以与作者联系:jzhanggcf@163. com。

- **规制外资房地产投资的法规**

20 世纪 90 年代初，中国内地房地产市场上的外商投资主要来自中国香港、中国台湾和海外（在中国，来自中国香港、中国澳门和中国台湾的投资被认为是外商投资）。2000 年之后，西方资金才开始加速进入中国。

例如，2010 年，外商直接在华投资额达到 1507.4 亿美元，创下历史新高，同比增长 17.4%，其中房地产投资占 22.7%。房地产市场上的外商投资共计 240 亿美元，相比于 2009 年的 160 亿美元，增长了 40%。

近年来，中国政府开始着手调控外商在华投资房地产的规模。2006 年 7 月 11 日，商务部、国家发改委等六部委联合下发《关于规范房地产市场外资准入和管理的意见》。《意见》明确限制境外投资者使用境外资产购买非自用、投资性房地产。《意见》也出台了很多措施规范外商投资房地产市场准入。

2010 年 11 月 22 日，中国政府提出，今后要加强监管，对中国房地产市场上的外商投资进行检查和备案。另外，没有批准和备案的外商房地产投资公司不允许继续从事房地产开发行业。

2011 年 4 月 2 日，商务部、国家发改委联合其他部委发布《关于〈外商投资产业指导目录（修订征求意见稿）〉公开征求意见的通知》。明确指出，不鼓励外国投资者投资高档别墅的开发和管理。当然，中国政府以后还会出台针对这个问题的相关政策文件，因为政策法规的执行还需要进一步加强。

- **外资私募股权投资的相关规定**

中国早期的私募股权基金是以风险投资形式出现在 20 世纪 90 年代中期，主要资金来自外商投资者。也引发了一大批互联网企业在美国证券交易所发行上市。2003 年，国务院允许外商投资创业投资企业（FIVCIE）在中国设立，但总投资额不得超过 10 亿美元。以外商投资创业投资企业为投资媒介，外国基金管理人可以从中国境内和外国投资者处募集资金创建基金。但是，外商投资创业投资企业只限于投资高新技术企业。

中国政府继续对外商投资者投资房地产施行严厉的监管；全球性经济危机之后，外商投资比例下降，中国国内投资迅速增长。因此，相当一批外资基金经理对管理中国境内的人民币基金兴趣倍增。

2010年3月1日，国务院颁布的《外国企业或者个人在中国境内设立合伙企业管理办法》开始实施，被称为《FIP管理办法》。尽管《FIP管理办法》是由国务院颁布的，但依旧存在很多问题和未解决事项。

到目前为止，外国基金管理者要在中国设立有限合伙企业是一种很大的挑战。这意味着，外国基金管理人很难成为人民币基金的普通合伙人。例如，国家外汇管理局出台政策，禁止外国投资公司使用注册资本投资国内企业股本。这有些让人沮丧，不过，一些地方政府试图通过各种手段允许外商投资者涉及人民币基金来吸引外国基金经理。

2011年1月23日，上海市政府三个部门联合出台《关于本市开展外商投资股权投资企业试点工作的实施办法》（2011《办法》）。在上海，外商私募股权基金投资者可以成为人民币基金中的有限合伙人，有资质的外国有限合伙人可以用外汇资金投资。

2011《办法》主要涉及两方面内容：第一，允许外国私募股权基金用外汇资金出资，为外商投资者在中国投资打开了融资渠道。第二，如果外商投资股权投资管理企业使用外汇资金对其发起设立的股权投资企业出资，金额不超过所募集资金总额度的5％，则该股权投资企业将作为纯内资企业对待，不受制于国家对外商投资的限制。

根据"2011《办法》"规定，为享受试行方案的优惠，主体（包括养老基金、银行、保险机构、会计师事务所和律师事务所）必须提起申请才能获准成为试点企业。近期，北京极有可能出台与上海"2011《办法》"相似的规定。

上海"2011《办法》"试行方案为外商投资者提供了巨大的机遇，但并不适用于房地产业。不过政府的政策随时会改变，一切皆有可能发生。

与此同时，中央政府支持和鼓励外资企业投资高新技术企业。

● **中国的房地产私募股权基金**

尽管当今中国的房地产市场正处于初级阶段，但发展迅速。然而，以银行贷款作为主要资金来源的开发者，缺乏其他融资渠道。对投资者来说，充分利用房屋预付款和银行贷款是其重要的发展战略。也正因为这个原因，当地开发商要很大程度上依赖房屋预付款来支付建设工程款项和购置新的土地。在过去的几年里，中国政府出台了很多政策来加强预售审批和银行贷款的控制。迫于压力，开发者不得不从基金和债券市场寻找新的融资渠道。相较于西方国家，这很寻常，但对当前的中国私人开发者来说，并没有很大的可行空间。

如果当地投资者希望运作一个房地产私募股权基金，他们必须熟悉不同部门、各级政府颁布的法律法规，同时各地政策更新速度也不同。考虑到中国经济发展速度如此迅猛，人民生活水平不断提高，会有越来越多的投资者投入更多的资金。越来越多的个人投资者出现，显而易见，对投资者来说，房地产私募股权基金无疑是一个很好的投资机会。

近年来，尤其是上一年，中国政府鼓励国内投资者投资私募股权基金。2010 年 4 月 28 日，国务院常务会议提出，改革的重点是"加快股权投资基金制度建设"。2011 年 3 月 16 日，中央政府发布了"十二五规划"。这一持续性计划将在规范私募股权基金市场的前提下，推动和鼓励中国风险投资和私募股权基金的发展。

目前，中国政府并没有限制房地产私募股权基金发展。中国当前有超过 100 个房地产私募投资基金，总投资额为人民币 700 亿元。2011 年总规模可增长 30% 以上。我们相信，房地产私募股权基金的发展会成为房地产市场和金融市场的巨大推动力。

● **外商不动产投资者和基金经理的发展机遇**

外商企业设立基金管理公司，或当外商投资者想成为中国房地产基金的有限合伙人时，根据商务部和其他政府部门的规章，外资基金管理公司不得投资人民币房地产基金业务，外商投资者也不能成为房地产基金的有限合伙人。

一个可能的解决方案是，外国房地产基金管理者作为合作方出现，这样他们作为房地产私募股权基金普通合伙人的代理人或顾问，而不是普通合伙人，就可以间接管理基金。

对外国房地产投资者来说，他们可以投资一个涉及实业、旅游业、娱乐业等多元发展方向的项目。在很多案例中，这样的投资很受当地政府欢迎。

或者，在中国的外资基金管理公司也可以在中国国内通过基金融资，然后到中国境外投资，但因为中国政府对这种基金的审批是依据具体情况来处理的，因此难度很大。而要获准中国建立人民币房地产私募股权基金来融资就更加困难了。

房地产私募股权基金在中国获益日渐增多，但行业本身依旧有很多需要探索之处。由于房地产私募股权基金市场刚萌芽不久，我们需要做的就是不断地学习，探索新方法和新机遇。作为外商投资者，尽管未来投资中国房地产私募股权基金的道路依然狭窄，但随着新政策的不断出台，前景依旧光明。

在我写这篇文章之际，2011 年 4 月 11 日，保德信金融集团与复星集团董事长在纽约联合举行新闻发布会，双方签署了最终协议，合作建立私募股权基金，用于向中国国内或国外与中国有关联的企业投资。其中，5 亿美元由保德信金融集团提供，复星出资 1 亿美元。这次合作将利用外国投资来促进中国消费市场的快速崛起。

房地产私募股权基金概述和前景常见问题答疑

1. 我国房地产企业负债率高吗？

国家严厉的调控政策，以及加息、上调存款准备金率等手段，对房地产企业资金实力提出了巨大考验。2011 年来，房地产企业资产负债率有上升趋势，大概 80% 的房地产企业的负债率上升。截至 2011 年 10 月 27 日，WIND 数据对 78 家上市房企三季度报表进行了统计整理，资料完整的 75 家上市房企负债总额与资产总额比为 72.79%，去年同期这一数字则为 70.18%。而 75 家上市房企资产负债率平均值则为 65.58%，去年同期这一数字则为 62.83%，攀升了 2.75 个百分点。无论是总量还是均值，上市房企的资金状况都在恶化。

房地产公司在买地支出不断上升的情况下，回款也存在一定压力，造成了经营现金流大幅下滑和偏高的负债率，如果未来销售情况不能转好，开发楼盘越多的企业，资金负担将越重。这给了地产大佬们创造并购的机会。

2. 我国房地产企业集中度如何？

随着我国房地产业的发展壮大，房地产开发商队伍也迅速扩大。据统计，1991 年年底全国只有 4200 家房地产开发商，目前已达 8 万多家，还有更多的无房地产开发资质的企业试图通过股权收购等方式投资房地产行业。房地产开发企业普遍规模偏小，一级企业和二级企业所占的比重较低，大部分企业为三、四级资质企业。这些企业的抗风险能力弱，缺乏融资能力和开发能力，虽然有其灵活性，但总体上很难经受住市场竞争的考验。这为有竞争力的房地产企业通过并购实现低成本扩张和做大做强提供了机遇。

3. 什么是合伙企业、普通合伙企业、有限合伙企业？

根据《中华人民共和国合伙企业法》：第二条："本法所称合伙企业，是指自然人、法人和其他组织依照本法在中国境内设立的普通合伙企业和有限合伙企业。

普通合伙企业由普通合伙人组成，合伙人对合伙企业债务承担无限连带责任。本法对普通合伙人承担责任的形式有特别规定的，从其规定。

有限合伙企业由普通合伙人和有限合伙人组成，普通合伙人对合伙企业债务承担无限连带责任，有限合伙人以其认缴的出资额为限对合伙企业债务承担责任。"

4. 普通合伙人和有限合伙人的权利及义务有哪些?

普通合伙人的权利:经营管理权,对内执行合伙事务,对外代表有限合伙;按照一定的标准获取管理费和效益奖金的权利等。

普通合伙人的义务:无限清偿责任,普通合伙人对有限合伙债务负有以自己的全部财产清偿的义务;忠实义务,普通合伙人不能从事竞业禁止活动,不能开展利益冲突交易,不得以损害有限合伙人的利益为代价,谋取个人利益等。

有限合伙人的权利:知情权、参与分配利润权、咨询权、表决权、合伙事务情况监督权以及当合伙利益受到侵害时有权向有责任的合伙人提起诉讼的权利等。

有限合伙人的义务:按照合伙协议维护合伙财产的完整性;按照有限合伙协议缴纳出资的义务、对有限合伙债务以出资额为限承担有限责任;不得参与对有限合伙的经营管理;不得从事可能损害本合伙企业利益的活动等。

5. 什么是有限合伙协议?它包括哪些内容?

有限合伙协议是普通合伙人和有限合伙人签订的具有约束力的法律文件。有限合伙协议主要包括以下内容:

(1)关于基金构成要素的陈述。包括基金名称及注册地、投资人、管理人、投资战略与策略、组织形式、规模和期限等。

(2)关于基金内部运作的规定。包括基金投资决策、投资者关系管理与信息披露、基金的投资人和管理人的权利和义务、基金清算等。

(3)关于防止和处理利益冲突的规定。包括对投资人可能存在的利益冲突、管理人可能存在的利益冲突、基金与管理人管理的其他基金,或与基金管理人的母体公司,或与任何其他第三方可能存在的利益冲突。

(4)关于基金投资约束。包括基金的禁止投资领域、单项投资比例以及投资领域范畴等。

（5）关于可能涉及的法律和程序的规定。包括管辖地适用的具体法律和争议仲裁与裁决的程序等。

6. 房地产企业与私募股权基金的融资合作一定是在 IPO 之前吗？

房地产企业与私募股权基金的融资合作是在 IPO 之前，国内目前情况是这样，但在国外就不一定是。私募股权基金常常投资于非上市企业，其投资范围广泛，涵盖企业在首次公开发行之前的各个阶段，包括孵化期、初创期、发展期、成熟期以及预 IPO 期等。但在国外，有些私募股权基金也投资于上市房地产公司，譬如，如果一家上市房地产公司陷入经营困境，该公司就失去了从公开市场融资的能力，只能通过私募股权融资。私募股权资本通过杠杆收购和管理层收购等方式，向这家上市房地产公司提供融资，然后再通过企业重组等方式来提高赢利，最后将股权再出售等。

7. 投资者应该怎样选择基金品种？

投资者应选择投资收益、投资风险、费用等与自己的个人需要相符的基金产品。具体说来，应该考虑以下几点：一是投资目标：每个人因年龄、收入、家庭状况的不同而具有不同的投资目标。一般而言，预期收益越高，需要承担的风险也越高，例如，年轻人可以考虑选择风险高些的基金，而即将退休的人则建议考虑选择风险较低的基金。二是收益风险特征：各基金因投资范围不同，会具有不同的收益风险特征和水平。投资者购买基金前，需要了解有关基金的投资方向、投资策略、投资目标及基金管理人的以往业绩，对准备购买的基金的收益、风险水平有一个总体评估，并据此作出投资决策。三是风险承受能力：如果投资者对市场的短期波动较为敏感，就应该考虑投资一些风险较低及价格较为稳定的基金。如果投资者的投资取向较为进取，并不介意市场的短期波动，同时希望赚取较高回报，那么，一些较高风险的基金品种或许更符合此类投资者的需要。四是费用水平：在其他条件相当的情况下，投资者还可以关注一下基金的费用水平是否适当。

8. 我国发展房地产私募股权基金的现状如何？

中国房地产市场的快速发展，也吸引了一大批国际私募股权基金进入中国，目前虽没有权威的统计资料，但据业内人士估算，目前有上百家地产基金活跃在中国的房地产市场中。一方面，由于金融危机的恶化和国内房地产市场的调整，从 2008 年中期开始，很多国外房地产基金开始出售手中的物业，并收缩在中国的投资战线。另一方面，由于国家进行宏观调控，收缩银根，房地产市场的融资受到了严格的限制，国内的开发商越来越寄托于私募股权基金了。经济持续增长、城市化进程、收入水平增长以及土地稀缺，这几大驱动力依然会使得房地产发展的整体趋势保持不变。这时房地产私募股权基金迎来了时机。

9. 房地产私募股权基金的推出对我国有哪些现实意义？

（1）推动生产要素的优化组合和产业升级，促进经济结构调整。房地产私募股权基金不仅对企业提供资金支持，还提供必要的技术支持，并且有时参与企业的管理。这一特点决定了它可以作为有效整合资金、技术、管理等市场要素的金融工具，在产业重组、自主创新等方面发挥主导作用。

（2）拓宽我国居民及机构投资者的投资渠道。随着私募股权投资在我国的发展，居民的投资能力、认识能力的提高，富有个人可以作为私募股权基金的有限合伙人参与投资。

（3）是金融机构资产配置和投资组合的重要组成部分。私募股权基金高回报、高风险、与股票市场和债券市场的相关系数较低的特点，决定了金融机构可以根据自身风险承受能力和风险控制水平的不同，采用贷款、股票、债券、私募股权基金等各类金融资产之间的合理配置方式，实现组合投资和对风险更加有效的管理，获得更高的投资收益。

（4）减少银行风险。由于银行的最大特点是安全性，这就决定了银行不可能给房地产企业足够的贷款，而房地产私募股权基金的出现不仅缓解了房地产市场的融资需求，而且在一定程度上减少了银行的风险。

10. 中小企业如何才能得到私募股权基金的青睐？

（1）建立融资的公司战略。要学会如何做企业，而不是做生意。企业要有战略目标，有稳定的管理团队，有很好的公司治理。企业要学会创品牌，要形成市场份额，建立市场地位。

（2）要表达自己的成长路径。有前景、有志向的企业一定要了解中国的产业地图。不了解产业地图，就不可能有长期战略和资本战略，就不会获得私募股权基金的认可。所以，了解产业地图，建立产业价值链，也就能表达核心竞争能力。

（3）公司治理结构和社会责任观念。在健全法律经济体系下的一个现实基础是，投资人要将公司治理视为最大的股权权益保护机制。

（4）积极参与交易。与私募资本约会是一个不断尝试的过程，需要反复谈判和比较。没有一个稳定的指标和原则，双方的要求都是随时可以调整的，而这取决于当时的背景和谈判能力。

（5）要学会聘用投资银行。投资银行是一个推动资本与企业连接交易的中介机构群体的统称，包括证券公司、投资机构、基金、财务顾问、证券交易所、律师事务所、会计师事务所等。中小企业可借助投资银行来更好地表达自己。

第4章 怎样投资房地产股权投资基金

导读

房地产股权投资基金作为一个投资产品，其具有哪些优势？法律和政策方面有什么支持？我们应该怎样投资房地产股权投资基金？投资房地产股权投资基金的安全性怎样？基金管理公司能给被投资项目提供什么增值服务？

本章讨论和分析包括以上的这些问题，并通过案例分析使得我们有更深入和具体的了解。

房地产股权投资基金的优点

房地产股权投资基金的主要法律依据是 2007 年修改后的《合伙企业法》，是根据该法注册成立的有限合伙企业，完全符合法律规定；2008 年以来国家和许多地方政府陆续出台了许多鼓励政策。

《合伙企业法》已为股权投资基金提供了完备的法律和技术性依据，它解决了几个关键的问题：出资人进入和退出的便利、高效率的投资管理、避免多重征税等。具体房地产股权投资基金运作的优点包括：

A. 房地产股权投资基金是独立的实体，属有限合伙型基金，每位投资人都作为合伙人进行工商登记备案，以明确其权利和义务。

B. 各个基金虽然由基金管理公司管理，但是投资所形成的权益全部归属于基金；即基金是被投资项目的权益所有者。

C. 有限合伙企业里，基金管理人担任普通合伙人承担无限责任；普通合伙人的主要收入与优良的投资回报挂钩。

D. 各个基金所募集的资金存于基金在银行开设的资金监管账户，而不是基金管理人的账户，即资金由第三方监管，任何人不能随意挪用资金。

具体来说，与其他房地产融资方式相比，房地产私募股权投资基金还具有以下优势。

针对性强的优势

首先，房地产私募股权投资基金面向少数特定的投资者，因而其投资目标更具有针对性，能够根据投资者的特殊需求提供量身定做的投资服务产品；其次，房地产私募股权投资基金专注投资于房地产，容易积累投资经验，进而降低风险。

房地产私募股权投资基金所需的各种手续和文件较少，受到的限制也较少，因此，房地产私募股权投资基金的操作非常自由，投资更具有隐蔽性，投资组合随机应变，获得高收益回报的机会更大。

私募股权投资基金一般是封闭式的合伙基金，不上市流通。在基金封闭期间，合伙投资人不能随意抽资，封闭期限一般为 5~10 年，故运作期稳定，无资金赎回的压力。

私募股权投资基金是非上市的，投资者可以通过对基金投资收益的分配来获得回报，其收益一般不受到股市波动的影响。

治理结构的优势

房地产私募股权投资基金拥有"双"治理环节：一是基金运营治理环节，二是基金投资治理环节。第一环节中的有限合伙制是典型的房地产私募股权投资基金组织形态，其有限合伙人与普通合伙人的权利义务结构安排，既有利于资本和管理的分工，又有利于资本和管理的合作，也有利于决策责任的恰当落实。第二环节中，关于分散投资、管理型资本等制度安排，也起到提升投资对象中基金股权和非基金股权治理效应的作用。

在投资与经营过程中一般采取与业绩挂钩的薪酬激励机制，只给管理者一部分固定管理费以维持开支，管理者主要的收入则是在投资收益达到某一约定值之上部分提取。因而，基金管理人的敬业心极强。同时，基金管理人可用其独特有效的操作理念吸引到特定投资者，双方的合作基于一种信任和契约，故很少出现道德风险。

私募股权投资基金的组织结构简单、经营机制灵活，如私募股权投资基金可以使用合伙制，不设立董事会，由一般合伙人负责基金的日常管理和投资决策，日常管理和投资决策自由度高。相对于组织机构复杂的官僚体制，在机会稍纵即逝的关键时刻，私募股权投资基金竞争优势明显。

和公募基金严格的信息披露要求相比，私募股权投资基金在这方面主要只向投资者披露，故私募股权投资基金的投资更具隐蔽性、专业技巧性，收益回报通常较高。

税赋减免的优势

众所周知，公司制一般都存在着"双重"征税的问题，即企业所得税与个人所得税，这加重了投资者的纳税负担，从而减少了其相应利润。而有限合伙制则可以合法地规避"双重"赋税，因为合伙企业并不构成税法上独立的纳税主体。《合伙企业法》第六条规定："合伙企业的生产经营所得和其他所得，依照国家有关税收规定，由合伙人分别缴纳所得税。"据此，实行有限合伙制的私募股权投资基金也就不需要缴纳企业所得税，只从投资者层面缴税，减少了投资者的纳税负担，增加了其投资回报，使得以有限合伙形式设立企业具有了少纳税的优势。

财务上的优势

由于房地产私募股权投资基金主要投资于未上市企业股权，既不需要在证券监管部门登记注册，也不需由公司和有关中介机构申报招股文件，并且没有信息向公众披露方面的要求，为房地产私募股权投资基金节约了大量的人力、物力成本。

一般情况下，房地产私募股权投资基金只对年预期投资收益率超过15%或20%以上的房地产项目感兴趣，通过基金结构设计和风险规避措施，房地产私募股权投资基金整体收益率较高。

正是由于房地产私募股权投资基金存在以上优势，其在房地产投融资市场发展迅速，为房地产企业融资拓宽了渠道，同时也降低了银行对房地产业的贷款风险。特别是在国家宏观调控和银行银根紧缩的情况下，房地产私募股权投资基金为房地产业提供了新的稳定的融资渠道和资金来源，势必将在房地产投融资领域发挥越来越重要的作用。

关注"一书"和"三份协议"

投资说明书（基金报告书）、合伙协议、资产管理协议和资金托管协议是四份值得投资者重视的报告和协议。当普通合伙人只有一个时，即普通合伙人就是基金管理公司，合伙协议和资产管理协议可以合并为合伙协议，因为基金管理公司作为普通合伙人，其"职权利"可以在合伙协议中明确。以下是这几份报告和协议的摘要。

投资说明书摘要

1　基金概要

1.1　摘要综述

- 某房地产基金是某基金旗下专注养老养生房地产业的专业基金。

- 某房地产基金定于 2011 年 X 月 X 日在上海发起。基金由某基金管理公司担任普通合伙人，其他个人或企业投资者作为有限合伙人联合发起。本基金的预期年投资回报率将不低于 20%。

- 某房地产基金募集规模为 10 亿元人民币，首期募资规模暂定为 3 亿～5 亿元人民币，投资领域为中国境内的养老养生地产项目，基金拟投资的方向包括以下三个：

  养老；养生；休闲旅游和居住。

- 某房地产基金部分专业顾问机构。

1.2　投资机会

- 作为最大的发展中国家，经济的高速发展、庞大的人口规模等因素决定中国的房地产行业将长期持续稳定地发展。现今，传统的房地产投融资模式正在发生改变，即由传统的拿地、建房、卖房、物管、融资一体化的房地产开发模式，逐渐分离出土地运营商、房地产开发商和房地产投资商。另一方面，国家对房地产的宏观调控对住宅房地产开发商影响较大。

- 近年来，国家政策也多次强调要提出将积极发展健康、养生、休闲旅游的居住环境。

- 中国有充足的社会资本，但缺少合适的金融投资工具和地产金融投资平台。中国房地产股权投资基金的兴起，将为社会资本提供一条收益较高且风险相对较小的重要投资渠道。

- 2007 年 6 月，中国开始实行的修改后的《合伙企业法》，以及国务院出台的明确鼓励股权投资基金发展的文件，为中国房地产基金的成立提供了法律依据和政策依据。
- 在上述背景下发起成立某房地产基金，将为广大的投资者搭建一个投融资平台。通过资金的规模效应和规范化的投资管理，使投资者可以拥有一个以百万元级的资金参与上亿元的地产开发，获取稳定投资回报的重要渠道。

2　基金产品

2.1　基金名称

某房地产基金合伙企业（有限合伙）（暂定名，以工商核名为准）。

2.2　基金要素

XX 地产基金（有限合伙）要素

基金名称	XX 地产基金（有限合伙）	
基金性质	有限合伙型	注册时合伙人的出资为其承诺出资的 20%，其余资金根据投资进度分期到位
基金规模	首期 3 亿~5 亿元人民币	—
存续期限	本基金存续期限为 5 年（3 年 +2 年），到期后解散或经所有投资人一致同意继续存续	前 3 年为封闭期，后 2 年为回报期
主要投资方向	养老养生住宅项目	项目选择标准： • 股权投资； • 二、三线城市为主，项目辐射能力强； • 当地政府的大力支持； • 高水准的运营团队
投资周期	24 ~36 个月不等	—
认购起点	认购金额需为 100 万元的整数倍，且不低于 500 万元	—

基金名称	XX 地产基金（有限合伙）	
预期投资回报	20% 以上	预计年均投资收益率
基金管理人	XX 基金管理公司	担任基金的"普通合伙人"
基金托管人	某商业银行	对基金的资金进行第三方监管
基金管理费	2%/年	—
基金托管费	不超过 0.15%/年	—

2.3 封闭与赎回

- 本基金的存续期限为 5 年，到期后解散或经所有投资人一致同意继续存续。

- 前 3 年为封闭期，投资人只享受红利分配而不能赎回，但可以将所持有的基金份额转让给其他人；后 2 年为开放期，投资者每年有 2 次的赎回机会。

3 基金管理

3.1 组织架构

- "XX 地产基金"所募集的资金存于银行开立的托管账户，资金的流动受严格的监管；并享有其所有投资项目的权益。

3.2 管理机构

- 投资决策委员会：基金的决策机构。基金管理公司股东、高管、外部顾问代表组成，负责项目投资决策、资金调动指令等重大事项。

- 基金管理人：XX 基金管理公司担任基金管理人，负责寻找、论证项目，执行投资决策，跟踪项目管理；设计产品方案并进行基金的持续募集等；是基金日常经营事务的管理者及投资决策的执行者。

- 基金托管人：由某商业银行担任基金托管人，负责严格监管托管账户，监督基金管理人的投资行为，保证资金安全；是资金安全的监管者。

- 律师事务所、会计师事务所：由基金聘请，负责对基金拟投和已投项目进行法律及财务的审计监督，并对基金管理人、基金托管人的行为进行监督。

合伙协议摘要

《合伙协议》是全体合伙人之间签订的协议，《合伙协议》中详细规定了合伙企业的经营范围、合伙人的出资情况及权利义务、合伙企业的解散和清算、违约责任、争议解决方式等。

■ 订立《合伙协议》的目的

通过签订《合伙协议》，成立有限合伙企业，规范合伙企业的运作，保护全体合伙人的合法权益。

■ 合伙协议的主要内容

1. 根据我国《合伙企业法》规定，有限合伙企业由 2 个以上 50 个以下合伙人设立；有限合伙企业至少应当有一个普通合伙人。

2. 出资。合伙企业合伙人的所有出资均以货币方式缴付。各合伙人自接到普通合伙人要款通知之日起 3 个工作日内，按各自认缴出资额一次付清。

3. 合伙人会议是合伙企业的最高权力机构。行使职权包括但不限于：修改、补充合伙协议；变更合伙企业的名称、主要经营场所、经营范围、合伙期限、合伙企业类型；增加或减少对合伙企业的出资；决定合伙企业对外融资及提供担保；合伙企业的利润分配方案等。

4. 合伙事务的执行。基金管理公司为普通合伙人；普通合伙人对外代表合伙企业。除普通合伙人外，其他合伙人不对外代表合伙企业也不执行合伙事务。

5. 有限合伙人的权利和义务。对普通合伙人执行合伙事务进行监督；

按本协议约定以合法资金缴纳出资，对合伙企业的债务以其认缴的出资额为限承担责任；不参与合伙企业的经营管理，不对外代表合伙企业。

6. 普通合伙人的权利和义务。依照合伙协议的约定，执行合伙企业事务，对外代表合伙企业；每季度向有限合伙人报告合伙企业的经营和财务状况；对合伙企业的债务承担无限连带责任。

资产管理协议摘要

《资产管理协议》是由合伙企业同基金管理公司之间签订的协议，《资产管理协议》在法律上明确了合伙企业与基金管理公司之间的资金委托管理关系，界定了管理公司对合伙企业的管理职责、投资流程，以及在投资方面的权利与义务。

■ 订立《资产管理协议》的目的

通过签订《资产管理协议》，可以利用严格的约束或激励机制保证基金管理公司严谨、勤勉地履行职责。

■ 《资产管理协议》的主要内容

1. 委托管理期限：5 年或另行约定。

2. 基金管理公司职责：

负责合伙企业日常的投资经营管理；

投资结束后，负责及时按照合伙企业决议向合伙人分配利润。

3. 基金管理公司的权利：

根据合伙企业确认的投资重点和经营准则实现投资目标；

发出向投资项目汇出现金的指令；

管理对外关系以及按照合伙企业的授权签署经济合同和其他企业文件；

执行投资决策委员会制订的投资决策。

4. 投资决策委员会。基金管理公司根据《合伙协议》组建投资决策委员会。投资决策委员会由 5 ~ 7 名成员组成。投资决策委员会的主要职责是对基金管理公司提交的最终投资建议书作出审核及决策。

5. 投资限制。基金管理公司不得为合伙企业选择如下投资项目：

用借贷资金进行投资；

向其他人提供贷款或担保；

投资于有可能使合伙企业承担无限责任的项目。

6. 投资程序。基金管理公司应依据《资产管理协议》规定的投资管理程序运作委托资产，通常该程序包括：

进行项目最初阶段的审查和可行性分析，并提出项目建议；

代表合伙企业进行投资谈判，签约并完成投资交易；

对项目进行跟踪管理；

制订适当的投资退出战略并适时退出。

7. 管理费。合伙企业应按照每年 2% 的比例向基金管理公司支付管理费。

资金托管协议摘要

《资金托管协议》（简称《本协议》）是合伙企业（甲方）、基金管理公司（乙方）及托管银行（丙方）签订的协议，《本协议》中详细规定了基金资金的保管和使用等事项。

■ 订立《本协议》的目的

订立《本协议》的目的是为了明确协议各方在基金资金的保管、投资运作和监督、日常划拨等事宜中的权利、义务和责任，确保基金资金的安全，保护合伙企业及合伙人的合法权益。

■《本协议》的主要内容

1. 甲方的权利义务。有权监督乙方和丙方对委托资金的管理和保管情况；授权乙方根据本协议和合伙协议的有关规定代表甲方向丙方发出划款指令；及时、足额将委托资金划至资金保管账户；甲方应直接承担的费用包括合伙企业之设立、运营、终止、解散、清算等相关费用。

2. 乙方的权利义务。对委托资金及其投资形成的资产进行管理；及时、足额收取管理费；向托管人发出划款指令；定期向甲方报送《中期报告》、《年度报告》；《本协议》终止后 20 个工作日内，向甲方和丙方出具《清算报告》。

3. 丙方的权利义务。在甲方授权范围内行使对委托资金的保管权；对乙方的投资管理行为进行监督；对委托资金保管账户的资金根据本合同的规定进行划拨和清算；执行乙方委派代表（或者授权代表）签发的有效划款指令，负责办理托管账户名下的资金往来；按时向甲方出具年度的托管报告；在甲方期限届满或甲方提前终止后协助进行甲方的清算。

4. 资金的保管及运用。甲方应于《本协议》签订后在丙方指定的营业机构开立银行存款账户作为《本协议》项下委托资金托管账户；委托资金的一切货币收支活动均通过托管账户进行；在对外投资时，乙方根据甲方授权向丙方发出划款指令，丙方审核乙方的指令无误后，办理甲方银行托管账户内的相应资金划拨；基于合伙企业资产产生的全部收入应划入托管账户。

了解房地产股权投资基金的运作

基金管理公司角色

除非基金投资后，在项目中占有较大股份或处于控股地位，基金管理公司可能会直接或深度参与日常经营。其他情况下，在基金投资项目的运作过程中，基金管理公司通常会向项目方派驻至少一名董事（但可能占投资的公司董事会的多数席位），参与项目方的重大决策，对危害基金资金安全的决策拥有否决权；一般不参与项目方的一般性具体经营管理。

基金管理公司能给被投资项目提供的增值服务包括：帮助企业确定战略方向，加强财务控制、法律架构；帮助公司建立治理结构和管理系统；帮助公司市场拓展、融资、寻找合作伙伴等。

基金管理人必须严谨、勤勉地履行职责，根据《资产管理协议》受托对基金资产进行管理，基金管理人不称职时，基金权力机构（合伙人大会）可以予以更换。基金管理人的收益与业绩挂钩。基金托管人根据《资金托管协议》受托对基金资产进行监管，基金权力机构（基金合伙人大会）可以要求更换基金托管人，且可在资金监管出现问题时要求其赔偿。

基金投资决策作出后，在项目方满足了基金划款条件的情况下，由项目方向基金管理公司提交用款通知书。基金管理公司对项目方情况进行审核，在符合条件后将相关资料和划款指令提交给托管银行，由托管银行进行划款操作。

由于每个基金都有独立的监管账户，其投资所形成的资产所有权属于该基金，基金管理公司不能挪用基金的资产；因此，基金管理公司不保证最低投资回报率，所提到的投资回报率为预期的投资回报率。我国法律不允许基金管理公司作出保底承诺，承诺固定回报率是非法集资的主要特点。

房地产私募股权基金利润分配方案在合伙协议中已经约定，譬如：（1）分配原则：每年实现的投资收益全部用于当年分配，而不用于再投资。（2）分配方式：当投资收益率低于某个预期标准（该标准由合伙人会议决定）时，基金的全部赢利分配给投资人。（3）当投资收益率超过某个预期标准时，提取投资收益的一定百分比（该标准由合伙人会议决定）分配给基金管理人作为绩效奖励。

为了激励和约束基金管理，充分保障基金投资人的利益，某房地产基金在其《合伙人协议》中设定了基金购回条款。大体可以概括如下：

当年投资内部收益率超过某个预期标准时，基金管理人所获得的绩效分配的 50% 应该保存于基金在托管人处开立的单独托管账户中作为保证金；次年投资内部收益率达到或超过某个预期标准时，应将保证金退还管理方作为绩效分配；次年投资内部收益率没有达到某个预期标准时，作为保证金的绩效分配应优先偿付给有限合伙人以弥补基金低于该等预期标准的年投资内部收益率的损失。

基金管理公司应该认为公开透明是最好的监管方式，信息披露的义务人包括基金管理人和基金托管人，公开披露的基金信息包括年度报告（经审计）、半年度报告、季度报告、临时报告（发生可能对基金投资人权益产生重大影响的事件时）。每一投资人（无论其在基金中的份额是多少）拥有绝对的审计监督权，即：如果对基金披露的信息不满意，则有权自担费用委托专业人员对基金进行审计；如果任何实质性的错误在上述审计过程中被发现，与该次审计有关的所有费用应由基金管理人（或基金托管人）承担，并可追究基金管理人（或基金托管人）的责任。

许多情况下，对于一个已经存在的房地产企业，引入有实力和信誉的基金的目的是帮助企业抓住有利的市场机遇，实现企业价值的高速增长；而企业价值的高速增长过程也是房地产基金投资的价值创造过程。

由于房地产私募基金投资人相对少，投资人可以与基金管理者直接交流，便于及时了解基金运营状况，有机会对基金的重大决策发表自己的意见。基金投资人不直接参与基金的商业运营，而是委托基金管理人管理基金的日常事务和委托基金托管人对资金使用进行监管，能最大限度地保障资金安全，实现房地产行业投资者较高的投资回报率。

基金运作的一般流程

拥有较为完善的基金投资流程往往是基金成立和运作的重要前提,以下是XX基金的投资流程案例,其中基本概括了基金运作的投资流程和可能需要签署的主要协议(图4-1)。

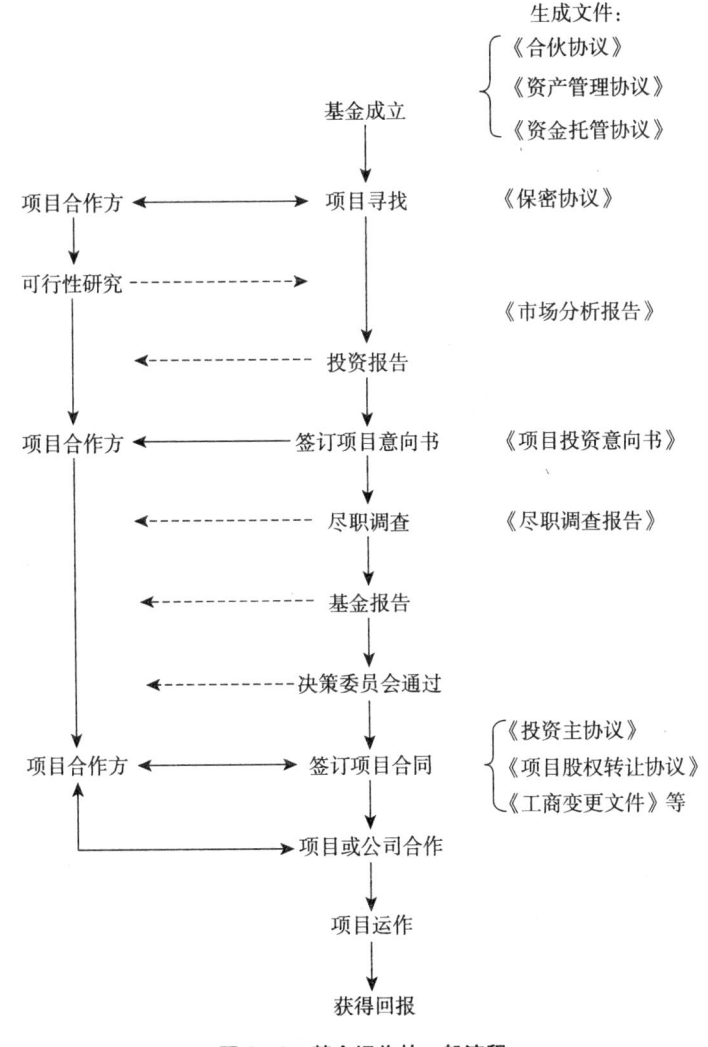

图4-1 基金运作的一般流程

　　一般说来，基金管理企业都需要对其管理基金依据不同属性（不同行业）制订相应的投资管理流程，这不仅是防控风险之需，即通过严格的流程控制将投资风险降到最低，而且也是私募股权基金向投资人展现科学的投资流程，取得投资人更多支持和信任的渠道。同时，完善的投资管理流程也能帮助基金管理团队掌握项目的时间节点，从而提高整个基金运作的效率。

　　运营过程中坚持科学的流程和透明度是良好的基金运作的基本点。譬如，某基金基本是采取先有基金再找项目的运营模式，来规避由于资金到位时项目还没有完全落实的情况，基金在募集的时候就采取了国际上规范的"承诺制"，即各位合伙人先交纳自己投资总额的一定比例（譬如20%）给托管银行，其他资金根据项目要求，基金经理提前一定时间通知投资者。与此同时，对一些特殊项目，也可以采取先签订项目意向书再找基金的方式；无论哪种方式，投资流程中的绝大部分程序和关键节点是一样的。

　　再譬如，尽职调查是基金公司对目标公司的经营状况所进行的现场调查和资料分析，以便作出相应的投资分析和辅助决策委员会决策。尽职调查报告主要包括法律尽职调查、财务和税务尽职调查和市场及运营尽职调查，以上都要有专业人士直接参与这些独立的尽职调查投资的关键步骤；一旦尽职调查完成，基金管理公司需要完成基金报告并报决策委员会审批，基金报告内容包括全面而准确的市场分析、清晰的产品描述、科学的财务分析和合理的股权结构，其中包括报告概要、项目介绍、可行性研究（包括产品、定位、客户群）、投资和合作方式和风险规避，另外还须加上附件成本分析和现金流量及市场分析研究报告。

基金投资哪些项目

　　每一个基金都有其特定的要求和特殊性，每一个投资基金的风险和回报要求不尽相同，所以每一个基金对所要投资项目的具体要求也会有所差异。具体到项目筛选层面，不同属性的基金所参照的主要项目指标也不尽相同，这些项目指标主要包括：项目整体回报率、内部收益率、与当地合作方的出资比例、项目周期、希望的项目地点、项目的种类、项目最高峰时的资金需求、项目投资结构、当地贷款比例等。在关注项目本身静态指标的同时，对动态指标的把握以及评估也是基金筛选项目时所需凭借的重要手段。

基金管理公司在选择项目的同时，对项目经营团队的考察和评估也会同样重视。对项目公司的尽职调查不仅仅局限于对项目所属权或控制权的基础调查，对项目经营管理团队的综合评估也是调查的重点；因为基金在许多情况下不控股或不直接参与经营，同时基金常常会在项目完全完成之前退出。在这种情况下，基金会对项目经营管理团队有一个较高的期望和相比一般团队更专业的要求。"行事当先，以人为重"，一直是私募股权基金投资的核心内容。

XX 基金的主要投资方向为优质的房地产项目开发，与政府合作参与土地一级开发等。预计年收益都在 20% 以上。同时，以下这些房地产企业可以寻求 XX 基金的帮助：

- 项目公司已经获得至少一个证（譬如：土地权证），但缺乏开发资金；
- 企业计划扩张，譬如企业有新增业务；
- 企业陷入财务困境急需拯救；
- 股东意见分歧，部分股东有退出计划；
- 自己觉得有较好的项目，但缺乏资金、房地产开发经验或人才。

XX 基金要求潜在的投资目标公司一般应具备：

（1）具有良好的社会声誉和信用记录（首要因素）；

（2）拥有优质的项目；

（3）项目产权清晰明确；

（4）拥有优秀的管理团队；

（5）具有领先的市场地位；

（6）具有较高的投资价值；

（7）有一定金额的资产。

XX 基金要求禁止对具有以下特征之一的项目进行投资：

（1）实际控制人有信用记录污点；

（2）存在较大负面的法律纠纷，或潜在的较大负面的法律纠纷；

（3）资产负债率超过 70%，且无其他担保；

（4）其他不合相关法律法规的情况。

投资者资金的分期到位时间因各个基金的规定而不尽相同，对于基金的投资者而言，在投资项目落实前其投资额是不需要全额到位的。一般来说，在基金成立初期合伙人只出资其承诺投资的一定比例（譬如 20%）作为首期资金交与基金托管人，用于基金的启动和基金运营的前期费用；其余 80%的资金待到有合适的投资项目时根据基金管理人的资金使用计划交与基金托管人。这样做的优势在于对投资者来说可以分期投入资金，提高资金利用率。

风险控制和项目管理

基金在投资时并不惧怕有风险，但需尽可能控制和规避风险，投资风险大体上包括但不限于以下几种：

批文风险：希望合作方的项目最好取得"一证"以上。

市场风险：项目和产品的定位分析，市场供求关系评估，城市存量房消化周期等。竞争对手间的差异化管理，是否存在恶性竞争等。

项目运作风险：包括项目合约风险、项目开发团队信用风险、道德风险、专业度风险等，其中，选择信誉良好的当地合作方，一定有利于工作开展；也要重点考虑是否有较好的退出方式、项目是否已抵押及项目是否由一家以上单位所有等。

所有基金在与合作伙伴分享企业经营成功的硕果时也承担投资风险；面

对不同方面的风险，基金管理者会通过项目调研分析和尽职调查等来提前准备防备措施用来控制和规避风险。

在投资的房地产企业中，好的基金管理都会委派至少一名人员进入公司的董事会担任董事，并派专业人士监管和参与企业的财务、设计、施工和销售等方面的活动。XX 基金会时刻关注投资的房地产企业的潜在成长性并努力使其成为现实，并认识到签约投资只是投资过程中关键的一步，而不是结束。

除了参与房地产项目的财务管理，好的基金管理通常会不同程度地参与房地产项目的"三定位（客户、产品和价格）"和"三控制（成本、进度和质量）"。譬如许多情况下，某基金对于项目的管理和监控往往通过监测项目方的财务、成本控制和现金流来进行。某基金会要求项目方提供的财务、成本控制和现金流量安排得需尽可能准确，每月或每季度项目公司需报基金经理一份项目最新的成本分析和现金流量表。基金经理会全面跟踪审核项目最新的成本分析和现金流量，内容包括：项目的需求、与最初批准的预算和目前需求的比较、利息的变化和项目进一步操作的资金可能的变化情况。另外，须及时调整成本分析和现金流量，除特殊情况外，一个月一次正式报投资方，并密切注意项目回报率和内部收益率的变化情况。

尽职调查

私募股权基金投资者对被投资企业进行尽职调查的内容主要包括但不限于以下的多个方面：拟投资目标公司主体资格合法性、公司基本情况、发展历史及结构；管理团队背景；公司治理结构及管理状况、产品和技术、业务流程和业务资源、行业及市场、财务报表的核实、资产负债状况、经营状况及其变动、赢利预测的核查、潜在的法律纠纷、发展规划及其可行性、重要交易合同、知识产权、目标公司的管理人员与普通员工的安排、对目标公司治理结构和规章制度及对目标公司是否存在重大诉讼或仲裁的调查。

尽职调查是基金管理公司对目标公司的经营状况所进行的现场调查与资料分析，以帮助投资者进行投资分析与决策。之所以进行尽职调查，源于企业与私募股权基金之间严重的信息不对称。一般私募股权基金通过尽职调查需要达到以下三个目的：

核对商业计划书，以发现企业是否存在欺诈行为。获取未来任何影响企业存续、经营、发展的重大事项的信息，包括但不限于税务问题、法律问题、环境问题、经营问题等。

了解商业计划书之外的企业风险，以全面评估这个项目投资的可行性。

发现商业计划书之外的企业优势，以获得企业的真正价值。根据财务尽职调查报告，基金管理公司会对目标公司进行估价，这是尽职调查工作最重要的任务。

尽职调查的原则主要包括以下几点：

（1）全面性原则。尽职调查的内容要尽量涵盖调查对象各方面的情况。

（2）独立性原则。调查人员要独立进行尽职调查并作出自己的判断。

（3）客观性原则。尽职调查人员必须避免可能的利益冲突状况，保持客观公正。

（4）针对性原则。尽职调查要根据不同的种类和目的有区别地进行，不可无的放矢，对不同行业不同发展阶段的企业要突出重点，抓住关键。

（5）透彻性原则。尽职调查要尽量深入，要由浅入深，由现象到本质。

各个项目和公司是不同的，所以尽职调查也会各不同。以下是一个尽职调查清单，作为案例，仅作参考。

尽职调查清单

本调查清单主要针对××基金拟投资××××房地产开发有限公司（以下简称"贵公司"）的交易行为出具。需要贵公司或关联公司提供下列相关文件或对相关情况作出说明。下列相关文件的准确性、真实性、完整性由贵公司负责。

本次为初步调查清单，随着工作深入我们将视具体情况调整本清单的内容。

（一）所有关于贵公司成立的文件

1. 营业执照正、副本；

2. 企业组织机构代码证；

3. 税务登记证；

4. 公司现行有效的章程；

5. 贵公司所具有的房地产开发的资质等级证书及年检情况；

6. 在政府有关主管部门的所有登记和批准文件；

7. 有关贵公司成立的政府主管部门的批文；

8. 有关出资和增资（如有）的验资报告，所有同验资有关的报告；

9. 所有同公司注册资本增减相关的申请和批准文件；

10. 公司股东变更的协议、工商变更等证明文件。

（二）贵公司股东情况以及公司治理情况

1. 贵公司股东的设立批准文件以及全部许可性文件（股东法人）；

2. 贵公司各方股东的企业法人营业执照及章程；

3. 贵公司各方股东关于投资设立贵公司的董事会或股东会决议；

4. 贵公司的股东是否在其拥有的贵公司股权上设置任何质押或第三者权利，若有，请提供有关质押合同及贵公司的出资质押证明；

5. 贵公司对外是否投资设立下属公司或子公司，若有，请提供相关文件；

6. 公司的组织框架、部门职责以及董事长及高级管理人员的简历；

7. 公司完整的会议记录，包括股东会、董事会、董事会下设的主要委员会以及监事会的所有会议记录和书面决议；

8. 公司的保险及福利情况，人员情况。

（三）贵公司及关联公司房地产项目的开发情况

1. 贵公司及关联公司目前拥有或正在开发使用的项目清单；

2. 贵公司及关联公司拥有或正在开发使用的土地之国有土地使用权证书；

3. 如贵公司或关联公司以出让方式取得土地使用权，请提供土地使用权出让合同及出让金支付凭证；

4. 如贵公司或关联公司以受让方式取得土地使用权，请提供土地使用权转让合同及转让金支付凭证以及在国土资源和房管部门办理转让登记的有关证明；

5. 政府批准使用土地的有关文件以及征用土地的有关文件。

（四）贵公司不动产、重要动产及无形资产情况

1. 贵公司主要土地权属、房产权属、车辆清单、专利权、专有技术及其他固定资产的权属证明文件，其他能够证明贵公司对该资产拥有所有权或使用权的有关文件；

2. 贵公司如有租用或出租固定资产的情况，请提供承租或出租合同；

3. 贵公司之资产所存在或可能存在诉讼、仲裁和行政复议的文件，包括但不限于相关判决书、仲裁裁决和行政复议裁定，其履行、执行之最新状况说明等；

4. 贵公司有关房地产税费的全部支付凭证；

5. 贵公司在任何资产上设置的担保物权和/或其他限制转让或使用的文件。

（五）财务情况

1. 贵公司与现有股东、全资、合作、联营企业间内部贷款或财务支付安排。

2. 贵公司自成立以来截至 2011 年__月__日的详细营业报表。

3. 贵公司成立以来截至 2012 年__月__日的资产负债表，以上各个年度的利润表以及现金流量表，以上各个年度的公司账簿和凭证，以上各个年度的科目余额表；历年财务报表的审计师及审计意见。

4. 过去五年贵公司的财务预算及执行情况。

（六）税务情况

1. 所有政府给予的税收优惠及财政补贴批复文件；

2. 贵公司目前适用的税种和税率，提供纳税文件，并说明有无欠税、漏税等情形；

3. 开业至今所有营业税申报表及完税凭证；

4. 开业至今所有房地产税申报表及完税凭证；

5. 开业至今所有企业所得税申报表及完税凭证；

6. 开业至今所有土地增值税、契税申报表及完税凭证；

7. 开业至今所有应缴印花税的合同及缴税金额明细表；

8. 税务机关出具的贵公司是否欠缴税款的证明。

（七）债权债务文件

1. 债权基本情况明细；

2. 债务基本情况明细。

（八）重大商业合同及相关文件

1. 贵公司对外担保合同；

2. 贵公司对外抵押合同、质押合同包括但不限于贵公司以所拥有或持有的土地使用权、房屋、设备、存货、商标权、股权为第三人提供的担保；

3. 贵公司应付账款和其他应付款清单，包括单位名称、金额、期限、担保方式等及与之关联的合同和其他法律文件；

4. 贵公司应收账款和其他应收款清单，包括欠款单位名称、金额、期限、担保方式等及与之关联的合同和其他法律文件；

5. 贵公司与房地产项目开发有关的各类合同和文件（包括但不限于设

计合同、建设施工合同、拆迁补偿协议、建设工程监理合同、广告合同等);

6. 贵公司因环境保护、知识产权、劳动案例以及人身权等原因产生侵权之债的有关资料;

7. 贵公司处分金额较大资产行为的相关文件(人民币5万元以上)。

(九)诉讼、仲裁或行政处罚文件

1. 贵公司尚未了结的或可预见的诉讼、仲裁、执行及行政处罚文件;

2. 贵公司如有因违反法律法规受到行政处罚的情形的,请提供有关证明;

3. 正在执行的法院判决或仲裁判决;

4. 贵公司尚未了结的或已知将发生或提起的任何诉讼(包括仲裁)的资料。

(十)相关问题和文件

1. 当地政府对于房地产开发项目的有关政策性文件;

2. 本项目目前的进展情况。

敬请贵公司将书面答复于2012年__月__日前提供给本司,以便本司进行文件的审查。感谢贵公司的配合!

基金和投资者的退出

基金退出时需要考虑哪些因素

(1)基金期限的约束。投资项目退出时机的选择受基金期限的约束,基金期限是投资持有期的上限。

(2)投资项目的平均持有期限。房地产投资项目的期限一般为3~7年。

(3)外部市场环境。投资项目所在市场的宏观经济形势、全球资本市场情况、场外股权交易的活跃程度以及项目所处行业的景气等外部市场环境是决定项目估值和退出价格的重要因素。基金应该选择最有利于体现项目价值，实现投资资本增值的退出时机。

（4）新的投资机会。基金管理人应该权衡投资新项目和继续持有原有项目的比较受益。

（5）投资项目本身和其他股东的需求。如投资项目本身的筹资需求和其他股东股权变现的需求。

（6）其他因素。如需要及时体现基金业绩。

确定退出时机时，私募股权基金不仅要考虑当时被投资企业的资金运行状况和收益水平，还要分析当时的整体宏观经济环境是否适合退出。从最佳的状态上看，退出的时机应该是市场高估企业的时候。而市场是不是会高估一个企业，基于市场上投资者的预期，聪明的私募股权基金非常善于提高投资者对企业的预期，但这也需要市场基本面的配合。通常，整体经济走向好，市场认为某种行业是朝阳行业的时候，这个行业的企业就容易卖一个好价钱。但只要私募股权基金可以通过改善企业的业绩使企业大幅增值，就不必对市场时机的选择投入太大的精力，只要对时机的把握不出太大的问题，就总是会赚钱的。

在确定退出时机之后，私募股权基会就要对各种可供选择的退出路径进行详尽的评估。在对退出时机所处的整体宏观环境进行考虑的基础上，深入比较各种退出路径的利弊。这个时候，基金管理人也可以聘请专业的机构和投资银行等协助其进行分析。

确定备选的退出路径后，私募股权基金就开始设计整个退出过程。基金经理通常会聘请各方面的专业人员来负责不同方面的运作，比如与退出相关的法律、税收政策和商业事务。同时，由一家或多家机构进行时时监控，以此来保证退出过程的每一环节的良性运作。除此之外，私募股权基金必须结合所选择退出路径的特点，确定一份具体的退出进程计划书。一份具有可行性的、完备的、事先草拟的退出进程计划书对于整个退出过程的成败发挥着至关重要的作用。根据退出进程计划书，私募股权基金要分配给退出过程涉及的各方当事人相应的责任和义务。退出过程一般要牵涉大量的人力,将责任和义务有效地分配可以确保退出过程的顺畅。另外,基金经理人和高层人员在私募股权基金成功退出后所能获得的收益一般在投资开始运作之前就已经在合同中确定了,所以,这时需要确定的是,其他参与退出过程并起着重要作用的工作人员的奖惩机制。另外,在开始正式的私募股权基金退出过程之前,仍然需要其他大量的准备工作,比如相应市场环境的调研、法律文件的撰写、历史财务报告和业务前景预测,这些都是评价一个投资项目价值的基础性材料。在大多数情况下,潜在投标方还会对公司的生产状况和行政管理等情况进行实地考察,这也需要企业提前做好准备。对企业规模、业务种类、现行运作体制的考察可能会持续几个星期至半年时间不等。

房地产私募股权基金退出投资的方式

基金对所选定项目进行投资决策时,要充分考虑退出方式,以及如果不能按时退出,将采取何种措施保障资金能够安全收回。基金管理公司将根据项目的特点设计出安全的退出方式,并报投资决策委员会通过后执行。退出方式一般包括以下四种:

(1)在资本市场出售股票:这种方式针对基金对拟上市房地产公司的投资。

(2)房地产投资项目清算:以股东身份参与投资某房地产项目,项目建成销售后,基金根据投资比例收回投资成本并分配利润。

(3)原股东承诺回购:基金在投资之初即和原股东签订协议,确定回购方式(譬如回购时间和回购价格),这是基金退出项目常见的一种形式。

(4)企业间兼并收购:在有收购意向的第三方和被投资企业股东协商一致的情况下,基金实现退出。

(5)通过以上两种或多种方式组合的形式退出:譬如,在约定期限内能够上市，则通过资本市场退出；期限内不能上市，则由原股东按照每年约定的回报对基金所持有的股权进行回购。

房地产私募股权基金投资人如何退出基金

基金投资人的退出方式一般有以下几种：

（1）基金存续期（譬如 5 年）结束，对基金进行清算。

（2）在基金存续期内，超过封闭期（譬如 3 年）年限后，基金投资人可根据约定条款退出。

（3）在基金存续期内，基金投资人可通过将其所持有的基金份额自由转让而退出。

房地产股权投资基金典型成功案例分析

房地产投资基金运作的一般要求和条件

从某海外某私募房地产投资基金投资和运营角度来看，在投资项目选择上它必须至少符合下列条件。

1. 单位数量：比如 200 份。

2. 单位单价：比如 50 万美元。

3. 基金总价：比如 1 亿美元。

4. 年目标回报：内部收益率 16%。

5. 基金费用：

　　基金建立费：0.3% ~ 0.5%；

　　基金管理费：1% ~ 2.5%；

　　奖励费：15% 以上 1、9 分成，20% 以上 2、8 分成。

　　　　　　　25% 以上 3、7 分成，30% 以上 4、6 分成等。

6. 基金投资管理项目：办公楼、商场和酒店式公寓。

7. 利润分配：每半年。

8. 投资期限：5 年。

9. 基金报告：每季度一份基金报告，每年一份年报。

10. 当地贷款：增加内部收益率，减少汇率风险。

11. 当地合作公司的选择：项目公司中当地合作公司一般需占股份的0 ~ 20% 。

12. 其他。

房地产投资基金和项目的运作

- **项目可行性报告提纲**

1. 摘要；

2. 地方经济；

3. 地方房地产市场；

4. 项目位置和周边情况；

5. 目前项目状况；

6. 目前租赁和目标客户；

7. 风险和规避；

8. 财务分析。包括现金流量分析；

9. 结论。

- **基金和项目的关系**

基金和项目的关系可以分为先有项目再找基金和先有基金再找项目，前者在房地产市场向好时难度较大，主要原因是基金决策一般需要几个月或更长时间，一个好项目，常常竞争者较多，这样容易失去机会。但反过来先有基金再找项目也非易事，特别是房地产市场不明朗或不景气的时候，因为资金是有成本的。图 4 - 2 显示了基金和项目的两种关系，具体操作也可能与其略有不同。

有项目——找基金

　　找到一个项目——可行性研究——签订项目意向书——

　　尽职调查——投资报告——基金报告——获得基金——签订项目合同——成立项目公司

有基金——找项目

　　找到一个项目——可行性研究——投资报告——基金经理同意——签订项目意向书——尽职调查——基金经理同意——投资者同意——签订项目合同——成立项目公司

图 4 – 2　基金和项目的关系

注：成立项目公司至项目完成包括市场策划、广告、租赁、法律等顾问公司、政府有关部门和银行、物业管理等工作和合作，并向基金管理公司董事会和主要投资者汇报项目情况。

- ● **投资基金和现金流量的安排**

　　成本控制和现金流量安排得需尽可能准确，每月或每季度项目公司需报基金经理一份项目最新的成本分析和现金流量表，基金经理会全面跟踪审核项目最新的成本分析和现金流量，内容包括：项目的需求、与最初批准的预算和目前需求的比较、外汇的汇价变动、利息的变化和项目进一步操作的资金可能的变化情况。

　　成本分析： 1. 每一项成本内容的分析要准确，有假设的要尽可能准确。

　　　　　　　2. 每一项的内容要用文字仔细说明，有自持资料。

　　　　　　　3. 不确定因素也要尽可能说出一个范围。

　　　　　　　4. 所有列出的价格再注明是否征询和确认过。

　　　　　　　5. 一般可做几个方案，有几个成本分析。

　　　　　　　6. 每一项的内容和所有的文字说明要有连续性。

　　现金流量： 合理的工期安排、分项的节点要有可操作性、对所有项目支出付款时间的把握、注意前期费用支付同项目的顺利开展相配合、避免高峰用资金额太大和合理假设的租赁和租客情况。

另外,须及时调整成本分析和现金流量,除特殊情况外,一个月一次正式报投资方,并密切注意项目回报率和内部收益率的变化情况,基金经理审核下一季度的资金安排,并报董事会批准。

- **投资经理应具备的主要能力**

对当地房地产市场的了解、房地产开发和基本的建筑知识、对政府政策法规的了解、市场开拓能力、项目投资分析能力、对风险的判断,并提出可能的解决方法和撰写投资和市场报告。

- **投资基金对投资报告的要求**

全面而准确的市场分析、清晰的产品描述、科学的财务分析和合理的股权结构,其中包括报告概要、项目介绍、可行性研究(包括:产品、定位、客户群)、投资和合作方式与风险和规避(Risks and Mitigates),另外须加上附件成本分析与现金流量和市场分析研究报告。

- **独立的项目评估**

独立的项目评估是投资者要求的一个重要步骤,其可以从第三方角度分析市场、产品、项目的成本和可行性及其价值。

- **公司的核心和优势**

客户至上和团队精神、高素质的专业人才、强大的资本运作能力和丰富广泛的信息资源。

- **每一个投资基金的要求和特殊性**

每一个投资基金的风险和回报要求不尽相同,包括:项目回报率、内部收益率、与当地合作方的出资比例、项目周期、希望的项目地点、项目的种类(比如住宅、办公楼、烂尾楼等)、项目最高峰时的资金需求、当地贷款比例和其他。

风险分析和控制

可以不回避风险，但需尽可能规避风险，投资风险有但不限于以下几种。

- **政府批文和合同**

房地产开发与政府的批文和合同密切相关，不但要符合地方法规，而且也不能和国家法规冲突。

- **市场**

公司内外独立的部门要有独立的市场研究报告（包括产品定位和目标客户），选择信誉良好的策划营销公司（注：我们已有），但项目公司要直接监控参与。

- **税收**

未确定部分可在项目签订合同之前征询并争取确认，包括营业税、所得税和契税等。

- **当地合作方**

选择信誉良好的当地合作方，时常有利于工作开展。

- **撤资风险**

是否有较好的资产转让市场，政府部门是否会限制撤资的灵活性。

- **其他**

项目是否已抵押，项目是否由一家以上单位所有，项目近期是否要改造等。

C 公司房地产投资银行服务及案例分析

- **项目背景和选择**

内资 A 公司（开发商）1999 年以来在上海已开发了多个项目，在房地产业业内有一定的知名度，由于公司在 2002 年底和 2004 年业务有了较大的扩张，提出的战略目标是"立足上海，开拓周边城市，要做大做强"。至 2003 年中，A 公司在上海和苏州的两个项目同时进入前期阶段，一个项目在收尾阶段，另外一个项目的一期房产已卖完，进入二期的开发。随着 2003 年房价的进一步上涨，各方面包括政府对房地产泡沫有了共识，央行发布了《关于进一步加强房地产信贷业务管理的通知》。

由于受国家宏观调控政策的影响，银行贷款需要的条件限制加大了，具体上，它对房地产开发的几个主要环节均进行了严格的限制：要求房地产开发企业自有资金不得低于项目总投资的 30%、需要"四证齐全"才能获得开发贷款、严禁房地产开发流动资金贷款。因此，A 公司不得不为其项目找合作方或出售一个项目，由于其他内资公司也较大程度地受到政策影响，资金也不充裕，因此 A 公司出路不畅，财务上陷入困境。

C 公司在了解情况后及时对 A 公司的背景和目前状况作了考察，确认了基本情况后，选择 A 公司在上海中环和内环线之间的、正在进行前期阶段的项目，并决定作项目可行性分析。

- 可行性分析和实施

表 4－1 是该可行性分析中的一部分。

项目部分主要建筑技术经济指标 表 4－1

占地面积	$20715m^2$
总地上建筑面积	$37287m^2$
小高层住宅建筑面积	$20800m^2$
多层住宅建筑面积	$13487m^2$
其他（会所、商铺、托儿所等）	$3000m^2$
容积率	1.8
绿化率	40.5%
工期	2 年 3 个月
总投资	223722000 元
实际投资	85000000 元

续表

银行贷款	50000000 元
预计项目回报率	21%
预计内部收益率	35%

经过 C 公司投资部和市场部的分析研究，此项目需实际资金投入 8500 万元。

投资意向：在来自欧洲国家 B 投资公司（C 公司的国内协议合作方）有意向以项目转让方式投资的情况下，C 公司与 A 公司的项目公司签订转让意向书。共 2~3 个星期。

尽职调查：根据国外通行的投资程序，C 公司和 B 投资公司对整个项目及 A 公司作尽职调查。共 5 个星期时间。

签约和投资：C 公司和 B 投资公司与 A 公司和项目公司签约。资金实际到位需 4~8 个星期。

项目管理：C 公司负责全程项目管理。

项目回报：项目的实际回报和内部收益率要好于预测回报和内部收益率。

怎样投资房地产股权投资基金常见问题答疑

1. 投资房地产私募股权基金有哪些主要的风险？

基金在投资时并不惧怕有风险，但需尽可能控制和规避风险，投资房地产私募股权基金大体上包括但不限于以下几种风险：

批文风险：希望合作方的项目最好取得"一证"以上。

市场风险：项目和产品的定位分析，市场供求关系评估，城市存量房消化周期等。竞争对手间的差异化管理，是否存在恶性竞争等。

项目运作风险：包括项目合约风险、项目开发团队信用风险、道德风险、专业度风险等，其中选择信誉良好的当地合作方，一定有利于工作开展；也要重点考虑是否有较好的退出方式、项目是否已抵押及项目是否由一家以上单位所有等。

投资前要进行充分的尽职调查，聘请专业的顾问团队和独立的中介机构介入，设计专业的风险评估以及可行的退出方案；在项目投资中时通过严密的法律条款设定安全的交易方式，并在投资后采取严密的监管措施；要求被投资方提供足额的资产担保，及时发现风险，并委托专业机构做好违约处理准备。

2. 房地产私募股权基金投资与房地产企业单个的投资制度相比有什么优势？

房地产企业单个的开发制度是以单个项目开发公司为主，规模小且缺乏持续的开发能力，资产负债率高，自有资金所占的比重较小，主要依靠银行贷款和项目销售款来周转，限制了房地产市场的规模经营。而房地产私募股权基金以股权投资的形式，将社会上分散的资金集中，形成资金规模优势，通过具有丰富房地产投资经验的专业基金管理公司管理，可以实现分散投资，降低投资风险。由于房地产私募股权基金主要投向赢利状况好的项目，客观上实现了对资源的有效配置。

3. 什么情况下可以对合伙人除名？

根据新修订的《合伙企业法》，出现如下情况可以对合伙人除名：

（1）合伙人未履行出资义务；

（2）因故意或者重大过失给合伙企业造成了损失；

（3）执行合伙人事务时有不正当行为；

（4）发生合伙协议约定的事由。

对合伙人的除名决议，应当以书面通知形式告知被除名人。被除名人接到除名通知之日，除名生效，被除名人退伙。被除名人对除名决议有异议的，可以自接到除名通知之日起 30 日内，向人民法院起诉。

4. 对于合伙型房地产私募股权基金来讲，哪些事项是需要经全体合伙人一致通过，方能成立的？

除合伙协议另有约定外，合伙企业的下列事项应当经全体合伙人一致同意：

（1）改变合伙企业的名称；

（2）改变合伙企业的经营范围、主要经营场所的地点；

（3）处分合伙企业的不动产；

（4）转让或者处分合伙企业的知识产权；

（5）以合伙企业名义为他人提供担保；

（6）聘任合伙人以外的人担任合伙企业的经营管理人员。

5. 合伙制的房地产私募股权基金设立的法律依据是什么？

房地产私募股权基金（或称房地产私募股权投资基金）的法律依据是2007 年修改后的《合伙企业法》，是根据该法注册成立的有限合伙企业，完全符合法律规定。2008 年 12 月 3 日，国务院出台了金融促进经济发展的九项政策措施，明确提出要创新融资方式，拓宽企业融资渠道，其中包括鼓励发展房地产信托投资基金和股权基金。

《合伙企业法》已为私募股权基金提供了完备的法律依据，它解决了几个关键的问题：出资人进入和退出的便利、高效率的投资管理、避免多重征税等。因此，发起股权基金已经有充分的法律依据；且各地纷纷出台鼓励政策，也说明从实践上已没有障碍。

6. 我国房地产企业民间融资合法利息的上限是多少？

广义来讲，我国房地产企业民间融资也是私募融资，相当一部分是一种契约型私募股权基金。但私募融资有合法与不合法之分，目前存在有些房地产民间融资不规范或不完全受到法律保护的情况。

根据中国人民银行 2002 年 1 月 31 日发布的《关于取缔地下钱庄及打击高利贷行为的通知》第二条的规定：严格规范民间借贷行为。民间个人借贷活动必须严格遵守国家法律、行政法规的有关规定，遵循自愿互助、诚实信用的原则。民间个人借贷中，出借人的资金必须是属于其合法收入的自有货币资金，禁止吸收他人资金转手放款。民间个人借贷利率由借贷双方协商确定，但双方协商的利率不得超过中国人民银行公布的金融机构同期、同档次贷款利率（不含浮动）的 4 倍。超过上述标准的，应界定为高利借贷行为。

7. 企业有融资需求以后，怎么去找基金谈？

私募股权基金的投资经理工作忙碌，他们每年的一半时间要放在关心、辅导已经投资的企业身上，以保证投资成功；另外一半时间要考察新的投资项目，平均每位投资经理每年要看几十家甚至上百家企业，真正出手不多。投资经理一般看熟人、合作伙伴推荐的项目，投资经理会相信那些与该基金有过业务合作历史的财务咨询公司、律师、会计师的推荐，一是因为这些合作伙伴比较了解该基金的投资行业偏好；二是这些合作伙伴在推荐之前经过了自己的筛选，太差的项目是不会推荐给基金的，以免影响自己在行业内的口碑。所以，对于有融资需求的企业而言，合适的引荐人往往是叩开基金大门的敲门砖。

8. 基金有兴趣以后，企业如何配合谈判？

基金初步表示感兴趣以后，双方可以迅速签署一个保密协议，企业递交详细的财务数据以及未来 3 年详细的经营计划，基金则开始进行行业、技术尽职调查。行业尽职调查就是找一些与企业同业经营的其他企业问问大致情况。

基金在初步调查后如果仍然感兴趣，接下来双方谈判的是交易的核心内容：企业估值与融资额，投资者的占股比例可以根据上述两个数字推算。

9. 外国企业或者个人在中国境内是否可以设立合伙企业？

《中华人民共和国合伙企业法》已由中华人民共和国第十届全国人民代表大会常务委员会于 2006 年 8 月 27 日修订通过，并于 2007 年 6 月 1 日起施行。根据该法第一百零八条的规定：外国企业或者个人在中国境内设立合伙企业的管理办法由国务院规定。为配合《合伙企业法》的实施，国务院法制办按照全国人大常委会办公厅的要求，并同商务部对相关立法进行了研究；商务部与部分相关单位（科技部、公安部、司法部、财政部、人事部、劳动保障部、国土资源部、海关总署、税务总局、工商总局、法制办、银监会、外汇局、人大财经委、人大法工委、中石油、中海油、注册会计师协会）、中介机构和专家学者进行了讨论，并征求意见。按照各方反馈的意见，商务部修改并形成了《外商投资合伙企业管理办法（送审稿）》，同时外商投资也受到《外商投资产业指导目录》等约束，相信中短期内对外资房地产投资方面还是有相当的制约的。

外国企业或者个人在中国境内设立合伙企业包括两种情形：一是两个以上外国企业或者个人在中国境内设立合伙企业，合伙人全部为外国企业或者个人；二是外国企业或者个人与中国的自然人、法人和其他组织在中国境内设立合伙企业。此外，实践中还可能有这样一种情形，就是中国的自然人、法人和其他组织在中国境内设立合伙企业后，外国企业或者个人通过入伙或者受让合伙企业财产份额的方式成为合伙人。最新的情况可以到各省市工商部门咨询。

10. 房地产私募股权基金在国外的发展情况如何？

国外的私募股权基金源于最早的私人银行业务，随着服务对象日益扩大、功能日益完善，全球私募股权基金总量超过了 10 万亿美元，已发展成为重要的金融特色服务。目前，国际上开展私募股权基金的机构很多，包括私人银行、投资银行、资产管理公司和投资顾问公司等，特别是随着国际上金融混业的发展，几乎所有的国际知名的金融控股公司都从事私募股权基金管理业务，其已经发展成为国际上金融服务业中的核心业务之一。

在国外，房地产私募股权基金一直是房地产投融资的主体之一，其一般会参与商业地产的开发、收购转让、公司股权并购等各方面。很多国际投行，比如摩根士丹利、高盛等旗下都有房地产基金，其中高盛的白厅基金系列从 1991 年募集发起第一个基金以来，目前已经总共发行了 14 个，总募集金额高达 200 亿美元以上，如果算上杠杆交易，规模更大。

近几年来，由于中国经济的持续稳定增长、房地产的发展和人民币升值预期等的影响，海外房地产投资基金对中国房地产投资有了极大的热情，其规范的投资运作值得我们国内学习。

海外并没有专门的私募股权基金监管法规。通常采用的方式是，首先对各类集合投资产品设定统一的监管框架，在此基础上允许符合条件的私募股权基金，将之放在共同基金监管要求之外。对私募股权基金，各国都采取豁免的方式，不监管私募股权基金的投资风险和信息披露，将监管重点放在制定相关豁免条件，以及审查相关私募股权基金是否符合豁免条件上。一旦某些基金不符合相关的豁免条件，则不能获得相关豁免，其身份即转变为普通的非豁免集合投资产品，必须符合集合投资类产品统一的监管规定。一旦未符合相关监管规定，则在该统一的监管框架下予以处罚。

附件　与房地产基金相关的法律法规及文件

1　中华人民共和国合伙企业法

(1997 年 2 月 23 日第八届全国人民代表大会常务委员会第二十四次会议通过 2006 年 8 月 27 日第十届全国人民代表大会常务委员会第二十三次会议修订)

目　录

第五章　法律责任

第六章　附则

第一章　总则

第一条　为了规范合伙企业的行为，保护合伙企业及其合伙人、债权人的合法权益，维护社会经济秩序，促进社会主义市场经济的发展，制定本法。

第二条　本法所称合伙企业，是指自然人、法人和其他组织依照本法在中国境内设立的普通合伙企业和有限合伙企业。

普通合伙企业由普通合伙人组成，合伙人对合伙企业债务承担无限连带责任。本法对普通合伙人承担责任的形式有特别规定的，从其规定。

有限合伙企业由普通合伙人和有限合伙人组成，普通合伙人对合伙企业债务承担无限连带责任，有限合伙人以其认缴的出资额为限对合伙企业债务承担责任。

第三条　国有独资公司、国有企业、上市公司以及公益性的事业单位、社会团体不得成为普通合伙人。

第四条　合伙协议依法由全体合伙人协商一致、以书面形式订立。

第五条　订立合伙协议、设立合伙企业，应当遵循自愿、平等、公平、诚实信用原则。

第六条　合伙企业的生产经营所得和其他所得，按照国家有关税收规定，由合伙人分别缴纳所得税。

第七条　合伙企业及其合伙人必须遵守法律、行政法规，遵守社会公德、商业道德，承担社会责任。

第八条　合伙企业及其合伙人的合法财产及其权益受法律保护。

第九条　申请设立合伙企业，应当向企业登记机关提交登记申请书、合伙协议书、合伙人身份证明等文件。

合伙企业的经营范围中有属于法律、行政法规规定在登记前须经批准的项目的，该项经营业务应当依法经过批准，并在登记时提交批准文件。

第十条　申请人提交的登记申请材料齐全、符合法定形式，企业登记机关能够当场登记的，应予当场登记，发给营业执照。

除前款规定情形外，企业登记机关应当自受理申请之日起二十日内，作出是否登记的决定。予以登记的，发给营业执照；不予登记的，应当给予书面答复，并说明理由。

第十一条　合伙企业的营业执照签发日期，为合伙企业成立日期。

合伙企业领取营业执照前，合伙人不得以合伙企业名义从事合伙业务。

第十二条　合伙企业设立分支机构，应当向分支机构所在地的企业登记机关申请登记，领取营业执照。

第十三条　合伙企业登记事项发生变更的，执行合伙事务的合伙人应当自作出变更决定或者发生变更事由之日起十五日内，向企业登记机关申请办理变更登记。

第二章　普通合伙企业

第一节　合伙企业设立

第十四条　设立合伙企业，应当具备下列条件：

（一）有二个以上合伙人。合伙人为自然人的，应当具有完全民事行为能力；

（二）有书面合伙协议；

（三）有合伙人认缴或者实际缴付的出资；

（四）有合伙企业的名称和生产经营场所；

（五）法律、行政法规规定的其他条件。

第十五条　合伙企业名称中应当标明"普通合伙"字样。

第十六条　合伙人可以用货币、实物、知识产权、土地使用权或者其他财产权利出资，也可以用劳务出资。

合伙人以实物、知识产权、土地使用权或者其他财产权利出资，需要评估作价的，可以由全体合伙人协商确定，也可以由全体合伙人委托法定评估机构评估。

合伙人以劳务出资的，其评估办法由全体合伙人协商确定，并在合伙协议中载明。

第十七条　合伙人应当按照合伙协议约定的出资方式、数额和缴付期限，履行出资义务。

以非货币财产出资的，依照法律、行政法规的规定，需要办理财产权转移手续的，应当依法办理。

第十八条　合伙协议应当载明下列事项：

（一）合伙企业的名称和主要经营场所的地点；

（二）合伙目的和合伙经营范围；

（三）合伙人的姓名或者名称、住所；

（四）合伙人的出资方式、数额和缴付期限；

（五）利润分配、亏损分担方式；

（六）合伙事务的执行；

（七）入伙与退伙；

（八）争议解决办法；

（九）合伙企业的解散与清算；

（十）违约责任。

第十九条 合伙协议经全体合伙人签名、盖章后生效。合伙人按照合伙协议享有权利，履行义务。

修改或者补充合伙协议，应当经全体合伙人一致同意；但是，合伙协议另有约定的除外。

合伙协议未约定或者约定不明确的事项，由合伙人协商决定；协商不成的，依照本法和其他有关法律、行政法规的规定处理。

第二节 合伙企业财产

第二十条 合伙人的出资、以合伙企业名义取得的收益和依法取得的其他财产，均为合伙企业的财产。

第二十一条 合伙人在合伙企业清算前，不得请求分割合伙企业的财产；但是，本法另有规定的除外。

合伙人在合伙企业清算前私自转移或者处分合伙企业财产的，合伙企业不得以此对抗善意第三人。

第二十二条 除合伙协议另有约定外，合伙人向合伙人以外的人转让其在合伙企业中的全部或者部分财产份额时，须经其他合伙人一致同意。

合伙人之间转让在合伙企业中的全部或者部分财产份额时，应当通知其他合伙人。

第二十三条 合伙人向合伙人以外的人转让其在合伙企业中的财产份额的，在同等条件下，其他合伙人有优先购买权；但是，合伙协议另有约定的除外。

第二十四条　合伙人以外的人依法受让合伙人在合伙企业中的财产份额的，经修改合伙协议即成为合伙企业的合伙人，依照本法和修改后的合伙协议享有权利，履行义务。

第二十五条　合伙人以其在合伙企业中的财产份额出质的，须经其他合伙人一致同意；未经其他合伙人一致同意，其行为无效，由此给善意第三人造成损失的，由行为人依法承担赔偿责任。

第三节　合伙事务执行

第二十六条　合伙人对执行合伙事务享有同等的权利。

按照合伙协议的约定或者经全体合伙人决定，可以委托一个或者数个合伙人对外代表合伙企业，执行合伙事务。

作为合伙人的法人、其他组织执行合伙事务的，由其委派的代表执行。

第二十七条　依照本法第二十六条第二款规定委托一个或者数个合伙人执行合伙事务的，其他合伙人不再执行合伙事务。

不执行合伙事务的合伙人有权监督执行事务合伙人执行合伙事务的情况。

第二十八条　由一个或者数个合伙人执行合伙事务的，执行事务合伙人应当定期向其他合伙人报告事务执行情况以及合伙企业的经营和财务状况，其执行合伙事务所产生的收益归合伙企业，所产生的费用和亏损由合伙企业承担。

合伙人为了解合伙企业的经营状况和财务状况，有权查阅合伙企业会计账簿等财务资料。

第二十九条　合伙人分别执行合伙事务的，执行事务合伙人可以对其他合伙人执行的事务提出异议。提出异议时，应当暂停该项事务的执行。如果发生争议，依照本法第三十条规定作出决定。

受委托执行合伙事务的合伙人不按照合伙协议或者全体合伙人的决定执行事务的，其他合伙人可以决定撤销该委托。

第三十条　合伙人对合伙企业有关事项作出决议，按照合伙协议约定的表决办法办理。合伙协议未约定或者约定不明确的，实行合伙人一人一票并经全体合伙人过半数通过的表决办法。

本法对合伙企业的表决办法另有规定的，从其规定。

第三十一条　除合伙协议另有约定外，合伙企业的下列事项应当经全体合伙人一致同意：

（一）改变合伙企业的名称；

（二）改变合伙企业的经营范围、主要经营场所的地点；

（三）处分合伙企业的不动产；

（四）转让或者处分合伙企业的知识产权和其他财产权利；

（五）以合伙企业名义为他人提供担保；

（六）聘任合伙人以外的人担任合伙企业的经营管理人员。

第三十二条　合伙人不得自营或者同他人合作经营与本合伙企业相竞争的业务。

除合伙协议另有约定或者经全体合伙人一致同意外，合伙人不得同本合伙企业进行交易。

合伙人不得从事损害本合伙企业利益的活动。

第三十三条　合伙企业的利润分配、亏损分担，按照合伙协议的约定办理；合伙协议未约定或者约定不明确的，由合伙人协商决定；协商不成的，由合伙人按照实缴出资比例分配、分担；无法确定出资比例的，由合伙人平均分配、分担。

合伙协议不得约定将全部利润分配给部分合伙人或者由部分合伙人承担全部亏损。

第三十四条　合伙人按照合伙协议的约定或者经全体合伙人决定，可以增加或者减少对合伙企业的出资。

第三十五条　被聘任的合伙企业的经营管理人员应当在合伙企业授权范围内履行职务。

被聘任的合伙企业的经营管理人员，超越合伙企业授权范围履行职务，或者在履行职务过程中因故意或者重大过失给合伙企业造成损失的，依法承担赔偿责任。

第三十六条　合伙企业应当依照法律、行政法规的规定建立企业财务、会计制度。

第四节　合伙企业与第三人关系

第三十七条　合伙企业对合伙人执行合伙事务以及对外代表合伙企业权利的限制，不得对抗善意第三人。

第三十八条　合伙企业对其债务，应先以其全部财产进行清偿。

第三十九条　合伙企业不能清偿到期债务的，合伙人承担无限连带责任。

第四十条　合伙人由于承担无限连带责任，清偿数额超过本法第三十三条第一款规定的其亏损分担比例的，有权向其他合伙人追偿。

第四十一条 合伙人发生与合伙企业无关的债务，相关债权人不得以其债权抵销其对合伙企业的债务；也不得代位行使合伙人在合伙企业中的权利。

第四十二条 合伙人的自有财产不足清偿其与合伙企业无关的债务的，该合伙人可以以其从合伙企业中分取的收益用于清偿；债权人也可以依法请求人民法院强制执行该合伙人在合伙企业中的财产份额用于清偿。

人民法院强制执行合伙人的财产份额时，应当通知全体合伙人，其他合伙人有优先购买权；其他合伙人未购买，又不同意将该财产份额转让给他人的，依照本法第五十一条的规定为该合伙人办理退伙结算，或者办理削减该合伙人相应财产份额的结算。

第五节 入伙、退伙

第四十三条 新合伙人入伙，除合伙协议另有约定外，应当经全体合伙人一致同意，并依法订立书面入伙协议。

订立入伙协议时，原合伙人应当向新合伙人如实告知原合伙企业的经营状况和财务状况。

第四十四条 入伙的新合伙人与原合伙人享有同等权利，承担同等责任。入伙协议另有约定的，从其约定。

新合伙人对入伙前合伙企业的债务承担无限连带责任。

第四十五条 合伙协议约定合伙期限的，在合伙企业存续期间，有下列情形之一的，合伙人可以退伙：

（一）合伙协议约定的退伙事由出现；

（二）经全体合伙人一致同意；

（三）发生合伙人难以继续参加合伙的事由；

（四）其他合伙人严重违反合伙协议约定的义务。

第四十六条 合伙协议未约定合伙期限的，合伙人在不给合伙企业事务执行造成不利影响的情况下，可以退伙，但应当提前三十日通知其他合伙人。

第四十七条 合伙人违反本法第四十五条、第四十六条的规定退伙的，应当赔偿由此给合伙企业造成的损失。

第四十八条 合伙人有下列情形之一的，当然退伙：

（一）作为合伙人的自然人死亡或者被依法宣告死亡；

（二）个人丧失偿债能力；

（三）作为合伙人的法人或者其他组织依法被吊销营业执照、责令关闭、撤销，或者被宣告破产；

（四）法律规定或者合伙协议约定合伙人必须具有相关资格而丧失该资格；

（五）合伙人在合伙企业中的全部财产份额被人民法院强制执行。

合伙人被依法认定为无民事行为能力人或者限制民事行为能力人的，经其他合伙人一致同意，可以依法转为有限合伙人，普通合伙企业依法转为有限合伙企业。其他合伙人未能一致同意的，该无民事行为能力或者限制民事行为能力的合伙人退伙。

退伙事由实际发生之日为退伙生效日。

第四十九条　合伙人有下列情形之一的，经其他合伙人一致同意，可以决议将其除名：

（一）未履行出资义务；

（二）因故意或者重大过失给合伙企业造成损失；

（三）执行合伙事务时有不正当行为；

（四）发生合伙协议约定的事由。

对合伙人的除名决议应当书面通知被除名人。被除名人接到除名通知之日，除名生效，被除名人退伙。

被除名人对除名决议有异议的，可以自接到除名通知之日起三十日内，向人民法院起诉。

第五十条　合伙人死亡或者被依法宣告死亡的，对该合伙人在合伙企业中的财产份额享有合法继承权的继承人，按照合伙协议的约定或者经全体合伙人一致同意，从继承开始之日起，取得该合伙企业的合伙人资格。

有下列情形之一的，合伙企业应当向合伙人的继承人退还被继承合伙人的财产份额：

（一）继承人不愿意成为合伙人；

（二）法律规定或者合伙协议约定合伙人必须具有相关资格，而该继承人未取得该资格；

（三）合伙协议约定不能成为合伙人的其他情形。

合伙人的继承人为无民事行为能力人或者限制民事行为能力人的，经全体合伙人一致同意，可以依法成为有限合伙人，普通合伙企业依法转为有限合伙企业。全体合伙人未能一致同意的，合伙企业应当将被继承合伙人的财产份额退还该继承人。

第五十一条　合伙人退伙，其他合伙人应当与该退伙人按照退伙时的合伙企业财产状况进行结算，退还退伙人的财产份额。退伙人对给合伙企业造成的损失负有赔偿责任的，相应扣减其应当赔偿的数额。

退伙时有未了结的合伙企业事务的，待该事务了结后进行结算。

第五十二条　退伙人在合伙企业中财产份额的退还办法，由合伙协议约定或者由全体合伙人决定，可以退还货币，也可以退还实物。

第五十三条　退伙人对基于其退伙前的原因发生的合伙企业债务，承担无限连带责任。

第五十四条　合伙人退伙时，合伙企业财产少于合伙企业债务的，退伙人应当依照本法第三十三条第一款的规定分担亏损。

第六节　特殊的普通合伙企业

第五十五条　以专业知识和专门技能为客户提供有偿服务的专业服务机构，可以设立为特殊的普通合伙企业。

特殊的普通合伙企业是指合伙人依照本法第五十七条的规定承担责任的普通合伙企业。

特殊的普通合伙企业适用本节规定；本节未作规定的，适用本章第一节至第五节的规定。

第五十六条　特殊的普通合伙企业名称中应当标明"特殊普通合伙"字样。

第五十七条　一个合伙人或者数个合伙人在执业活动中因故意或者重大过失造成合伙企业债务的，应当承担无限责任或者无限连带责任，其他合伙人以其在合伙企业中的财产份额为限承担责任。

合伙人在执业活动中非因故意或者重大过失造成的合伙企业债务以及合伙企业的其他债务，由全体合伙人承担无限连带责任。

第五十八条　合伙人执业活动中因故意或者重大过失造成的合伙企业债务，以合伙企业财产对外承担责任后，该合伙人应当按照合伙协议的约定对给合伙企业造成的损失承担赔偿责任。

第五十九条 特殊的普通合伙企业应当建立执业风险基金、办理职业保险。

执业风险基金用于偿付合伙人执业活动造成的债务。执业风险基金应当单独立户管理。具体管理办法由国务院规定。

第三章 有限合伙企业

第六十条 有限合伙企业及其合伙人适用本章规定；本章未作规定的，适用本法第二章第一节至第五节关于普通合伙企业及其合伙人的规定。

第六十一条 有限合伙企业由二个以上五十个以下合伙人设立；但是，法律另有规定的除外。

有限合伙企业至少应当有一个普通合伙人。

第六十二条 有限合伙企业名称中应当标明"有限合伙"字样。

第六十三条 合伙协议除符合本法第十八条的规定外，还应当载明下列事项：

（一）普通合伙人和有限合伙人的姓名或者名称、住所；

（二）执行事务合伙人应具备的条件和选择程序；

（三）执行事务合伙人权限与违约处理办法；

（四）执行事务合伙人的除名条件和更换程序；

（五）有限合伙人入伙、退伙的条件、程序以及相关责任；

（六）有限合伙人和普通合伙人相互转变程序。

第六十四条 有限合伙人可以用货币、实物、知识产权、土地使用权或者其他财产权利作价出资。

有限合伙人不得以劳务出资。

第六十五条 有限合伙人应当按照合伙协议的约定按期足额缴纳出资；未按期足额缴纳的，应当承担补缴义务，并对其他合伙人承担违约责任。

第六十六条 有限合伙企业登记事项中应当载明有限合伙人的姓名或者名称及认缴的出资数额。

第六十七条 有限合伙企业由普通合伙人执行合伙事务。执行事务合伙人可以要求在合伙协议中确定执行事务的报酬及报酬提取方式。

第六十八条 有限合伙人不执行合伙事务，不得对外代表有限合伙企业。

有限合伙人的下列行为，不视为执行合伙事务：

（一）参与决定普通合伙人入伙、退伙；

（二）对企业的经营管理提出建议；

（三）参与选择承办有限合伙企业审计业务的会计师事务所；

（四）获取经审计的有限合伙企业财务会计报告；

（五）对涉及自身利益的情况，查阅有限合伙企业财务会计账簿等财务资料；

（六）在有限合伙企业中的利益受到侵害时，向有责任的合伙人主张权利或者提起诉讼；

（七）执行事务合伙人怠于行使权利时，督促其行使权利或者为了本企业的利益以自己的名义提起诉讼；

（八）依法为本企业提供担保。

第六十九条 有限合伙企业不得将全部利润分配给部分合伙人；但是，合伙协议另有约定的除外。

第七十条 有限合伙人可以同本有限合伙企业进行交易；但是，合伙协议另有约定的除外。

第七十一条 有限合伙人可以自营或者同他人合作经营与本有限合伙企业相竞争的业务；但是，合伙协议另有约定的除外。

第七十二条 有限合伙人可以将其在有限合伙企业中的财产份额出质；但是，合伙协议另有约定的除外。

第七十三条 有限合伙人可以按照合伙协议的约定向合伙人以外的人转让其在有限合伙企业中的财产份额，但应当提前三十日通知其他合伙人。

第七十四条 有限合伙人的自有财产不足清偿其与合伙企业无关的债务的，该合伙人可以以其从有限合伙企业中分取的收益用于清偿；债权人也可以依法请求人民法院强制执行该合伙人在有限合伙企业中的财产份额用于清偿。

人民法院强制执行有限合伙人的财产份额时，应当通知全体合伙人。在同等条件下，其他合伙人有优先购买权。

第七十五条 有限合伙企业仅剩有限合伙人的，应当解散；有限合伙企业仅剩普通合伙人的，转为普通合伙企业。

第七十六条　第三人有理由相信有限合伙人为普通合伙人并与其交易的，该有限合伙人对该笔交易承担与普通合伙人同样的责任。

有限合伙人未经授权以有限合伙企业名义与他人进行交易，给有限合伙企业或者其他合伙人造成损失的，该有限合伙人应当承担赔偿责任。

第七十七条　新入伙的有限合伙人对入伙前有限合伙企业的债务，以其认缴的出资额为限承担责任。

第七十八条　有限合伙人有本法第四十八条第一款第一项、第三项至第五项所列情形之一的，当然退伙。

第七十九条　作为有限合伙人的自然人在有限合伙企业存续期间丧失民事行为能力的，其他合伙人不得因此要求其退伙。

第八十条　作为有限合伙人的自然人死亡、被依法宣告死亡或者作为有限合伙人的法人及其他组织终止时，其继承人或者权利承受人可以依法取得该有限合伙人在有限合伙企业中的资格。

第八十一条　有限合伙人退伙后，对基于其退伙前的原因发生的有限合伙企业债务，以其退伙时从有限合伙企业中取回的财产承担责任。

第八十二条　除合伙协议另有约定外，普通合伙人转变为有限合伙人，或者有限合伙人转变为普通合伙人，应当经全体合伙人一致同意。

第八十三条　有限合伙人转变为普通合伙人的，对其作为有限合伙人期间有限合伙企业发生的债务承担无限连带责任。

第八十四条　普通合伙人转变为有限合伙人的，对其作为普通合伙人期间合伙企业发生的债务承担无限连带责任。

第四章　合伙企业解散、清算

第八十五条　合伙企业有下列情形之一的，应当解散：

（一）合伙期限届满，合伙人决定不再经营；

（二）合伙协议约定的解散事由出现；

（三）全体合伙人决定解散；

（四）合伙人已不具备法定人数满三十天；

（五）合伙协议约定的合伙目的已经实现或者无法实现；

（六）依法被吊销营业执照、责令关闭或者被撤销；

（七）法律、行政法规规定的其他原因。

第八十六条 合伙企业解散，应当由清算人进行清算。

清算人由全体合伙人担任；经全体合伙人过半数同意，可以自合伙企业解散事由出现后十五日内指定一个或者数个合伙人，或者委托第三人，担任清算人。

自合伙企业解散事由出现之日起十五日内未确定清算人的，合伙人或者其他利害关系人可以申请人民法院指定清算人。

第八十七条 清算人在清算期间执行下列事务：

（一）清理合伙企业财产，分别编制资产负债表和财产清单；

（二）处理与清算有关的合伙企业未了结事务；

（三）清缴所欠税款；

（四）清理债权、债务；

（五）处理合伙企业清偿债务后的剩余财产；

（六）代表合伙企业参加诉讼或者仲裁活动。

第八十八条 清算人自被确定之日起十日内将合伙企业解散事项通知债权人，并于六十日内在报纸上公告。债权人应当自接到通知书之日起三十日内，未接到通知书的自公告之日起四十五日内，向清算人申报债权。

债权人申报债权，应当说明债权的有关事项，并提供证明材料。清算人应当对债权进行登记。

清算期间，合伙企业存续，但不得开展与清算无关的经营活动。

第八十九条 合伙企业财产在支付清算费用和职工工资、社会保险费用、法定补偿金以及缴纳所欠税款、清偿债务后的剩余财产，依照本法第三十三条第一款的规定进行分配。

第九十条 清算结束，清算人应当编制清算报告，经全体合伙人签名、盖章后，在十五日内向企业登记机关报送清算报告，申请办理合伙企业注销登记。

第九十一条 合伙企业注销后，原普通合伙人对合伙企业存续期间的债务仍应承担无限连带责任。

第九十二条 合伙企业不能清偿到期债务的，债权人可以依法向人民法院提出破产清算申请，也可以要求普通合伙人清偿。

合伙企业依法被宣告破产的，普通合伙人对合伙企业债务仍应承担无限连带责任。

第五章 法律责任

第九十三条 违反本法规定，提交虚假文件或者采取其他欺骗手段，取得合伙企业登记的，由企业登记机关责令改正，处以五千元以上五万元以下的罚款；情节严重的，撤销企业登记，并处以五万元以上二十万元以下的罚款。

第九十四条 违反本法规定，合伙企业未在其名称中标明"普通合伙"、"特殊普通合伙"或者"有限合伙"字样的，由企业登记机关责令限期改正，处以二千元以上一万元以下的罚款。

第九十五条 违反本法规定，未领取营业执照，而以合伙企业或者合伙企业分支机构名义从事合伙业务的，由企业登记机关责令停止，处以五千元以上五万元以下的罚款。

合伙企业登记事项发生变更时，未依照本法规定办理变更登记的，由企业登记机关责令限期登记；逾期不登记的，处以二千元以上二万元以下的罚款。

合伙企业登记事项发生变更，执行合伙事务的合伙人未按期申请办理变更登记的，应当赔偿由此给合伙企业、其他合伙人或者善意第三人造成的损失。

第九十六条 合伙人执行合伙事务，或者合伙企业从业人员利用职务上的便利，将应当归合伙企业的利益据为己有的，或者采取其他手段侵占合伙企业财产的，应当将该利益和财产退还合伙企业；给合伙企业或者其他合伙人造成损失的，依法承担赔偿责任。

第九十七条 合伙人对本法规定或者合伙协议约定必须经全体合伙人一致同意始得执行的事务擅自处理，给合伙企业或者其他合伙人造成损失的，依法承担赔偿责任。

第九十八条 不具有事务执行权的合伙人擅自执行合伙事务，给合伙企业或者其他合伙人造成损失的，依法承担赔偿责任。

第九十九条 合伙人违反本法规定或者合伙协议的约定，从事与本合伙企业相竞争的业务或者与本合伙企业进行交易的，该收益归合伙企业所有；给合伙企业或者其他合伙人造成损失的，依法承担赔偿责任。

第一百条 清算人未依照本法规定向企业登记机关报送清算报告，或者报送清算报告隐瞒重要事实，或者有重大遗漏的，由企业登记机关责令改正。由此产生的费用和损失，由清算人承担和赔偿。

第一百零一条 清算人执行清算事务，牟取非法收入或者侵占合伙企业财产的，应当将该收入和侵占的财产退还合伙企业；给合伙企业或者其他合伙人造成损失的，依法承担赔偿责任。

第一百零二条 清算人违反本法规定，隐匿、转移合伙企业财产，对资产负债表或者财产清单作虚假记载，或者在未清偿债务前分配财产，损害债权人利益的，依法承担赔偿责任。

第一百零三条 合伙人违反合伙协议的，应当依法承担违约责任。

合伙人履行合伙协议发生争议的，合伙人可以通过协商或者调解解决。不愿通过协商、调解解决或者协商、调解不成的，可以按照合伙协议约定的仲裁条款或者事后达成的书面仲裁协议，向仲裁机构申请仲裁。合伙协议中未订立仲裁条款，事后又没有达成书面仲裁协议的，可以向人民法院起诉。

第一百零四条 有关行政管理机关的工作人员违反本法规定，滥用职权、徇私舞弊、收受贿赂、侵害合伙企业合法权益的，依法给予行政处分。

第一百零五条 违反本法规定，构成犯罪的，依法追究刑事责任。

第一百零六条 违反本法规定，应当承担民事赔偿责任和缴纳罚款、罚金，其财产不足以同时支付的，先承担民事赔偿责任。

第六章 附则

第一百零七条 非企业专业服务机构依据有关法律采取合伙制的，其合伙人承担责任的形式可以适用本法关于特殊的普通合伙企业合伙人承担责任的规定。

第一百零八条 外国企业或者个人在中国境内设立合伙企业的管理办法由国务院规定。

第一百零九条 本法自 2007 年 6 月 1 日起施行。（完）

2 关于进一步规范试点地区股权投资企业发展和备案管理工作的通知

发改办财金〔2011〕253号

北京市、天津市、上海市、江苏省、浙江省、湖北省人民政府办公厅：

遵照国务院有关文件精神，我委自2008年6月以来，先后在天津滨海新区、北京中关村科技园区、武汉东湖新技术产业开发区和长江三角洲地区，开展了股权投资企业备案管理先行先试工作。为进一步规范试点地区股权投资企业备案管理工作，更好地促进股权投资企业健康规范发展，现就有关事项通知如下：

一、规范股权投资企业的设立、资本募集与投资领域

股权投资企业应当遵照《中华人民共和国公司法》和《中华人民共和国合伙企业法》有关规定设立。其中，以有限责任公司、股份有限公司形式设立的股权投资企业，可以通过组建内部管理团队实行自我管理，也可采取委托管理方式将资产委托其他股权投资企业或股权投资管理企业管理。

股权投资企业的资本只能以私募方式向具有风险识别和承受能力的特定对象募集，不得通过在媒体（包括企业网站）发布公告、在社区张贴布告、向社会散发传单、向不特定公众发送手机短信或通过举办研讨会、讲座及其他公开或变相公开方式（包括在商业银行、证券公司、信托投资公司等机构的柜台投放招募说明书等）直接或间接向不特定对象进行推介。股权投资企业的资本募集人须向投资者充分揭示投资风险及可能的投资损失，不得向投资者承诺确保收回投资本金或获得固定回报。所有投资者只能以合法的自有货币资金认缴出资。资本缴付可以采取承诺制，即投资者在股权投资企业资本募集阶段签署认缴承诺书，在股权投资企业投资运作实施阶段，根据股权投资企业的公司章程或者合伙协议的约定分期缴付出资。

股权投资企业的投资领域限于非公开交易的企业股权，投资过程中的闲置资金只能存放银行或用于购买国债等固定收益类投资产品；投资方向应当符合国家产业政策、投资政策和宏观调控政策。股权投资企业所投资项目必须履行固定资产投资项目审批、核准和备案的有关规定。外资股权投资企业进行投资，应当依照国家有关规定办理投资项目核准手续。

二、健全股权投资企业的风险控制机制

股权投资企业的资金运用应当依据股权投资企业公司章程或者合伙协议的约定，合理分散投资，降低投资风险。股权投资企业不得为被投资企业以外的企业提供担保。股权投资企业对关联方的投资，其投资决策应当实行关联方回避制度，并在股权投资企业的公司章程或者合伙协议以及委托管理协议、委托托管协议中约定。对关联方的认定标准，由股权投资企业投资者根据有关法律法规规定，在股权投资企业的公司章程或者合伙协议以及委托管理协议、委托托管协议中约定。

股权投资企业及其受托管理机构的公司章程或者合伙协议等法律文件，应当载明业绩激励机制、风险约束机制，并约定相关投资运作的决策程序。股权投资企业可以有限存续。

股权投资企业可以根据委托管理协议等法律文件的相关约定，定期或者不定期对股权投资企业的投资运作情况进行检查和评估。

股权投资企业的受托管理机构为外商独资或者中外合资的，应当由在境内具有法人资格的托管机构托管该股权投资企业的资产。

三、明确股权投资管理机构的基本职责

股权投资企业采取委托管理方式的，受托管理机构应当按照委托管理协议，履行下列职责：（1）制定和实施投资方案，并对所投资企业进行投资后管理。（2）积极参与制定所投资企业发展战略，为所投资企业提供增值服务。（3）定期或者不定期向股权投资企业披露股权投资企业投资运作等方面的信息。定期编制会计报表，经外部审计机构审核后，向股权投资企业报告。（4）委托管理协议约定的其他职责。

股权投资企业的受托管理机构应当公平对待其所管理的不同股权投资企业的财产，不得利用股权投资企业财产为股权投资企业以外的第三人牟取利益。对不同的股权投资企业应当设置不同的账户，实行分账管理。

有下列情形之一的，股权投资企业的受托管理机构应当退任：（1）受托管理机构解散、破产或者由接管人接管其资产的。（2）受托管理机构丧失管理能力或者严重损害股权投资企业投资者利益的。（3）按照委托管理协议约定，持有一定比例以上股权投资企业权益的投资者要求受托管理机构退任的。(4)委托管理协议约定受托管理机构退任的其他情形。

四、建立股权投资企业信息披露制度

股权投资企业除应当按照公司章程和合伙协议向投资者披露投资运作信息外,还应当于每个会计年度结束后4个月内,向国家发展和改革委员会(以下简称"国家发展改革委")及所在地协助备案管理部门提交年度业务报告和经会计师事务所审计的年度财务报告。股权投资企业的受托管理机构和托管机构应当于每个会计年度结束后4个月内,向国家发展改革委及所在地协助备案管理部门提交年度资产管理报告和年度资产托管报告。

股权投资企业在投资运作过程中发生下列重大事件的,应当在10个工作日内,向国家发展改革委及所在地协助备案管理部门报告:(1)修改股权投资企业或者其受托管理机构的公司章程、合伙协议和委托管理协议等文件。(2)股权投资企业或者其受托管理机构增减资本或者对外进行债务性融资。(3)股权投资企业或者其受托管理机构分立与合并。(4)受托管理机构或者托管机构变更,包括受托管理机构高级管理人员变更及其他重大变更事项。(5)股权投资企业解散、破产或者由接管人接管其资产。

五、完善股权投资企业备案程序

凡在试点地区工商行政管理部门登记的主要从事非公开交易企业股权投资业务的股权投资企业,以及以股权投资企业为投资对象的股权投资企业,除下列情形外,均应当按照本通知要求,申请到国家发展改革委备案并接受备案管理:(1)已经按照《创业投资企业管理暂行办法》备案为创业投资企业。(2)资本规模(含投资者已实际出资及虽未实际出资但已承诺出资的资本规模)不足5亿元人民币或者等值外币。(3)由单个机构或者单个自然人全额出资设立,或者虽然由两个及以上投资者出资设立,但这些投资者均系某一个机构的全资子机构。

股权投资企业采取委托管理方式,将资产委托其他股权投资企业或者股权投资管理企业管理的,其受托管理机构应当申请附带备案并接受相应的备案管理。股权投资企业通过组建内部管理团队,对其资产采取自我管理方式的,由股权投资企业负责申请办理备案手续。股权投资企业采取委托管理方式的,可由其受托管理机构负责申请办理备案手续。

股权投资企业申请备案，应当由申请主体将有关备案材料送股权投资企业所在地省级协助备案管理部门进行初审。省级协助备案管理部门在收到股权投资企业备案申请后，在 20 个工作日内，对确认申请备案文件材料齐备的股权投资企业，向国家发展改革委出具初步审查意见。

国家发展改革委在收到协助备案管理部门转报的股权投资企业备案申请和初步审查意见后，在 20 个工作日内，对经复核无异议的股权投资企业，通过国家发展改革委门户网站公告其名单及基本情况的方式备案。

股权投资企业申请备案，应当提交下列文件和材料：（1）股权投资企业备案申请书。（2）股权投资企业营业执照复印件。（3）股权投资企业资本招募说明书。（4）股权投资企业公司章程或者合伙协议。（5）所有投资者签署的资本认缴承诺书。（6）验资机构关于所有投资者实际出资的验资报告。（7）发起人关于股权投资企业资本募集是否合法合规的情况说明书。（8）股权投资企业高级管理人员的简历证明材料。（9）律师事务所出具的备案所涉文件与材料的法律意见书。股权投资企业采取委托管理的，还应当提交股权投资企业与受托管理机构签订的受托管理协议。委托托管机构托管资产的，还应当提交委托托管协议。

股权投资企业的受托管理机构申请附带备案，应当提交下列文件和材料：（1）受托管理机构的营业执照复印件。（2）受托管理机构的公司章程或者合伙协议。（3）受托管理机构股东（合伙人）名单及情况介绍。（4）所有高级管理人员的简历证明材料。（5）开展股权投资管理业务情况及业绩。

本通知所称高级管理人员，系指公司型企业的董事、监事、经理、副经理、财务负责人、董事会秘书和公司章程约定的其他人员，以及合伙型企业的普通合伙人和合伙协议约定的其他人员。合伙型企业的普通合伙人为法人或非法人机构的，则该机构的高级管理人员一并视为高级管理人员。

股权投资企业出现下列情形，可以申请注销备案：（1）解散。（2）主营业务不再是股权投资业务。（3）另行按照《创业投资企业管理暂行办法》备案为创业投资企业。

六、构建适度监管和行业自律相结合的管理体制

国家发展改革委通过建立健全股权投资企业备案管理信息系统，完善相关信息披露制度，对股权投资企业实施适度监管。

发现股权投资企业及其受托管理机构未备案的，应当督促其在 20 个工作日内向管理部门申请办理备案手续；对未按本通知规定备案的，应当将其作为"规避备案监管股权投资企业和受托管理机构"，通过国家发展改革委门户网站向社会公告。

对已经完成备案的股权投资企业及其受托管理机构，应当在每个会计年度结束后的 5 个月内，对其是否遵守本通知有关规定，进行年度检查。在必要时，可以通过信函、电话询问、走访、现场检查和非现场监测等方式，了解其运作管理情况。对运作管理不符合本通知规定的，应当督促其在 6 个月内改正；逾期没有改正的，应将其作为"运作管理不合规股权投资企业和受托管理机构"，通过国家发展改革委门户网站，向社会公告。

组建全国性股权投资行业协会，依据相关法律、法规及本通知，对股权投资企业及其受托管理机构进行自律管理。

本通知自发布之日起实施，请试点地区省级人民政府按照本通知规定，尽快确定所辖区域股权投资企业协助备案管理部门并向我委报备。

二〇一一年一月三十一日

3　国家发展改革委办公厅关于促进股权投资企业规范发展的通知

发改办财金〔2011〕2864 号

各省、自治区、直辖市人民政府办公厅、新疆生产建设兵团办公厅：

为规范在中华人民共和国境内设立的从事非公开交易企业股权投资业务的股权投资企业（含以股权投资企业为投资对象的股权投资母基金）的运作和备案管理，促进股权投资企业规范发展，现就有关事项通知如下：

一、规范股权投资企业的设立、资本募集与投资领域

（一）设立与管理模式。股权投资企业应当遵照《中华人民共和国公司法》和《中华人民共和国合伙企业法》有关规定设立。其中，以有限责任公司、股份有限公司形式设立的股权投资企业，可以通过组建内部管理团队实行自我管理，也可采取委托管理方式将资产委托其他股权投资企业或股权投资管理企业管理。

（二）资本募集。股权投资企业的资本只能以私募方式，向特定的具有风险识别能力和风险承受能力的合格投资者募集，不得通过在媒体（包括各类网站）发布公告、在社区张贴布告、向社会散发传单、向公众发送手机短信或通过举办研讨会、讲座及其他公开或变相公开方式（包括在商业银行、证券公司、信托投资公司等机构的柜台投放招募说明书等），直接或间接向不特定或非合格投资者进行推介。股权投资企业的资本募集人须向投资者充分揭示投资风险及可能的投资损失，不得向投资者承诺确保收回投资本金或获得固定回报。

（三）资本认缴。股权投资企业的所有投资者只能以合法的自有货币资金认缴出资。资本缴付可以采取承诺制，即投资者在股权投资企业资本募集阶段签署认缴承诺书，在股权投资企业投资运作实施阶段，根据股权投资企业的公司章程或者合伙协议的约定分期缴付出资。

（四）投资者人数限制。股权投资企业的投资者人数应当符合《中华人民共和国公司法》和《中华人民共和国合伙企业法》的规定。投资者为集合资金信托、合伙企业等非法人机构的，应打通核查最终的自然人和法人机构是否为合格投资者，并打通计算投资者总数，但投资者为股权投资母基金的除外。

（五）投资领域。股权投资企业的投资领域限于非公开交易的股权，闲置资金只能存放银行或用于购买国债等固定收益类投资产品；投资方向应当符合国家产业政策、投资政策和宏观调控政策。股权投资企业所投资项目必须履行固定资产投资项目的合规管理程序。外资股权投资企业进行投资，应当依照国家有关规定办理投资项目核准手续。

二、健全股权投资企业的风险控制机制

（六）投资风险控制。股权投资企业的资金运用应当依据股权投资企业公司章程或者合伙协议的约定，合理分散投资，降低投资风险。股权投资企业不得为被投资企业以外的企业提供担保。股权投资企业对关联方的投资，其投资决策应当实行关联方回避制度，并在股权投资企业的公司章程或者合伙协议以及委托管理协议、委托托管协议中约定。对关联方的认定标准，由股权投资企业投资者根据有关法律法规规定，在股权投资企业的公司章程或者合伙协议以及委托管理协议、委托托管协议中约定。

（七）激励和约束机制。股权投资企业及其受托管理机构的公司章程或者合伙协议等法律文件，应当载明业绩激励机制、风险约束机制，并约定相关投资运作的决策程序。股权投资企业可以约定存续期限。

（八）对受托管理情况的检查和评估。股权投资企业可以根据委托管理协议等法律文件的相关约定，定期或者不定期对其受托管理机构运用股权投资企业的资本开展投资运作的情况进行检查和评估。

（九）资产托管。股权投资企业的资产应当委托独立的托管机构托管。但是，经所有投资者一致同意可以免于托管的除外。受托管理机构为外商独资或者中外合资的，应当由在境内具有法人资格的独立托管机构托管该股权投资企业的资产。

三、明确股权投资管理机构的基本职责

（十）受托管理机构的职责。股权投资企业采取委托管理方式的，受托管理机构应当按照委托管理协议，履行下列职责：（1）制定和实施投资方案，并对所投资企业进行投资后管理。（2）积极参与制定所投资企业发展战略，为所投资企业提供增值服务。（3）定期或者不定期向股权投资企业披露股权投资企业经营运作等方面的信息。定期编制会计报表，经外部审计机构审核后，向股权投资企业报告。（4）委托管理协议约定的其他职责。

（十一）利益冲突限制。股权投资企业的股权投资企业的受托管理机构应当公平对待其所管理的不同股权投资企业的财产，不得利用股权投资企业财产为股权投资企业以外的第三人牟取利益。对不同的股权投资企业应当设置不同的账户，实行分账管理。

（十二）受托管理机构的退任。有下列情形之一的，股权投资企业的受托管理机构应当退任：（1）受托管理机构解散、破产或者由接管人接管其资产的。（2）受托管理机构丧失管理能力或者严重损害股权投资企业投资者利益的。（3）按照委托管理协议约定，持有一定比例以上股权投资企业权益的投资者要求受托管理机构退任的。（4）委托管理协议约定受托管理机构退任的其他情形。

四、建立股权投资企业信息披露制度

（十三）提交年度报告。股权投资企业除应当按照公司章程和合伙协议向投资者披露投资运作信息外，还应当于每个会计年度结束后 4 个月内，向备案管理部门提交年度业务报告和经会计师事务所审计的年度财务报告。股权投资企业的受托管理机构和托管机构应当于每个会计年度结束后 4 个月内，向备案管理部门提交年度资产管理报告和年度资产托管报告。

（十四）重大事件即时报告。股权投资企业在投资运作过程中发生下列重大事件的，应当在 10 个工作日内，向备案管理部门报告：（1）修改股权投资企业或者其受托管理机构的公司章程、合伙协议和委托管理协议等文件。（2）股权投资企业或者其受托管理机构增减资本或者对外进行债务性融资。（3）股权投资企业或者其受托管理机构分立与合并。（4）受托管理机构或者托管机构变更，包括受托管理机构高级管理人员变更及其他重大变更事项。（5）股权投资企业解散、破产或者由接管人接管其资产。

五、加强对股权投资企业的备案管理和行业自律

（十五）备案管理范围。股权投资企业除下列情形外，均应当按照本通知要求，在完成工商登记后的 1 个月内，申请到相应管理部门备案：（1）已经按照《创业投资企业管理暂行办法》备案为创业投资企业。（2）由单个机构或单个自然人全额出资设立，或者由同一机构与其全资子机构共同出资设立以及同一机构的若干全资子机构出资设立。

（十六）受托管理机构的附带备案。股权投资企业采取委托管理方式将资产委托其他股权投资企业或者股权投资管理企业管理的，其受托管理机构应当申请附带备案并接受备案管理。

（十七）备案管理部门。资本规模（含投资者已实际出资及虽未实际出资但已承诺出资的资本规模）达到 5 亿元人民币或者等值外币的股权投资企业，在国家发展和改革委员会（以下简称国家备案管理部门）备案；资本规模不足 5 亿元人民币或者等值外币的股权投资企业，在省级人民政府确定的备案管理部门（以下简称省级备案管理部门）备案。

（十八）备案申请主体。股权投资企业采取自我管理方式的，由股权投资企业负责申请办理备案手续；股权投资企业采取委托管理方式的，由其受托管理机构负责申请办理备案手续。

（十九）向国家备案管理部门申请备案的程序。股权投资企业申请向国家备案管理部门备案，应当由申请主体将有关备案材料送股权投资企业所在地省级备案管理部门进行初审。省级备案管理部门在收到股权投资企业备案申请后的 20 个工作日内，对确认申请备案文件材料齐备的股权投资企业，向国家备案管理部门出具初步审查意见。国家备案管理部门在收到省级备案管理部门转报的股权投资企业备案申请和初步审查意见后的 20 个工作日内，对经复核无异议的股权投资企业，通过国家备案管理部门门户网站公告其名单及基本情况的方式，为股权投资企业办结备案手续。

（二十）向省级备案管理部门申请备案的程序。股权投资企业申请向所在地省级备案管理部门备案，省级备案管理部门在收到股权投资企业备案申请后的 20 个工作日内，对经复核无异议的股权投资企业，通过该省级备案管理部门门户网站公告其名单及基本情况的方式，为股权投资企业办结备案手续。

（二十一）申请股权投资企业备案应当提交的文件和材料。股权投资企业申请备案，应当提交下列文件和材料：（1）股权投资企业备案申请书。（2）股权投资企业营业执照复印件。（3）股权投资企业资本招募说明书。（4）股权投资企业公司章程或者合伙协议。（5）所有投资者签署的资本认缴承诺书。（6）验资机构关于所有投资者实际出资的验资报告。（7）发起人关于股权投资企业资本募集是否合法合规的情况说明书。（8）股权投资企业高级管理人员的简历证明材料。（9）委托托管协议。所有投资者一致同意可以免于托管的，应当提供所有投资者联名签署的同意免于托管函。（10）律师事务所出具的备案所涉文件与材料的法律意见书。股权投资企业采取委托管理的，还应当提交股权投资企业与受托管理机构签订的委托管理协议。

（二十二）申请股权投资企业受托管理机构附带备案应当提交的文件和材料。股权投资企业的受托管理机构申请附带备案，应当提交下列文件和材料：（1）受托管理机构的营业执照复印件。（2）受托管理机构的公司章程或者合伙协议。（3）受托管理机构股东（合伙人）名单及情况介绍。（4）所有高级管理人员的简历证明材料。（5）开展股权投资管理业务情况及业绩。

（二十三）对高级管理人员的界定与要求。本通知所称高级管理人员，系指公司型企业的董事、监事、经理、副经理、财务负责人、董事会秘书和公司章程约定的其他人员，以及合伙型企业的普通合伙人和合伙协议约定的其他人员。合伙型企业的普通合伙人为法人或非法人机构的，则该机构的高级管理人员一并视为高级管理人员。

股权投资企业及其受托管理机构所有高管人员在最近 5 年内没有违法记录或尚在处理的重大经济纠纷诉讼案件，至少 3 名高管人员具备 2 年以上股权投资或相关业务经验。

（二十四）申请注销备案。股权投资企业出现下列情形，可以申请注销备案：（1）解散。（2）主营业务不再是股权投资业务。（3）另行按照《创业投资企业管理暂行办法》备案为创业投资企业。

（二十五）监督管理。备案管理部门通过建立健全股权投资企业备案管理信息系统、社会举报、定期与不定期检查、向社会公告等制度，加强对股权投资企业的监督管理。对已经完成备案的股权投资企业及其受托管理机构，应当在每个会计年度结束后的 5 个月内，对其是否遵守本通知有关规定，进行年度检查。在必要时，可以通过信函、电话询问、走访、现场检查和非现场监测等方式，了解其运作管理情况。

（二十六）对规避备案监管的处罚。备案管理部门发现股权投资企业及其受托管理机构未备案的，应当督促其在 20 个工作日内向管理部门申请办理备案手续；逾期没有备案的，应当将其作为"规避备案监管股权投资企业、规避备案监管受托管理机构"，通过备案管理部门门户网站向社会公告。

（二十七）对运作不规范的处罚。对运作管理不符合本通知规定的，应当督促其在 6 个月内改正；逾期没有改正的，应将其作为"运作管理不合规股权投资企业、运作管理不合规受托管理机构"，通过备案管理部门门户网站向社会公告。

（二十八）行业自律。组建全国性股权投资行业协会，依据相关法律、法规及本通知，对股权投资企业及其受托管理机构进行自律管理。

（二十九）实施。本通知自发布之日起实施。本通知实施前设立的股权投资企业及其受托管理机构，应当在本通知发布后 3 个月内按照本通知有关规定到备案管理部门备案；投资运作不符合本通知规定的，应当在本通知发布后 6 个月内按照本通知有关规定整改。

国家发展改革委办公厅

二〇一一年十一月二十三日

4 北京市关于印发促进股权投资基金业发展意见的通知

关于促进股权投资基金业发展的意见

京金融办〔2009〕5号

2009年01月19日

为扩大内需，促进经济又好又快发展，支持本市股权投资基金业发展，推动科技金融创新，提高直接融资比重，建设多层次资本市场，优化资源配置，加快经济结构调整和产业升级，按照《中共北京市委北京市人民政府关于促进首都金融业发展的意见》（京发〔2008〕8号）的要求，提出促进本市股权投资基金业发展的意见。

一、适用对象

本意见适用于在本市注册的内资、外资股权投资基金和股权投资基金管理企业。

"股权投资基金"（以下简称"股权基金"，又称PE）是指以非公开方式向特定对象募集设立的对非上市企业进行股权投资并提供增值服务的非证券类投资基金。股权基金可以依法采取公司制、合伙制等企业组织形式。

"股权投资管理企业"（以下简称"管理企业"）是指管理运作股权基金的企业。管理企业可以依法采取公司制、合伙制等企业组织形式。

二、对股权基金或管理企业给予工商注册登记的便利，符合条件的股权基金或管理企业可在企业名称中使用"基金"或"投资基金"。

三、合伙制股权基金和合伙制管理企业不作为所得税纳税主体，采取"先分后税"方式，由合伙人分别缴纳个人所得税或企业所得税。

合伙制股权基金和合伙制管理企业的合伙人应缴纳的个人所得税，由合伙制股权基金和合伙制管理企业代扣代缴。其中通过法人单位分得的个人所得，由该单位负责代扣代缴个人所得税。

四、合伙制股权基金中个人合伙人取得的收益，按照"利息、股息、红利所得"或者"财产转让所得"项目征收个人所得税，税率为20%。

五、合伙制股权基金从被投资企业获得的股息、红利等投资性收益，属于已缴纳企业所得税的税后收益，该收益可按照合伙协议约定直接分配给法人合伙人，其企业所得税按有关政策执行。

六、合伙制股权基金的普通合伙人，其行为符合下列条件之一的，不征收营业税：

（一）以无形资产、不动产投资入股，参与接受投资方利润分配，共同承担投资风险；

（二）股权转让。

七、管理企业内部人员共同出资设立的，与所管理股权基金形成共同投资关系的合伙制企业，享受本意见有关税收政策。

八、鼓励和支持从事创业投资业务的股权基金或管理企业按照《创业投资企业管理暂行办法》（国家发展改革委等十部委第39号令）进行备案，并按照《企业所得税法》第三十一条和《企业所得税法实施条例》第九十七条的规定享受国家税收优惠政策支持。

九、经国务院或国家主管部门批准设立并在本市注册登记的产业投资基金的管理企业，及符合下列条件的管理企业，参照金融企业，享受《关于促进首都金融产业发展的意见》（京发改［2005］197号）和《关于促进首都金融产业发展的意见实施细则》（京发改［2005］2736号）的政策支持：

（一）在本市注册登记；

（二）其所发起设立的股权基金在本市注册登记，符合国家有关规定，且累计实收资本在5亿元以上；

（三）投资领域符合国家和本市产业政策。

十、对符合第九条所列条件的公司制管理企业，自其获利年度起，由所在区县政府前两年按其所缴企业所得税区县实得部分全额奖励，后三年减半奖励。

十一、市政府给予股权基金或管理企业有关人员的奖励，依法免征个人所得税。

十二、进一步改革创新政府资金使用模式，引入市场化的资产管理模式和运作机制，建立市级股权投资基金，扶持和引导社会资本投资股权基金。鼓励有条件的区县建立本区县股权投资基金。支持企业年金、地方社保基金按照有关规定投资在本市注册设立的股权基金。

十三、国有参股的非上市企业，可作为普通合伙人发起设立合伙制股权基金或合伙制管理企业。

十四、鼓励商业银行在本市开展股权投资基金托管业务和并购贷款业务，支持其依法依规以信托方式投资于股权基金。鼓励证券公司、保险公司、信托公司、财务公司等金融机构在本市依法依规投资或设立股权基金和直接投资公司。本市各有关部门要在注册登记、人才引进、经营场所选定等方面做好政府服务工作，并给予相应的政策支持。

十五、在金融街建设 PE 中心大厦，鼓励有条件的区县建设 PE 大厦，吸引和聚集本市股权基金及管理企业入驻发展，在购租房补贴上，参照金融企业给予支持。各区县和有关部门要在办公场所、政府服务等方面为股权基金及管理企业的聚集发展营造良好环境，提供相应支持。

十六、支持在京注册的股权基金免费分享政府上市后备企业数据库信息。本市优秀上市后备企业优先推荐给在京注册的股权基金。对股权基金投资的本市企业，优先列入本市上市后备企业培育计划，支持其在国内外资本市场上市。

十七、支持股权基金及其所投资的高新技术企业在中关村代办股份转让系统挂牌。

十八、对北京股权投资基金协会在办公场所等方面给予大力支持，做好政府服务，强化其行业自律职能。北京股权投资基金协会下设股权投资基金服务中心为股权基金及管理企业提供高效便捷的"一站式"服务。支持中国股权投资基金协会在北京的设立和发展。

十九、本意见自发布之日起实施。实施过程中遇到的问题，由市金融办会同市政府有关部门负责解释。

关于促进股权投资基金业发展意见部分内容调整的通知

京金融［2009］9 号

各有关单位：

为了更好地贯彻落实市金融办、市财政局、市国税局、市地税局、市工商局联合印发的《关于促进股权投资基金业发展的意见》（京金融办［2009］5 号，以下简称《意见》），根据国家有关政策精神，现决定对《意见》中部分内容做如下调整：

一、将第十条调整为"对符合第九条所列条件的公司制管理企业，所在区县政府可以根据该企业对区县所做贡献给予奖励。"

二、将第十一条调整为"市政府给予股权基金或管理企业有关人员的奖励，按照《中华人民共和国个人所得税法》第四条的规定执行。"

以上调整自本通知发布之日起施行。

二○○九年四月十五日

北京市金融工作局、市财政局、市国家税务局、市地方税务局、市工商行政管理局

5　上海市金融办等关于本市股权投资企业工商登记等事项通知（修订）

沪金融办通〔2011〕10号

各区（县）金融办、工商分局、税务局及有关单位：

随着我国经济的快速增长和资本市场的不断壮大，私募股权基金等股权投资企业在本市取得了长足发展。股权投资企业通过市场化资源配置，改善被投资企业的治理和运营，实现价值创造，有助于培育优质上市资源，优化产业结构，促进非公有制经济发展，提供资金和资产管理服务。为更好地为股权投资企业在本市发展创造规范良好的环境，现就本市股权投资企业工商登记等事项通知如下：

一、明确本市股权投资企业发展的原则和目标

（一）基本原则

本市股权投资企业发展遵循市场化、国际化、规范化的原则。股权投资企业及其相关各方是本市股权投资发展的主体。要充分发挥市场的主导作用，鼓励符合条件的境内外各类主体，参与本市股权投资企业的发展。政府相关职能部门根据国家法律法规的规定，为本市股权投资企业健康发展营造良好的市场环境。

（二）发展目标

通过发挥股权投资企业及其相关各方的积极性，促进股权投资企业在本市的健康发

展。引入各类长期投资资金，形成一批经营规范、治理良好、业绩优异、具有影响力的股权投资企业和股权投资管理企业，以及借助信托公司发行理财产品，在监管机构备案，资金实现第三方银行托管，主要投资于证券市场的投资管理机构，推动上海成为资金和资产管理中心，促进上海国际金融中心建设。

二、形成股权投资企业健康发展的环境

本市金融、工商、财政、税务等部门共同努力形成有利于股权投资企业集聚和健康发展的市场环境。既充分发挥股权投资各市场主体的积极性，促进本市股权投资企业和股权投资管理企业加快发展；又各司其职规范企业行为，推动本市股权投资企业和股权投资管理企业依法尽责经营。

三、设立股权投资企业和股权投资管理企业应当具备的条件

股权投资企业是指依法设立并以股权投资为主要经营业务的企业。股权投资管理企业是指受股权投资企业委托，以股权投资管理为主要经营业务的企业。

股权投资企业的注册资本（出资金额）应不低于人民币1亿元，出资方式限于货币形式。股东或合伙人应当以自己的名义出资。其中单个自然人股东（合伙人）的出资额应不低于人民币500万元。以有限公司、合伙企业形式成立的，股东、合伙人人数应不多于50人；以非上市股份有限公司形式成立的，股东人数应不多于200人。

股权投资管理企业以股份有限公司形式设立的，注册资本应不低于人民币500万元；以有限责任公司形式设立的，其实收资本应不低于人民币100万元。

以信托公司名义出资的，应当在登记时明确该股权的性质，以保障信托财产的风险隔离功能，提高信托财产的独立性和透明性。

四、做好本市股权投资企业的工商登记

本市从事股权投资和股权投资管理的企业应当以公司或合伙的形式设立，本市各级工商行政管理部门依法对本市从事股权投资和股权投资管理的企业进行注册登记。本通知发布前已在本市注册登记的有关企业，根据股权投资业务需要，在符合本通知规定的情况下，可以向工商行政管理部门提出相应的变更登记申请。

（一）企业的投资者

国家法律、行政法规规定的境内自然人、法人和其他组织以及国外、境外的自然人、法人和其他组织，可以作为股权投资企业和股权投资管理企业的投资者。

（二）企业的名称

股权投资企业和股权投资管理企业名称中的行业可以分别表述为"股权投资"和"股权投资管理"，也可以表述为"股权投资基金"和"股权投资基金管理"。根据实际需要，允许符合一定条件的股权投资企业和股权投资管理企业名称中的字号后缀以"一期"、"二期"、"三期"等字样。

（三）企业的经营范围

股权投资企业和股权投资管理企业的经营范围可以分别表述为"股权投资"和"股权投资管理"，也可以表述为"股权投资基金"和"股权投资基金管理"。

（四）企业的经营场所

股权投资企业的经营场所可以与承担管理责任的股权投资管理企业的经营场所相同。

外商股权投资企业工商登记等事项按照《关于本市外商投资股权投资企业试点工作的实施办法》执行。

五、明确本市股权投资企业的税收政策

（一）股权投资企业和股权投资管理企业应依法履行纳税义务

股权投资企业和股权投资管理企业及其相关方应根据《中华人民共和国企业所得税法》和《中华人民共和国个人所得税法》等有关法律法规的规定，自觉履行相关纳税义务。

（二）明确以合伙企业形式设立的股权投资企业和股权投资管理企业中合伙人的税收

以合伙企业形式设立的股权投资企业和股权投资管理企业的生产经营所得及其他所得，按照国家有关税收规定，由合伙人作为纳税人，按照"先分后税"原则，分别缴纳所得税。

六、维护股权投资企业中投资者的权益

在每个会计年度结束后，股权投资企业应当及时向其投资者（股东或合伙人）披露年度报告，全面告知股权投资企业公司治理、经营、财务等方面的情况，年度报告中的财务会计报告应当经会计师事务所审计。

以有限合伙企业形式设立的股权投资企业的资产应当由经营托管业务的银行托管，以确保合伙人资产的安全。

七、鼓励股权投资企业通过行业自律实现规范发展

鼓励本市股权投资企业组建行业协会，通过行业协会加强股权投资企业的自律经营，建立与政府部门的双向沟通，组织股权投资管理人才的专业培训，开展股权投资的各类合作交流。上海市金融服务办公室是本市股权投资企业行业协会的行业业务主管部门。

八、发挥本市市场和项目优势为股权投资企业提供交易平台和投资资源

股权投资企业的股权（或出资）可以在本市产权等要素市场进行转让，具体办法另行制订。有关政府部门将及时发布本市投资项目信息，为股权投资企业提供投资资源。

九、加大政策支持力度

区（县）政府可根据本地区产业发展需要，为股权投资企业营造良好的发展环境，制定完善政策措施，鼓励和引导社会资本投资股权投资企业。

十、加强宣传辅导工作

市、区（县）金融、工商、税务等有关部门要结合各自工作做好本市股权投资企业发展的宣传工作，并根据企业的实际需要为股权投资企业和股权投资管理企业提供工商、税务等相关辅导咨询，支持本市股权投资企业实现健康发展。

为了稳妥做好股权投资企业的发展工作，市、区（县）金融、工商、税务等有关部门将率先支持在国内外已有良好市场声誉的股权投资管理机构在本市设立股权投资管理企业，并发起成立股权投资企业。

浦东新区有关部门可以参照本通知内容，结合浦东综合配套改革试点，制订浦东新区促进股权投资企业和股权投资管理企业发展的有关办法。

本通知自 2011 年 6 月 3 日起实施，有效期至 2016 年 6 月 2 日。

上海市金融服务办公室

上海市工商行政管理局

上海市财政局

上海市地方税务局

二〇一一年五月三日

6 上海市开展外商投资股权投资企业试点工作实施办法细则

为深化股权投资试点工作，上海市金融办、市商务委和市工商局公布了《关于本市开展外商投资股权投资企业试点工作的实施办法》（沪金融办通［2010］38号，以下简称《实施办法》），有关试点工作将正式开展。

第一章 总 则

第一条 为贯彻落实国务院《关于推进上海加快发展现代服务业和先进制造业建设国际金融中心和国际航运中心的意见》，促进本市股权投资行业发展，规范外商投资股权投资企业的设立和运作，根据《中华人民共和国公司法》、《中华人民共和国合伙企业法》及外商投资相关法律法规的有关规定，按照《关于本市开展外商投资股权投资企业试点工作的若干意见》要求，制定本实施办法。

第二条 本办法所称的外商投资股权投资企业，是指在本市依法由外国企业或个人参与投资设立的，以对非上市企业进行股权投资为主要经营业务，并符合本办法第三章有关要求的企业。

本办法所称的外商投资股权投资管理企业，是指在本市依法由外国企业或个人参与投资设立的，以发起设立股权投资企业，和/或受托进行股权投资管理为主要经营业务，并符合本办法第二章有关要求的企业。

第三条 外商投资股权投资企业可以采用合伙制等组织形式，外商投资股权投资管理企业可以采用公司制、合伙制等组织形式。

第四条 市人民政府成立外商投资股权投资企业试点工作联席会议（以下简称联席会议），由市人民政府分管领导召集，成员单位包括市金融办、市商务委、市工商局、市发展改革委、市经济信息化委、市科委、市财政局、市地税局、市住房保障房屋管理局、市政府法制办、外汇局上海市分局、上海银监局、上海证监局和浦东新区人民政府等。

联席会议在国家有关部门的指导下，负责组织有关部门制定和落实各项政策措施，推进本市外商投资股权投资企业相关试点工作，协调解决试点过程中的有关问题。联席会议办公室设在市金融办。

市金融办承担联席会议的日常工作；市商务委负责公司制外商投资股权投资管理企业设立审批及外商投资股权投资企业在沪投资审批工作；市工商局负责外商投资股权投资企业和外商投资股权投资管理企业注册登记工作；外汇局上海市分局负责本办法所涉外汇管理事宜；联席会议其他成员单位根据各自职责负责推进本市外商投资股权投资企业相关试点工作。

第五条　市金融办为本市外商投资股权投资企业和外商投资股权投资管理企业的业务主管部门，主要职责如下：

（一）负责出具外商投资股权投资企业和外商投资股权投资管理企业设立的审查意见；

（二）负责受理外商投资股权投资企业试点申请并组织审定；

（三）负责组织获准试点外商投资股权投资企业和外商投资股权投资管理企业的备案管理；

（四）负责组织制定与外商投资股权投资企业相关的扶持政策，督促各区（县）政府落实配套措施。

第六条　外商投资股权投资企业应遵守中国有关法律法规，境内投资应符合外商投资产业政策。

本市鼓励设立具有先进技术和管理经验的外商投资股权投资企业和外商投资股权投资管理企业。

第二章　外商投资股权投资管理企业

第七条　外商投资股权投资管理企业可从事如下业务：

（一）发起设立股权投资企业；

（二）受托管理股权投资企业的投资业务并提供相关服务；

（三）股权投资咨询；

（四）经审批或登记机关许可的其他相关业务。

第八条　外商投资股权投资管理企业在发起设立股权投资企业过程中，要按照国家有关规定开展资金募集活动，不得违背现行的法律、法规和国家相关政策。

第九条　以股权投资管理为主要业务的外商投资企业，在名称中要加注"股权投资基金管理"字样的，应具备下列条件：

（一）外商投资股权投资管理企业应至少拥有一个投资者，该投资者或其关联实体的经营范围应当与股权投资或股权投资管理业务相关。

本办法所指的关联实体是指该投资者控制的某一实体，或控制该投资者的某一实体，或与该投资者共同受控于某一实体的另一实体。

（二）外商投资股权投资管理企业在申请设立时，应当具有至少两名同时具备下列条件的高级管理人员：

1. 有五年以上从事股权投资或股权投资管理业务的经历；

2. 有二年以上高级管理职务任职经历；

3. 有从事与中国有关的股权投资经历或在中国的金融类机构从业经验；

4. 在最近五年内没有违规记录或尚在处理的经济纠纷诉讼案件，且个人信用记录良好。

本办法所称高级管理人员，系指担任副总经理及以上职务或相当职务的管理人员。

（三）外商投资股权投资管理企业注册资本（或认缴出资）应不低于200万美元，出资方式限于货币形式。注册资本（或认缴出资）应当在营业执照签发之日起三个月内到位20%以上，余额在二年内全部到位。

外国投资者用于出资的货币须为可自由兑换的货币或其在中国境内获得的人民币利润或因转股、清算等活动获得的人民币合法收益，中国投资者以人民币出资。

第十条　设立公司制外商投资股权投资管理企业应向市商务委提出申请，按以下程序办理：

（一）市商务委自收到全部申请文件之日起5个工作日内决定是否受理；在受理后5个工作日内，书面征求市金融办意见；

（二）市金融办自收到市商务委征询函和企业全部申请文件之日起10个工作日内书面回复意见；

（三）市商务委在接到市金融办书面意见之日起8个工作日内，做出批准或不批准的书面决定。决定予以批准的，颁发《外商投资企业批准证书》；决定不予批准的，书面通知申请人；

（四）获批的外商投资股权投资管理企业凭《外商投资企业批准证书》等材料在一个月内向市工商局申请办理注册登记手续，并及时至外汇局上海市分局办理外汇登记手续。

第十一条 设立合伙制外商投资股权投资管理企业应向市工商局提出申请，按以下程序办理：

（一）市工商局自收到全部申请文件之日起5个工作日内，书面征求市金融办意见；

（二）市金融办自收到市工商局征询函和企业全部申请文件之日起10个工作日内书面回复意见；

（三）市工商局在接到市金融办书面意见之日起5个工作日内，做出是否登记的决定。予以登记的，发给营业执照；不予登记的，应当给予书面答复，并说明理由；

（四）合伙制的外商投资股权投资管理企业须及时凭工商登记注册等材料至外汇局上海市分局办理外汇登记、开户核准等相关外汇管理事宜。

第十二条 除外商投资股权投资管理企业外，其他外商投资企业不得在名称中使用"股权投资基金管理"字样。

第三章 外商投资股权投资企业

第十三条 外商投资股权投资企业可从事如下业务：

（一）在国家允许的范围内，以全部自有资金进行股权投资，具体投资方式包括新设企业、向已设立企业投资、接受已设立企业投资者股权转让以及国家法律法规允许的其他方式；

（二）为所投资企业提供管理咨询；

（三）经登记机关许可的其他相关业务。

第十四条 以股权投资为主要业务的外商投资企业，名称中要加注"股权投资基金"字样的应具备：认缴出资应不低于1500万美元，出资方式限于货币形式；合伙人应当以自己名义出资，除普通合伙人外，其他每个有限合伙人的出资应不低于100万美元。

外国投资者用于出资的货币须为可自由兑换的货币或其在中国境内获得的人民币利润或因转股、清算等活动获得的人民币合法收益，中国投资者以人民币出资。

第十五条 设立合伙制外商投资股权投资企业按以下程序办理：

（一）市工商局自收到全部申请文件之日起 5 个工作日内，书面征求市金融办意见；

（二）市金融办自收到市工商局征询函和企业全部申请文件之日起 10 个工作日内书面回复意见；

（三）市工商局在接到市金融办书面意见之日起 5 个工作日内，做出是否登记的决定。予以登记的，发给营业执照；不予登记的，应当给予书面答复，并说明理由。

（四）合伙制的外商投资股权投资企业须及时凭工商登记注册等材料至外汇局上海市分局办理外汇登记、核准开户等相关外汇管理手续。

第十六条　外商投资股权投资企业应当委托境内符合条件的银行作为资金托管人。

外商投资股权投资企业的托管银行应将相关托管制度报送有关部门备案。

第十七条　除外商投资股权投资企业外，其他外商投资企业不得在名称中使用"股权投资基金"字样。

第十八条　外商投资股权投资企业在境内进行股权投资，应当依照国家有关外商投资的法律、行政法规、规章办理。

第四章　外商投资股权投资试点企业

第十九条　本办法所称外商投资股权投资试点企业是经联席会议审定的外商投资股权投资企业和外商投资股权投资管理企业。

外商投资股权投资试点企业中外商投资股权投资企业的境外投资者应主要由境外主权基金、养老基金、捐赠基金、慈善基金、投资基金的基金（FOF）、保险公司、银行、证券公司以及联席会议认可的其他境外机构投资者组成。

外商投资股权投资试点企业的出资实行专项资金托管，资金账户及账户内资金使用应由托管银行按规定实施管理。

第二十条　申请试点的外商投资股权投资企业中的境外投资者，应具备下列条件：

（一）在其申请前的上一会计年度，具备自有资产规模不低于五亿美元或者管理资产规模不低于十亿美元；

（二）有健全的治理结构和完善的内控制度，近二年未受到司法机关和相关监管机构的处罚；

（三）境外投资者或其关联实体应当具有五年以上相关投资经历；

（四）联席会议要求的其他条件。

第二十一条　申请试点的外商投资股权投资企业和外商投资股权投资管理企业，应通过外商投资股权投资企业或拟设立股权投资企业的执行事务合伙人向市金融办递交试点申请。该合伙人或其关联实体需具备三年以上直接或间接投资于中国境内企业的良好投资经历。申请人需递交如下申请材料：

（一）试点申请书。所附材料包括：第二十条要求的书面证明材料、机构投资者应提交营业执照复印件、最近一年经审计的财务报表等。

（二）股权投资企业资料。包括：募集说明书、合伙协议（主要包括境外投资者的出资比例、募集金额和募集进度等）、主要高管人员简历等。

（三）托管银行的有关资料及与托管银行签署的相关文件。

（四）申请人出具的上述全部材料真实性的承诺函。

（五）联席会议要求的其他材料。

第二十二条　市金融办自收到全部申请文件之日起 5 个工作日内决定是否受理；在受理后 10 个工作日内，召集联席会议相关单位进行评审，审定试点企业。经评审符合试点要求的，由市金融办书面通知申请人，并抄送联席会议有关单位和试点企业的托管银行；评审不通过的，由市金融办书面通知申请人。

第二十三条　获准试点的外商投资股权投资企业须在通过审核之日起六个月内，根据本办法第三章要求完成工商登记注册手续，过期须重新申请试点资格。

第二十四条　获准试点的外商投资股权投资管理企业可使用外汇资金对其发起设立的股权投资企业出资，金额不超过所募集资金总额度的 5%，该部分出资不影响所投资股权投资企业的原有属性。

第二十五条　外商投资股权投资试点企业可至托管银行办理外汇资金境内股权投资事宜。

本办法发布前已经开立资本金账户的外商投资股权投资管理企业，经联席会议办公室批准后至开户行办理外汇资金境内股权投资事宜。

第五章　监督管理

第二十六条　联席会议负责组织本市外商投资股权投资企业相关试点工作，各联席会议成员单位根据联席会议安排做好相应的管理工作。

试点企业所在区（县）政府应明确具体职能部门，配合市金融办负责对本区（县）范围内注册的外商投资股权投资试点企业实施备案管理，定期了解外商投资股权投资试点企业融资、投资、财务等信息，并向联席会议报告情况。

第二十七条　市金融办对外商投资股权投资试点企业实行备案管理。外商投资股权投资试点企业在工商登记后 10 个工作日内向所在区（县）职能部门提交下列材料：

（一）备案申请书。

（二）股东协议、公司章程或合伙协议等文件。

（三）工商登记决定文书与营业执照复印件。

（四）承诺出资额和已缴出资额的证明。

（五）至少两名高级管理人员名单、简历及相关证明材料。

（六）投资决策机制以及参与投资决策的主要人员简历及身份证明。

区（县）职能部门在收到上述材料齐备后 5 个工作日内，报市金融办。

第二十八条　外商投资股权投资试点企业，应当在每半年向所在区（县）职能部门报告上半年投资运作过程中的重大事件。

前款所称重大事件，系指：

（一）外商投资股权投资企业投资；

（二）外商投资股权投资管理企业投资；

（三）修改合同、章程或合伙协议等重要法律文件；

（四）高级管理人员的变更；

（五）所委托管理的外商投资股权投资管理企业的变更；

（六）增加或减少注册资本（认缴出资）；

（七）分立与合并；

（八）解散、清算或破产；

（九）市金融办要求的其他事项。

区（县）职能部门在收到上述材料 5 个工作日内，报市金融办。

第二十九条　外商投资股权投资试点企业报告境内投资项目，应提供下列材料：

（一）外商投资股权投资企业投资备案表；

（二）被投资企业营业执照（复印件加盖被投资企业公章）；

（三）被投资企业所在地外资主管部门的文件。

第三十条　外商投资股权投资试点企业的托管银行应履行的职责包括但不限于：

（一）定期向联席会议办公室及联席会议有关单位上报外商投资股权投资试点企业托管资金运作情况、投资项目情况等信息；

（二）每个会计年度结束后，向联席会议办公室上报外商投资股权投资试点企业各方核对一致的上一年度境内股权投资情况的年度报告；

（三）监督外商投资股权投资试点企业的投资运作，发现其投向违反国家法律法规或托管协议的，不予执行并立即向联席会议办公室报告；

（四）联席会议规定的其他监督事项。

第三十一条　外商投资股权投资企业不得从事下列业务：

（一）在国家禁止外商投资的领域投资；

（二）在二级市场进行股票和企业债券交易，但所投资企业上市后，外商投资股权投资企业所持股份不在此列；

（三）从事期货等金融衍生品交易；

（四）直接或间接投资于非自用不动产；

（五）挪用非自有资金进行投资；

（六）向他人提供贷款或担保；

（七）法律、法规以及外商投资股权投资企业设立文件禁止从事的其他事项。

第三十二条　市金融办可以通过信函与电话询问、走访或向托管银行征询等方式，了解已备案的外商投资股权投资试点企业情况，并建立社会监督机制。

已备案的外商投资股权投资试点企业违反本办法规定的，市金融办应会同有关部门查实。情况属实的，市金融办应责令其在 30 个工作日内整改；逾期未改正的，市金融办取消备案并向社会公告，并会同相关部门依法进行查处，按情节轻重依法予以惩处；构成犯罪的，依法追究刑事责任。

第三十三条　发挥上海股权投资协会、上海国际股权投资基金协会等行业自律组织的作用，加强行业自律，建立合格投资者和优秀管理团队的声誉市场。

第六章 附　则

第三十四条　合伙制外商投资股权投资企业及合伙制外商投资股权投资管理企业办理下列登记事项发生变更时，市工商局应征求市金融办意见：

（一）变更经营范围；

（二）变更合伙人；

（三）增加或减少认缴或实际缴付的出资数额、缴付期限；

（四）变更合伙企业类型。

第三十五条　合伙制外商投资股权投资企业及合伙制外商投资股权投资管理企业办理注销时，市工商局应通报市金融办。

第三十六条　外商投资企业在本市再投资设立公司制股权投资管理企业或公司制股权投资企业的，应按照《关于外商投资企业境内投资的暂行规定》报市商务委审批。

第三十七条　香港特别行政区、澳门特别行政区、台湾地区的投资者在本市投资设立股权投资企业和股权投资管理企业，参照本办法执行。

第三十八条　外商投资股权投资企业试点工作在本市有条件的区县逐步开展。

第三十九条　本办法由市金融办、市商务委和市工商局按照各自职责负责解释。

第四十条　本办法自颁布之日起 30 日后施行。

7　关于印发《天津股权投资企业和股权投资管理机构管理办法》的通知

各区、县人民政府，各委、办、局，各有关单位：

为贯彻落实《国家发展改革委办公厅关于规范试点地区股权投资企业发展和备案管理工作的通知》（发改办财金〔2011〕253 号）要求，进一步促进我市股权投资企业和股权投资管理机构规范健康发展，根据《天津市促进股权投资基金业发展办法》（津政发〔2009〕45 号）有关规定，经市领导同意，市发展改革委、金融办、工商局、商务委、财政局联合制定了《天津股权投资企业和股权投资管理机构管理办法》，现予发布，请贯彻执行。

附：天津股权投资企业和股权投资管理机构管理办法

市发改委　市金融办　市工商局　市商务委　市财政局

二〇一一年七月十一日

天津股权投资企业和股权投资管理机构管理办法

第一章 总 则

为促进股权投资企业及其管理机构规范健康发展，严格防范金融风险和非法集资等非法金融活动，规范股权投资企业、股权投资管理机构的登记、托管、备案、运作等，保护投资者等当事人的合法权益，根据《中华人民共和国公司法》、《中华人民共和国合伙企业法》和《公司登记管理条例》、《合伙企业登记管理办法》、《外国企业或者个人在中国境内设立合伙企业管理办法》，结合《国家发展改革委办公厅关于规范试点地区股权投资企业发展和备案管理工作的通知》（发改办财金〔2011〕253号）（简称《通知》）和《天津市促进股权投资基金业发展办法》（津政发〔2009〕45号）的有关规定，特制定本办法。

第一条　本办法所称股权投资企业（包括内资、外商投资）是指以非公开方式募集的、用于投资非公开交易的企业股权的企业。

第二条　本办法所称股权投资管理机构（包括内资、外商投资）是指受托管理股权投资企业并为所投资企业提供增值服务的管理机构。

第三条　股权投资企业注册地负责股权投资企业的政策咨询、落户办公、政策落实等综合服务工作，负责本区域股权投资企业的风险防范，并参与违规处置工作。

第四条　工商行政管理部门负责股权投资企业和股权投资管理机构的工商注册登记、年检及相关管理工作。

第五条　商务部门负责外商投资股权投资企业和股权投资管理机构的审批。采取合伙制组织形式设立的外商投资股权投资企业和股权投资管理机构，由工商登记部门依法直接登记。

第六条　股权投资企业托管银行负责对股权投资企业的资产进行资金保管、资金汇划清算、会计核算等。

第七条　市发展改革委作为股权投资基金业行业主管部门和国家发展改革委股权投资企业协助备案管理部门，负责全市股权投资基金业发展规划和行业指导，负责组织天津产业（股权）投资基金发展与备案管理办公室（简称"市备案办"）各成员单位开展备案管理工作，负责股权投资企业向国家发展改革委申请备案的初审，并指导天津股权投资基金协会开展行业自律工作。

市备案办对注册地、股权投资企业及其管理机构、托管银行和中介服务机构实行备案管理。若违反本办法的规定，市备案办将取消其资质。

第八条　股权投资企业的注册地、托管银行、工商行政管理、商务、发展改革、金融办等相关单位发现股权投资企业有涉嫌非法集资的，应及时移交市处置非法集资办公室处理。

第二章　股权投资企业及其管理机构出资人

第九条　股权投资企业及其管理机构的出资人应当具有风险识别能力和风险承担能力，且资信良好。

第十条　股权投资企业、股权投资管理机构，以股份公司设立的，投资者人数（包括机构和自然人）不得超过200人；以有限公司形式设立的，投资者人数（包括机构和自然人）不得超过50人；以有限合伙形式设立的，合伙人人数（包括机构和自然人）不得超过50人。股权投资企业不可以普通合伙形式设立，股权投资管理机构可以普通合伙形式设立，普通合伙企业人数按照《中华人民共和国合伙企业法》的规定执行。

第十一条　自然人作为股权投资企业的出资人，应向股权投资管理机构和托管银行提供200万元（含）人民币以上的自有金融资产证明，该金融资产证明应由相应金融机构出具。

第十二条　股权投资管理机构的出资人未受过有关行政主管机关或者司法机关的重大处罚。

第十三条　股权投资企业及其管理机构的出资人应当以自有货币资金出资，且不得接受多个投资者委托认缴股权投资企业资本。

第三章　股权投资企业及其管理机构

第十四条　股权投资管理机构应符合以下要求：

（一）具有完善的公司治理、内部控制、业务操作、风险防范等制度。

（二）管理团队具有股权投资、资本运作、企业重组等行业从业经验，具备受托管理出资人资本的能力。

（三）具有合格的营业场所、安全防范措施和与业务有关的其他设施。

（四）主要出资人和主要高级管理人员资信良好。

第十五条　股权投资管理机构至少有 3 名高级管理人员具备 2 年以上股权投资或相关业务经验，其中，至少有 1 名高级管理人员具备 5 年以上股权投资或经济管理经验。

第十六条　股权投资企业及其受托管理机构的公司章程或合伙协议等法律文件，应当载明业绩激励机制、风险约束机制，并约定相关投资运作的决策程序；应在募集文件中向投资人充分揭示风险。

第十七条　股权投资管理机构应当按照委托管理协议履行下列职责：

（一）制定和实施投资方案，并对所投资企业进行投资后的管理。

（二）积极参与制定所投资企业发展战略，为所投资企业提供增值服务。

（三）定期或者不定期向股权投资企业披露股权投资企业投资运作等方面的信息。定期编制会计报表，经外部审计机构审核后，向股权投资企业报告。

（四）委托管理协议约定的其他职责。

第十八条　股权投资管理机构应当公平对待其管理的不同股权投资企业的财产，不得利用股权投资企业财产为股权投资企业以外的第三人牟取利益。对不同的股权投资企业应当设置不同的账户，实行分账管理。

有下列情形之一的，股权投资管理机构应当退任：

（一）管理机构解散、破产或者由接管人接管其资产的。

（二）管理机构丧失管理能力或者严重损害股权投资企业投资者利益的。

（三）按照委托管理协议约定，持有一定比例以上股权投资企业权益的投资者要求受托管理机构退任的。

（四）委托管理协议约定受托管理机构退任的其他情形。

第十九条　股权投资企业的投资领域限于非公开交易的企业股权，投资过程中的闲置资金只能存放银行或用于购买国债等固定收益类投资产品；股权投资企业不得为被投资企业以外的企业提供担保。

股权投资企业投资方向应当符合国家产业政策、投资政策和宏观调控政策。外资股权投资企业进行投资，涉及须经政府核准投资项目的，应当依照国家有关规定办理投资项目核准手续。

第二十条　股权投资企业应当与具有托管资质的商业银行签订托管协议，委托商业银行托管股权投资企业资产。

第二十一条　股权投资企业的资金运作应当依据公司章程或合伙协议约定，依法理性投资，降低投资风险。

股权投资企业及其管理机构的有关法律文件，应当载明业绩激励机制、风险约束机制，并约定相关投资运作的决策程序。股权投资企业或其管理机构可通过组建风险控制委员会和投资决策委员会，建立严格的投资决策流程和决策机制，保证投资的科学性，严格防范投资风险。

股权投资企业对关联方的投资，其投资决策应当实行关联方回避制度，并在公司章程或合伙协议、管理协议、托管协议中约定。

第二十二条　股权投资企业可以有限存续。

第四章　股权投资企业行业协会与中介服务机构

第二十三条　天津股权投资基金协会作为股权投资企业的行业自律组织，在股权投资基金业行业主管部门的指导下开展相关工作。每年6月末和12月末，向行业主管部门报送工作情况，并接受业务指导。

第二十四条　天津股权投资基金协会积极配合行业主管部门防范和化解行业风险。

（一）天津股权投资基金协会在股权投资基金业行业主管部门的指导下对股权投资企业加强政策宣传、咨询服务、行业管理和行业自律。配合协助开展工商年检和备案年检工作。

（二）定期对会员单位及其高管人员开展宣传教育培训和风险提示活动，提升股权投资管理机构的规范经营意识。

第二十五条　鼓励备案的股权投资企业和股权投资企业管理机构自愿申请成为股权

投资基金协会会员，并自觉接受行业自律管理。

第二十六条　股权投资企业及其管理机构应选择经验丰富、设有专门的部门和指定人员为股权投资企业服务的会计师事务所和律师事务所等中介机构，提供财务、法律等相关服务。

会计师事务所和律师事务所等中介机构为股权投资企业服务，应当将本企业基本情况、相关业务开展情况、主要负责人和为股权投资企业服务的从业人员基本信息，以及开展同类业务经验证明材料向市备案办报备。

为股权投资企业提供中介服务的会计师事务所和律师事务所等中介机构，如发现股权投资企业经营违法违规的，应当及时向市备案办报告。

第五章　注册登记

第二十七条　股权投资企业注册地应符合相应监管服务要求，并承担以下职责：

（一）监管服务要求

1. 区县要设立由发展改革、金融办、工商、商务等部门组成的专门工作小组，为本区域股权投资企业提供服务。

2. 有为股权投资企业服务的管理制度、部门和工作人员。工作人员应熟悉股权投资企业的资本募集、运作管理等相关法律法规。

3. 有相对集中的股权投资企业的注册区域。

（二）职责

1. 负责本区域的股权投资企业非法集资的违规处置工作。

2. 协助市备案办做好本辖区内注册股权投资企业的备案管理、信息统计等工作，并定期向市备案办报送本区域股权投资企业及其管理机构的注册登记、税收缴纳、投资运作等情况。

第二十八条　股权投资企业及其管理机构注册地原则上在滨海新区，经市备案办书面认定符合条件的区县方可注册登记。

第二十九条　股权投资企业注册地应将确定的部门或机构、工作人员名单报市备案办备案。经备案的注册地应定期接受市备案办的检查，工作人员需定期接受市备案办的政策培训，对不符合本办法规定的注册地，市备案办取消其股权投资企业注册地资格。

第三十条　股权投资企业的经营范围核准为：从事对未上市企业的投资，对上市公司非公开发行股票的投资以及相关咨询服务。

股权投资管理机构经营范围核准为：受托管理股权投资企业，从事投资管理及相关咨询服务。

第三十一条　公司制股权投资企业名称核准为："××股权投资股份公司"或"××股权投资基金股份公司"、"××股权投资有限公司"或"××股权投资基金有限公司"。

合伙制股权投资企业名称核准为："××股权投资合伙企业＋（有限合伙）"或"××股权投资基金合伙企业＋（有限合伙）"。

公司制股权投资管理机构名称核准为："××股权投资管理股份公司"或"××股权投资基金管理股份公司"、"××股权投资管理有限公司"或"××股权投资基金管理有限公司"。

合伙制股权投资管理机构名称核准为："××股权投资管理合伙企业＋（有限合伙）、（普通合伙）"或"××股权投资基金管理合伙企业＋（有限合伙）、（普通合伙）"。

股权投资企业及其管理机构的注册名称国家另有规定的，从其规定。

第三十二条　股权投资企业注册（认缴）资本不少于1亿元人民币，其中，公司制股权投资企业首期实际缴付资本不少于2000万元人民币，合伙制股权投资企业首期实际缴付资本不少于1000万元人民币；股权投资企业出资人中每个机构投资者最低认缴（出资）1000万元人民币，每个自然人投资者最低认缴（出资）200万元人民币；股权投资管理机构首期实际缴付资本不低于200万元人民币；公司制股权投资企业和股权投资管理机构还应符合法律法规对首期缴付比例的规定。

首期实际缴付资本应经会计师事务所出具验资报告（附银行资金到位证明）。股权投资企业首期实际缴付资本到位后，应由具有本办法第三十九条规定条件的托管银行托管。

第三十三条　外商投资股权投资企业、股权投资管理机构的审批另有规定的，从其规定。

第三十四条　股权投资管理机构注册时应提供主要高级管理人员的履历。

第三十五条 股权投资企业、股权投资管理机构注册时应签署《合法合规募集资本的承诺函》（附件1），并领取《风险提示书》（附件2）。

第三十六条 股权投资企业、股权投资管理机构应当依法接受企业登记机关的年度检查和日常监管，按照登记机关的要求提交材料，提供相关情况。企业不按规定接受年检和日常监管的，或检查发现违法行为的，企业登记机关依法处理直至吊销营业执照，涉嫌犯罪的依法移送公安机关。

第三十七条 市工商局按月统计股权投资企业及管理机构的注册户数、注册（认缴）资本、实收（实缴）资本、注册地址等信息，每月10日前将股权投资企业及管理机构的注册登记信息函告市发展改革委、市金融办。

第六章 股权投资企业托管银行

第三十八条 股权投资企业托管业务，是指商业银行作为托管人，接受依法设立的股权投资企业或其受托管理人的委托，根据相关法律、法规规定，为其提供包括资金保管、资金汇划清算等基本服务及根据双方约定，提供会计核算等增值服务。

第三十九条 市备案办对开展股权投资企业托管业务的商业银行（以下简称"托管银行"）实行备案管理。托管银行应当具备以下条件：

（一）严格遵守国家关于反洗钱的有关法律法规，具有达到防范非法集资应具备的软硬件条件。

（二）具有基金资产托管资质。

（三）在津注册的法人商业银行，或经商业银行总行授权的天津市分行。

（四）设有专门的托管业务部门，从事股权投资企业资产托管业务。

（五）托管业务部门有满足营业需要的专用办公场所、独立运营场地。配备独立的托管业务技术系统及硬件设备，包括网络系统、应用系统、安全防护系统、数据备份系统。有一定数量的经市备案办认可的从事股权投资企业托管业务的专职人员。

（六）有完善的托管业务管理、操作和风险控制制度。

（七）最近3年无重大违法违规记录。

（八）市备案办要求的其他条件。

第四十条 托管银行应以书面形式向市备案办报送以下材料：

（一）开办股权投资企业托管业务的申请报告。

（二）有关主管部门出具的从事基金资产托管业务的批准文件的复印件。

（三）经商业银行总行授权，由天津市分行办理托管业务的，需提供总行授权文件的复印件。

（四）托管业务部门及从业人员配置情况说明。

（五）股权投资企业托管业务管理办法、操作流程和风险控制办法。

（六）托管协议范本。

（七）市备案办要求的其他材料。

第四十一条 备案的托管银行应每月 10 日前向市备案办书面报告股权投资企业托管数量、规模等业务情况。

鼓励备案的托管银行成为天津股权投资基金协会会员。

第四十二条 托管银行在股权投资企业托管业务中应独立履行以下职责：

（一）安全保管股权投资企业的资金。

（二）对托管的不同股权投资企业分别开立账户。

（三）确认管理运用股权投资企业资金指令的真实性，核对股权投资企业交易记录、资金和财产账目。

（四）记录股权投资企业资金划拨情况，保存委托人的划款指令及证明汇款真实性的相关材料。

（五）按照法律法规规定或托管协议约定，定期向委托人出具保管报告。

（六）履行法律法规、托管协议约定的投资监督职责。

（七）托管协议约定的其他职责。

第四十三条 托管业务流程

（一）尽职调查

托管银行应做好股权投资企业托管前的尽职调查，并以书面调查报告记录存档。重点调查以下内容：

1. 股权投资企业有关情况。公司章程或合伙协议、工商登记文件、承诺函、风险提示书等。

2. 股权投资管理机构有关情况。（1）合规性。包括管理的股权投资企业运作是否符合有关法律法规规定，是否有被监管部门处罚的记录等。（2）股权结构。包括股权结构、合伙人制度、公司治理情况、股东背景等。（3）投资经验。包括管理的股权投资企业数量、资产规模、退出项目数量、退出项目资产规模等。（4）投资策略及决策流程。包括是否有专注的投资领域、是否设定选择投资项目的方法和体系等。（5）核心团队或主要投资经理情况。包括在业内的口碑、诚信情况，核心团队成员的组成、受教育背景、过往经历等。

3. 拟托管的股权投资企业募集及存续情况。对股权投资企业的存续期限、募集对象及方式、投资者人数、收益分成等情况进行审核，确保募集、运作规范合法。

4. 托管银行认为必要的其他尽职调查内容。

（二）签订托管协议

托管银行应与委托人签订托管协议。托管协议应当使用已在市备案办备案的托管文本。根据托管项目的实际要求，确实需要修改托管文本中涉及合同各方权利义务等关键条款的，应向市备案办备案。托管协议应当约定双方的权利义务、账户开立、划款指令和划款方式等内容。

（三）账户管理及资产托管

托管银行应当按照托管协议约定，协助股权投资企业开立独立的股权投资企业托管专用账户，用于股权投资企业资金的存放、管理和划转。原则上，要求募集资金一次性汇入银行托管账户；如有特殊原因，投资人需分别汇款至托管账户的，托管银行应根据股权投资企业出资人名录进行核实。

托管银行应根据法律法规、托管协议规定，安全保管股权投资企业资金，不得自行运用、处分保管资金，确保保管资金与银行自有资产及银行托管的其他资产之间相独立。

（四）资金清算及会计核算

托管银行应依法并根据托管协议的约定，严格按照划款指令，办理股权投资企业托管专户资金汇划。不同托管资金账户之间不得相互占用资金。

托管银行应按照国家有关会计制度和托管协议规定，为股权投资企业设立独立的会计账目，用于记录资金划拨情况或进行股权投资企业的会计核算，并出具财务报告。

（五）核查及报告职责

托管银行应对股权投资企业管理机构管理运用资金情况进行核查，包括：（1）运用股权投资企业资金，必须符合托管协议的要求。（2）运用股权投资企业资金，必须与托管协议约定的投资方向一致。（3）托管银行应根据合伙协议、托管协议等相关文件的要求，要求股权投资企业提供划款指令及证明汇款真实性的相关材料（包括但不限于：资金用途说明、投资协议、费用发票等），并对相关资料进行真实性审核。划款指令内容包括但不限于：收款人账号、户名、汇款金额、资金用途等。

如遇股权投资管理机构违反法律法规或托管协议进行资金划拨时，托管银行应当拒绝执行，并通知委托人纠正。当出现重大违法违规或者发生严重影响股权投资企业资金安全的事件时，托管银行应及时向市备案办及相关部门报告。

（六）档案管理

托管银行应指定专人负责保管股权投资企业托管业务档案，统一分类、立卷、归档、保管、借阅和销毁，除法律法规和托管协议要求外，不得复印、外传。

第七章 备案管理

第四十四条 凡资本规模超过 5 亿元人民币或者等值外币的股权投资企业，须按照《通知》的有关规定，经市发展改革委初审后转报国家发展改革委备案。

凡注册（认缴）资本在 1 亿元人民币或等值外币以上、5 亿元人民币或等值外币以下的股权投资企业，须向市备案办申请备案，且股权投资管理机构需要附带备案。

第四十五条 本办法颁布之日后注册的股权投资企业应在注册后 60 个工作日内向市备案办申请备案。备案需符合下列条件：

（一）已在工商行政管理部门注册登记。

（二）股权投资企业的注册（认缴）资本不少于 1 亿元人民币、实收（实缴）不少于 2000 万元人民币。股权投资管理机构的实收（实缴）资本不少于 200 万元人民币。

（三）股权投资企业出资人包括自然人的，需提供由金融机构出具的自然人出资人金融资产超过 200 万元（含）人民币的证明材料。

（四）投资方向符合国家产业政策、投资政策和宏观调控政策。

（五）有符合本办法规定的股权投资管理机构和托管机构，分别承担股权投资企业的管理责任和托管责任。

（六）发展与备案管理部门规定的其他条件。

本办法颁布之前注册的股权投资企业应按照本办法要求逐步规范和统一管理。

第四十六条　股权投资企业向市备案办申请备案，应当提交以下文件和材料：

（一）股权投资企业备案申请书。

（二）股权投资企业营业执照、首期出资验资报告等工商登记材料；外商投资股权投资企业（不含外资合伙）应提交外商投资企业批准证书。

（三）股权投资企业的公司章程或合伙协议等法律文件。

（四）股权投资企业招募说明书。

（五）所有投资者分别签署的认缴承诺书。认缴承诺书应当说明投资者已经完全知悉招募说明书的内容和风险因素。

（六）委托管理协议（如有）。

（七）委托托管协议。

（八）承诺函、风险提示书。

（九）律师事务所出具的法律意见书。

第四十七条　股权投资企业申请备案时，实行委托管理的，其受托管理机构应当申请附带备案，并提交下列材料：

（一）股权投资管理机构的营业执照、验资报告等工商登记材料；外商投资股权资管理机构（不含外资合伙）应提交外商投资企业批准证书。

（二）股权投资管理机构公司章程或合伙协议。

（三）所有高级管理人员的简历及关于高级管理人员资质的证明材料。

本办法所称高级管理人员，系指公司型企业的董事、监事、经理、副经理、财务负责人、董事会秘书和公司章程约定的其他人员，以及合伙型企业的普通合伙人和合伙协议约定的其他人员。合伙企业的普通合伙人为法人或非法人机构的，则该机构的高级管理人员一并视为高级管理人员。法律意见书需对高级管理人员符合本办法的资质进行说明。

（四）股权投资管理业务的开展情况及业绩。

对以有限合伙形式设立的股权投资企业，若受托管理机构与普通合伙人不是同一人，还应提交普通合伙人的相关材料。

第四十八条　备案审查

市备案办在收到备案申请后，应当在 10 个工作日内，审查备案申请文件是否齐全，并决定是否受理其备案申请。受理备案申请后，市发展改革委召集市备案办成员单位对股权投资企业备案材料进行审查，对符合备案条件的予以备案；对不符合备案条件的，应当督促其在 3 个月内改正。股权投资企业未按照本办法规定时限申请备案的，应当督促其在 20 个工作日内向市备案办申请备案。

第四十九条 经市备案办备案的注册地、股权投资企业及其管理机构、托管银行、中介服务机构名单通过市发展改革委门户网站向社会公告。

第五十条 经备案的股权投资企业和股权投资管理机构，才可享受《天津市促进股权投资基金业发展办法》（津政发〔2009〕45 号）规定的有关优惠政策，各区县和功能区负责股权投资业务的部门要做好政策衔接、落实和相关服务工作。

第五十一条 已备案的股权投资企业应及时报告投资运作过程中的重大事件，包括：

（一）修改公司（企业）章程（协议）等重要法律文件。

（二）增减资本。

（三）高级管理人员或管理人、托管人变更。

（四）重大投资事项。

（五）清算与解散。

第五十二条 备案年检

在每个会计年度结束后的 4 个月内，已备案的股权投资企业应向市备案办报送年度业务报告和经审计的年度财务报告，股权投资管理机构和托管银行应向市备案办提交年度资产管理报告和年度资产托管报告。

对备案年检中发现不符合本办法规定的股权投资企业和股权投资管理机构，应当责令其在 30 个工作日内改正；未改正的，应当取消备案。

第五十三条 对未按本办法规定备案的股权投资企业，将其作为"规避备案监管股权投资企业和受托管理机构"，通过市发展改革委门户网站向社会公告；运作不规范且逾期没有改正的、年检不合格被取消备案的股权投资企业，将其作为"运作管理不规范的股权投资企业和受托管理机构"，通过市发展改革委门户网站向社会公告。

对"规避备案监管"和"运作管理不规范"的股权投资企业和受托管理机构，市备案办将其名单依法移交相关部门处理。

第五十四条 市备案办可以通过信函与电话询问、现场走访等方式向注册地、股权投资管理机构、托管银行了解已备案的股权投资企业的投资运作情况，并建立多渠道的监督机制。

第五十五条　市备案办对注册地、托管银行、中介服务机构进行定期或不定期检查，对违反本办法规定的，取消其资质。

第五十六条　市发展改革委会同市金融办、市工商局、天津股权投资基金协会等市备案办成员单位针对股权投资企业的不同发展阶段，定期组织开展形式多样的股权投资企业教育培训活动，提升股权投资管理人员的合规经营意识。

第八章　附　　则

第五十七条　若本办法与国家有关部门规定不一致的，从其规定。本办法由天津市发展和改革委员会会同有关部门负责解释。

第五十八条　本办法自 2011 年 9 月 1 日起施行。《天津股权投资基金和股权投资基金管理公司（企业）登记备案管理试行办法》（津发改财金〔2008〕813 号）同时废止。

附件1　合法合规募集资本的承诺函

本机构现就股权投资企业的资本募集事宜承诺如下：

一、募集资金仅面向特定对象，不通过媒体（包括本企业网站）发布公告、在社区张贴布告、向社会散发传单、发送手机短信或通过举办研讨会、讲座及其他变相公开方式（包括在商业银行、证券公司、信托投资公司等机构的柜台投放招募说明书），直接或间接向不特定对象进行推介；

二、不接受投资者以不明来源或非法资金认缴投资企业资本，每个机构投资者最低认缴（出资）1000 万元，每个自然人投资者最低认缴（出资）200 万元；

三、投资者人数符合法律法规要求（股份有限公司 200 人以内，有限责任公司和有限合伙企业 50 人以内），且不接受多个投资者委托某一个投资者认缴投资企业资本；

四、与商业银行签订托管协议，由商业银行托管募集资金，不得以自然人账户及股权投资企业以外的其他账户募集资金；

五、不以任何方式向投资者承诺确保收回投资本金或获得固定收益，并向投资者充分揭示投资风险及可能的投资损失。

本机构保证全体高级管理人员遵守上述承诺。

企业负责人姓名		联系电话	
联系人		联系电话	
通讯地址			
电子邮箱			

法定代表人/执行事务合伙人或授权签字代表：

二〇　年　月　日

（本《承诺函》一式两份，一份由股权投资管理机构保存，一份由市备案办存档。）

附件2　风险提示书

_____：

贵公司（企业）应熟知以下法律法规：

一、《国家发展改革委办公厅关于进一步规范试点地区股权投资企业发展和备案管理工作的通知》（发改办财金〔2011〕253号）的有关规定。凡股权投资企业的规模在5亿元以上的，都应按照要求经天津市发展改革委初审后，报国家发展改革委备案；未按规定备案的，将其作为"规避备案监管股权投资企业和受托管理机构"，通过国家发展改革委门户网站向社会公告。

二、《非法金融机构和非法金融业务活动取缔办法》（国务院令第247号）规定：未经依法批准，以任何名义向社会不特定对象进行的非法集资，属于非法金融业务活动；未经有权机关批准，向社会公众吸收资金，出具凭证，承诺在一定期限内还本付息的活动，属于非法吸收公众存款行为。

三、《中华人民共和国刑法》第一百七十六条、一百九十二条、一百九十九及二百条对非法集资刑事责任的有关规定。

若发现违反上述法律法规，有关部门将向市防范和处置非法集资领导小组办公室举报和提供相关材料，配合司法部门打击非法集资行为。

本《风险提示书》一式两份，一份由股权投资管理机构保存，一份由市备案办存档。

本公司（企业）已知悉以上《风险提示书》相关内容，并承诺不以"股权投资企业或股权投资管理机构"的名义进行非法集资活动。

法定代表人/执行事务合伙人或授权签字代表：

天津产业（股权）投资基金发展与备案管理办公室

二○　年　月　日

8　中国保监会关于印发《保险资金投资股权暂行办法》的通知

保监发〔2010〕79号

各保险集团（控股）公司、保险公司、保险资产管理公司：

为规范保险资金投资股权行为，防范投资风险，保障资产安全，维护保险人和被保险人合法权益，中国保监会制定了《保险资金投资股权暂行办法》，现印发给你们，请遵照执行。

保险资金投资股权暂行办法

第一章　总　　则

第一条　为规范保险资金投资股权行为，防范投资风险，保障资产安全，维护保险当事人合法权益，依据《中华人民共和国保险法》、《中华人民共和国信托法》、《中华人民共和国公司法》、《中华人民共和国合伙企业法》及《保险资金运用管理暂行办法》等规定，制定本办法。

第二条　本办法所称股权，是指在中华人民共和国（以下简称中国）境内依法设立和注册登记，且未在中国境内证券交易所公开上市的股份有限公司和有限责任公司的股权（以下简称企业股权）。

第三条 保险资金可以直接投资企业股权或者间接投资企业股权（以下简称直接投资股权和间接投资股权）。

直接投资股权，是指保险公司（含保险集团（控股）公司，下同）以出资人名义投资并持有企业股权的行为；间接投资股权，是指保险公司投资股权投资管理机构（以下简称投资机构）发起设立的股权投资基金等相关金融产品（以下简称投资基金）的行为。

第四条 本办法所称投资机构，是指在中国境内依法注册登记，从事股权投资管理的机构。

本办法所称专业服务机构（以下简称专业机构），是指经国家有关部门认可，具有相应专业资质，为保险资金投资企业股权提供投资咨询、法律服务、财务审计和资产评估等服务的机构。

第五条 保险资金投资股权投资基金形成的财产，应当独立于投资机构、托管机构和其他相关机构的固有财产及其管理的其他财产。投资机构因投资、管理或者处分投资基金取得的财产和收益，应当归入投资基金财产。

第六条 保险资金投资企业股权，必须遵循稳健、安全原则，坚持资产负债匹配管理，审慎投资运作，有效防范风险。

第七条 保险公司、投资机构及专业机构从事保险资金投资企业股权活动，应当遵守本办法规定，恪尽职守，勤勉尽责，履行诚实、信用、谨慎、守法的义务。

第八条 中国保险监督管理委员会（以下简称中国保监会）负责制定保险资金投资企业股权的政策法规，依法对保险资金投资企业股权活动实施监督管理。

第二章 资质条件

第九条 保险公司直接投资股权，应当符合下列条件：

（一）具有完善的公司治理、管理制度、决策流程和内控机制；

（二）具有清晰的发展战略和市场定位，开展重大股权投资的，应当具有较强的并购整合能力和跨业管理能力；

（三）建立资产托管机制，资产运作规范透明；

（四）资产管理部门拥有不少于5名具有3年以上股权投资和相关经验的专业人员，

开展重大股权投资的，应当拥有熟悉企业经营管理的专业人员；

（五）上一会计年度末偿付能力充足率不低于 150%，且投资时上季度末偿付能力充足率不低于 150%；

（六）上一会计年度盈利，净资产不低于 10 亿元人民币（货币单位以下同）；

（七）最近三年未发现重大违法违规行为；

（八）中国保监会规定的其他审慎性条件。

间接投资股权的，除符合前款第（一）、（三）、（五）、（七）、（八）项规定外，资产管理部门还应当配备不少于 2 名具有 3 年以上股权投资和相关经验的专业人员。

保险公司投资保险类企业股权，可不受前款第（二）、（四）项的限制。

前款所称重大股权投资，是指对拟投资非保险类金融企业或者与保险业务相关企业实施控制的投资行为。

第十条　保险公司投资股权投资基金，发起设立并管理该基金的投资机构，应当符合下列条件：

（一）具有完善的公司治理、管理制度、决策流程和内控机制；

（二）注册资本不低于 1 亿元，已建立风险准备金制度；

（三）投资管理适用中国法律法规及有关政策规定；

（四）具有稳定的管理团队，拥有不少于 10 名具有股权投资和相关经验的专业人员，已完成退出项目不少于 3 个，其中具有 5 年以上相关经验的不少于 2 名，具有 3 年以上相关经验的不少于 3 名，且高级管理人员中，具有 8 年以上相关经验的不少于 1 名；拥有不少于 3 名熟悉企业运营、财务管理、项目融资的专业人员；

（五）具有丰富的股权投资经验，管理资产余额不低于 30 亿元，且历史业绩优秀，商业信誉良好；

（六）具有健全的项目储备制度、资产托管和风险隔离机制；

（七）建立科学的激励约束机制和跟进投资机制，并得到有效执行；

（八）接受中国保监会涉及保险资金投资的质询，并报告有关情况；

（九）最近三年未发现投资机构及主要人员存在重大违法违规行为；

（十）中国保监会规定的其他审慎性条件。

第十一条　保险资金投资企业股权，聘请专业机构提供有关服务，该机构应当符合下列条件：

（一）符合本办法第十条第（一）、（三）、（八）、（九）、（十）项规定；

（二）具有国家有关部门认可的业务资质；

（三）熟悉保险资金投资股权的法律法规、政策规定、业务流程和交易结构，且具有承办股权投资有关服务的经验和能力，商业信誉良好；

（四）与保险资金投资企业股权的相关当事人不存在关联关系。

提供投资咨询服务的机构，除符合前款规定外，还应当符合下列条件：

（一）专业团队成熟稳定，拥有不少于 6 名具有股权投资和相关经验的专业人员，其中具有 5 年以上相关经验的不少于 3 名；

（二）注册资本不低于 200 万元。

为保险资金提供资产托管服务的商业银行，应当接受中国保监会涉及保险资金投资的质询，并报告有关情况。

第三章　投资标的

第十二条　保险资金直接或者间接投资股权，该股权所指向的企业，应当符合下列条件：

（一）依法登记设立，具有法人资格；

（二）符合国家产业政策，具备国家有关部门规定的资质条件；

（三）股东及高级管理人员诚信记录和商业信誉良好；

（四）产业处于成长期、成熟期或者是战略新型产业，或者具有明确的上市意向及较高的并购价值；

（五）具有市场、技术、资源、竞争优势和价值提升空间，预期能够产生良好的现金回报，并有确定的分红制度；

（六）管理团队的专业知识、行业经验和管理能力与其履行的职责相适应；

（七）未涉及重大法律纠纷，资产产权完整清晰，股权或者所有权不存在法律瑕疵；

（八）与保险公司、投资机构和专业机构不存在关联关系，监管规定允许且事先报告和披露的除外；

（九）中国保监会规定的其他审慎性条件。

保险资金不得投资不符合国家产业政策、不具有稳定现金流回报预期或者资产增值价值、高污染、高耗能、未达到国家节能和环保标准、技术附加值较低等企业股权。不得投资创业、风险投资基金。不得投资设立或者参股投资机构。

保险资金投资保险类企业股权，可不受第（二）、（四）、（五）、（八）项限制。

保险资金直接投资股权，仅限于保险类企业、非保险类金融企业和与保险业务相关的养老、医疗、汽车服务等企业的股权。

第十三条　保险资金投资的投资基金，应当符合下列条件：

（一）投资机构符合本办法第十条规定；

（二）投资方向或者投资标的符合本办法第十二条规定及其他金融监管机构的规定；

（三）具有确定的投资目标、投资方案、投资策略、投资标准、投资流程、后续管理、收益分配和基金清算安排；

（四）交易结构清晰，风险提示充分，信息披露真实完整；

（五）已经实行投资基金托管机制，募集或者认缴资金规模不低于 5 亿元，具有预期可行的退出安排和健全有效的风控措施，且在监管机构规定的市场交易；

（六）中国保监会规定的其他审慎性条件。

第四章　投资规范

第十四条　保险公司投资企业股权，应当符合下列规定：

（一）实现控股的股权投资，应当运用资本金。

（二）其他直接投资股权，可以运用资本金或者与投资资产期限相匹配的责任准备金。

（三）间接投资股权，可以运用资本金和保险产品的责任准备金。人寿保险公司运用万能、分红和投资连结保险产品的资金，财产保险公司运用非寿险非预定收益投资型保险产品的资金，应当满足产品特性和投资方案的要求。

（四）不得运用借贷、发债、回购、拆借等方式筹措的资金投资企业股权，中国保监会对发债另有规定的除外。

第十五条　保险公司投资企业股权，应当符合下列比例规定：

（一）投资未上市企业股权的账面余额，不高于本公司上季末总资产的5%；投资股权投资基金等未上市企业股权相关金融产品的账面余额，不高于本公司上季末总资产的4%，两项合计不高于本公司上季末总资产的5%。

（二）直接投资股权的账面余额，不超过本公司净资产，除重大股权投资外，投资同一企业股权的账面余额，不超过本公司净资产的30%。

（三）投资同一投资基金的账面余额，不超过该基金发行规模的20%。

第十六条 保险公司投资企业股权，应当按照监管规定和内控要求，规范完善决策程序和授权机制，确定股东（大）会、董事会和经营管理层的决策权限及批准权限。根据偿付能力、投资管理能力及投资方式、目标和规模等因素，做好相关制度安排。

决策层和执行层应当各司其职，谨慎决策，勤勉尽责，充分考虑股权投资风险，按照资产认可标准和资本约束，审慎评估股权投资对偿付能力和收益水平的影响，严格履行相关程序，并对决策和操作行为负责。保险资金投资企业股权，不得采用非现场方式表决。

保险资金追加同一企业股权投资的，应当按照本办法规定，履行相应程序。

第十七条 保险资金投资股权涉及关联关系的，其投资决策和具体执行过程，应当按照关联交易的规定，采取有效措施，防止股东、董事、监事、高级管理人员及其他关联方，利用其特殊地位，通过关联交易或者其他方式侵害保险公司和被保险人利益，不得进行内幕交易和利益输送。

第十八条 保险资金直接投资股权，应当聘请符合本办法第十一条规定的专业机构，提供尽职调查、投资咨询及法律咨询等专业服务。

间接投资股权，应当对投资机构的投资管理能力及其发行的投资基金进行评估。投资管理能力评估，应当至少包括本办法第十条规定的内容；投资基金评估，应当至少包括本办法第十三条规定的内容。

间接投资股权，还应当要求投资机构提供投资基金募集说明书等文件，或者依据协议约定，提供有关论证报告或者尽职调查报告。

第十九条 保险资金投资企业股权，应当充分行使法律规定的权利，通过合法有效的方式，维护保险当事人的合法权益。

重大股权投资，应当通过任命或者委派董事、监事、经营管理层或者关键岗位人选，确保对企业的控股权或者控制力，维护投资决策和经营管理的有效性；其他直接股权投资，应当通过对制度安排、合同约定、交易结构、交易流程的参与和影响，维护保险当事人的知情权、收益权等各项合法权益。

间接投资股权，应当与投资机构签订投资合同或者协议，载明管理费率、业绩报酬、管理团队关键人员变动、投资机构撤换、利益冲突处理、异常情况处置等事项；还应当与投资基金其他投资人交流信息，分析所投基金和基金行业的相关报告，比较不同投资机构的管理状况，通过与投资机构沟通交流及考察投资基金所投资企业等方式，监督投资基金的投资行为。

投资基金采取公司型的，应当建立独立董事制度，完善治理结构；采取契约型的，应当建立受益人大会；采取合伙型的，应当建立投资顾问委员会。间接投资股权，可以要求投资机构按照约定比例跟进投资，并在投资合同或者发起设立协议中载明。

第二十条　保险公司投资企业股权，应当加强投资期内投资项目的后续管理，建立资产增值和风险控制为主导的全程管理制度。除执行本办法第十九条规定外，还应当采取下列措施：

（一）重大股权投资的，应当规划和发展企业协同效应，改善企业经营管理，防范经营和投资风险；选聘熟悉行业运作、财务管理、资本市场等领域的专业人员，参与和指导企业经营管理，采取完善治理、整合资源、重组债务、优化股权、推动上市等综合措施，提升企业价值。

（二）其他直接投资股权的，应当指定专人管理每个投资项目，负责与企业管理团队沟通，审查企业财务和运营业绩，要求所投企业定期报告经营管理情况，掌握运营过程和重大决策事项，撰写分析报告并提出建议，必要时可聘请专业机构对所投企业进行财务审计或者尽职调查。

（三）间接投资股权的，应当要求投资机构采取不限于本条规定的措施，提升企业价值，实现收益最大化目标。

第二十一条　保险资金投资企业股权，应当参照国际惯例，依据市场原则，协商确定投资管理费率和业绩报酬水平，并在投资合同中载明。投资机构应当综合考虑资产质量、投资风险与收益等因素，确定投资管理费率，兑现业绩报酬水平，倡导正向激励和引导，防范逆向选择和道德风险。

第二十二条　保险资金投资企业股权，应当聘请符合本办法第十一条规定的专业机构，采用两种以上国际通用的估值评估方法，持续对所投股权资产进行估值和压力测试，得出审慎合理的估值结果，并向中国保监会报告。估值方法包括但不限于基于资产的账面价值法、重置成本法、市场比较法、现金流量折现法以及倍数法等。

第二十三条　保险资金投资企业股权，应当遵守本办法及相关规定，承担社会责任，恪守道德规范，充分保护环境，做负责任的机构投资者。

第五章　风险控制

第二十四条　保险资金投资企业股权，应当注重投资管理制度、风险控制机制、投资行为规范和激励约束安排等基础建设，建立项目评审、投资决策、风险控制、资产托管、后续管理、应急处置等业务流程，制定风险预算管理政策及危机解决方案，实行全面风险管理和持续风险监控，防范操作风险和道德风险。

第二十五条　保险公司投资企业股权，应该审慎考虑偿付能力和流动性要求，根据保险产品特点、资金结构、负债匹配管理需要及有关监管规定，合理运用资金，多元配置资产，分散投资风险。

第二十六条　保险资金投资企业股权，应当遵守本办法及有关规定，确保投资项目和运作方式合法合规。所投企业应当符合国家法律法规和本办法规定，具有完备的经营要件。

第二十七条　保险资金投资企业股权，应当建立重大突发事件应急处理机制。应急处理机制包括但不限于风险情形、应急预案、工作目标、报告路线、操作流程、处理措施等，必要时应当及时启动应急处理机制，尽可能控制并减少损失。

保险公司应当建立责任追究制度，高级管理人员和主要业务人员违反监管规定及公司管理制度，未履行或者未正确履行职责，造成资产损失的，应当追究其责任。涉及非保险机构高级管理人员和主要业务人员的，保险公司应当按照有关规定和合同约定追究其责任。

第二十八条　保险资金投资企业股权，应当建立有效的退出机制。退出方式包括但不限于企业股权的上市、回购、协议转让及投资基金的买卖或者清算等。

保险资金投资企业股权，可以采取债权转股权的方式进入，也可以采取股权转债权的方式退出。

第二十九条　保险公司投资企业股权，应当要求投资机构按照有关规定和合同约定，向本公司及相关当事人履行信息披露义务。信息披露至少包括投资团队、投资运作、项目运营、资产价值、后续管理、关键人员变动，以及已投资企业的经营管理、主要风险及重大事项等内容，重大事项包括但不限于股权纠纷、债务纠纷、司法诉讼等。

信息披露不得存在虚假陈述、误导、重大遗漏或者欺诈等行为。投资机构应当对信息披露的及时性、准确性、真实性和完整性承担法律责任。

第六章　监督管理

第三十条　保险公司进行重大股权投资，应当向中国保监会申请核准，提交以下书面材料：

（一）股东（大）会或者董事会投资决议；

（二）主营业务规划、投资规模及业务相关度说明；

（三）专业机构提供的财务顾问报告、尽职调查报告和法律意见书；

（四）投资可行性报告、合规报告、关联交易说明、后续管理规划及业务整合方案；

（五）有关监管部门审核或者主管机关认可的股东资格说明；

（六）投资团队及其管理经验说明；

（七）附生效条件的投资协议，特别注明经有关监管机构或者部门核准后生效；

（八）中国保监会规定的其他审慎性内容。

中国保监会审核期间，拟投资企业出现下列情形之一的，可以要求保险公司停止该项股权投资：

（一）出现或者面临巨额亏损、巨额民事赔偿、税收政策调整等重大不利财务事项；

（二）出现或者面临核心业务人员大量流失、目标市场或者核心业务竞争力丧失等重大不利变化；

（三）有关部门对其实施重大惩罚性监管措施；

（四）中国保监会认为可能对投资产生重大影响的其他不利事项。

重大股权投资的股权转让或者退出，应当向中国保监会报告，说明转让或者退出的理由和方案，并附股东（大）会或者董事会相关决议。

第三十一条　保险公司进行非重大股权投资和投资基金投资的，应当在签署投资协议后 5 个工作日内，向中国保监会报告，除提交本办法第三十条第（三）、（六）、（八）项规定的内容外，还应当提交以下材料：

（一）董事会或者其授权机构的投资决议；

（二）投资可行性报告、合规报告、关联交易说明、后续管理方案、法律意见书及投资协议或者认购协议；

（三）对投资机构及投资基金的评估报告。

中国保监会发现投资行为违反法律法规或者本办法规定的，有权责令保险公司予以改正。

第三十二条 保险公司投资企业股权，应当于每季度结束后 15 个工作日内和每年 3 月 31 日前，分别向中国保监会提交季度报告和年度报告，并附以下书面材料：

（一）投资情况；

（二）资本金运用；

（三）资产管理及运作；

（四）资产估值；

（五）资产质量及主要风险；

（六）重大突发事件及处置；

（七）中国保监会规定的其他审慎性内容。

除上述内容外，年度报告还应当说明投资收益及分配、资产认可及偿付能力、投资能力变化等情况，并附经专业机构审计的相关报告。

第三十三条 投资机构应当于每年 3 月 31 日前，就保险资金投资股权投资基金的情况，向中国保监会提交年度报告。

第三十四条 托管机构应当于每季度结束后 15 个工作日内和每年 3 月 31 日前，就保险资金投资企业股权和投资基金情况，分别向中国保监会提交季度报告和年度报告，并附以下材料：

（一）保险资金投资情况；

（二）投资合法合规情况；

（三）异常交易及需提请关注事项；

（四）资产估值情况；

（五）主要风险状况；

（六）涉及的关联交易情况；

（七）中国保监会规定的其他审慎性内容。

第三十五条　中国保监会制定股权投资能力标准，保险公司和相关投资机构应当根据规定标准自行评估，并将评估报告提交中国保监会。中国保监会将检验并跟踪监测保险公司和相关投资机构的股权投资能力。

中国保监会可以根据市场需要，适当调整投资比例、相关当事人的资质条件和报送材料等事项。保险资金投资企业股权的相关当事人向中国保监会报送的相关材料，应当符合监管规定，并对材料的真实性负责。

第三十六条　中国保监会依法对保险资金投资企业股权进行现场监管和非现场监管，必要时可以聘请专业机构协助检查。

保险公司投资企业股权，出现偿付能力不足、重大经营问题、存在重大投资风险，或者可能对金融体系、金融行业和金融市场产生不利影响的，中国保监会应当采取有关法律法规规定的停止投资业务、限制投资比例、调整投资人员、责令处置股权资产、限制股东分红和高管薪酬等监管措施。保险公司投资企业股权后，不能持续符合第九条规定的，中国保监会应当责令予以改正。

违规投资的企业股权资产，中国保监会按照有关规定不计入认可资产范围。突发事件或者市场变化等非主观因素，造成企业股权投资比例超过本办法规定的，保险公司应当在 3 个月内，按照规定调整投资比例。保险资金投资企业股权的资产评估标准、方法及风险因子的规则，由中国保监会另行规定。

第三十七条　保险公司高级管理人员、主要业务人员在职期间或者离任后，发现其在该公司工作期间，违反有关法律、行政法规和本办法规定投资企业股权的，中国保监会将依法追究责任。

投资机构和专业机构参与保险资金投资股权活动，存在违反有关法律、行政法规和本办法规定行为的，中国保监会有权记录其不良行为，并将有关情况通报其监管或者主管部门。情节严重的，中国保监会将责令保险公司停止与该机构的业务，并商有关监管或者主管部门依法给予行政处罚。

保险公司不得与列入不良记录名单的投资机构和专业机构发生业务往来。

第七章　附　则

第三十八条　符合本办法第九条第（一）、（三）、（七）、（八）项规定，上一会计年度盈利，净资产不低于5亿元的保险资产管理机构，可以运用资本金直接投资非保险类金融企业股权。

第三十九条　保险资金投资境外未上市企业股权，按照《保险资金境外投资管理暂行办法》和中国保监会有关规定执行。保险资金投资境内和境外未上市企业股权及未上市企业股权相关金融产品，投资比例合并计算。

保险资金投资基础设施类企业股权，按照本办法有关规定执行。

原有关保险资金投资股权规定，与本办法不一致的，以本办法规定为准。

未经营保险业务的保险集团（控股）公司，其本级自有资金投资的范围和比例，另有规定的从其规定。

第四十条　本办法由中国保监会负责解释和修订，自发布之日起施行。

中国保险监督管理委员会

二〇一〇年七月三十一日

9　中国保监会关于印发《保险资金投资不动产暂行办法》的通知

保监发［2010］80号

各保险集团（控股）公司、保险公司、保险资产管理公司：

为规范保险资金投资不动产行为，防范投资风险，保障资产安全，维护保险人和被保险人合法权益，中国保监会制定了《保险资金投资不动产暂行办法》，现印发给你们，请遵照执行。

保险资金投资不动产暂行办法

第一章　总　则

第一条　为规范保险资金投资不动产行为，防范投资风险，保障资产安全，维护保险当事人合法权益，依据《中华人民共和国保险法》、《中华人民共和国信托法》、《中华人民共和国物权法》、《中华人民共和国公司法》及《保险资金运用管理暂行办法》等规定，制定本办法。

第二条　保险资金投资的不动产，是指土地、建筑物及其他附着于土地上的定着物。

保险资金可以投资基础设施类不动产、非基础设施类不动产及不动产相关金融产品。

保险资金投资基础设施类不动产，遵照《保险资金间接投资基础设施项目试点管理办法》及有关规定。投资非基础设施类不动产及相关金融产品，遵照本办法。

第三条　本办法所称不动产投资管理机构（以下简称投资机构），是指在中华人民共和国（以下简称中国）境内依法注册登记，从事不动产投资管理的机构。

本办法所称专业服务机构（以下简称专业机构），是指经国家有关部门认可，具有相应专业资质，为保险资金投资不动产提供法律服务、财务审计和资产评估等服务的机构。

第四条　保险资金投资不动产相关金融产品形成的财产，应当独立于投资机构、托管机构和其他相关机构的固有财产及其管理的其他财产。投资机构因投资、管理或者处分不动产相关金融产品取得的财产和收益，应当归入不动产相关金融产品财产。

第五条　保险公司［含保险集团（控股）公司，下同］投资不动产，必须遵循稳健、安全原则，坚持资产负债匹配管理，审慎投资运作，有效防范风险。

第六条　保险公司、投资机构及专业机构从事保险资金投资不动产活动，应当遵守本办法规定，恪尽职守，勤勉尽责，履行诚实、信用、谨慎、守法的义务。

第七条　中国保险监督管理委员会（以下简称中国保监会）负责制定保险资金投资不动产的政策法规，依法对保险资金投资不动产活动实施监督管理。

第二章　资格条件

第八条　保险公司投资不动产，应当符合下列条件：

（一）具有完善的公司治理、管理制度、决策流程和内控机制；

（二）实行资产托管机制，资产运作规范透明；

（三）资产管理部门拥有不少于 8 名具有不动产投资和相关经验的专业人员，其中具有 5 年以上相关经验的不少于 3 名，具有 3 年以上相关经验的不少于 3 名；

（四）上一会计年度末偿付能力充足率不低于150%，且投资时上季度末偿付能力充足率不低于150%；

（五）上一会计年度盈利，净资产不低于1亿元人民币（货币单位下同）；

（六）具有与所投资不动产及不动产相关金融产品匹配的资金，且来源充足稳定；

（七）最近三年未发现重大违法违规行为；

（八）中国保监会规定的其他审慎性条件。

投资不动产相关金融产品的，除符合前款第（一）、（二）、（四）、（五）、（六）、（七）、（八）项规定外，资产管理部门还应当拥有不少于2名具有3年以上不动产投资和相关经验的专业人员。

保险公司聘请投资机构提供不动产投资管理服务的，可以适当放宽专业人员的数量要求。

第九条　为保险资金投资不动产提供投资管理服务的投资机构，应当符合下列条件：

（一）在中国境内依法注册登记，具有国家有关部门认可的业务资质；

（二）具有完善的公司治理，市场信誉良好，管理科学高效，投资业绩稳定；

（三）具有健全的操作流程、风险管理、内部控制及稽核制度，且执行有效；

（四）注册资本不低于1亿元；

（五）管理资产余额不低于50亿元，具有丰富的不动产投资管理和相关经验；

（六）拥有不少于15名具有不动产投资和相关经验的专业人员，其中具有5年以上相关经验的不少于3名，具有3年以上相关经验的不少于4名；

（七）接受中国保监会涉及保险资金投资的质询，并报告有关情况；

（八）最近三年未发现重大违法违规行为；

（九）中国保监会规定的其他审慎性条件。

符合上述条件的投资机构，可以为保险资金投资不动产提供有关专业服务，发起设立或者发行不动产相关金融产品。投资机构向保险资金发起设立或者发行不动产投资计划的规则，由中国保监会另行规定。

第十条　为保险资金投资不动产提供有关服务的专业机构，应当符合下列条件：

（一）具有经国家有关部门认可的业务资质；

（二）具有完善的管理制度、业务流程和内控机制；

（三）熟悉保险资金不动产投资的法律法规、政策规定、业务流程和交易结构，具有承办投资不动产相关服务的经验和能力，且商业信誉良好；

（四）与保险资金投资不动产的相关当事人不存在关联关系；

（五）接受中国保监会涉及保险资金投资的质询，并报告有关情况；

（六）最近三年未发现重大违法违规行为；

（七）中国保监会规定的其他审慎性条件。

为保险资金投资不动产提供资产托管服务的商业银行，应当接受中国保监会涉及保险资金投资的质询，并报告有关情况。

第三章　投资标的与投资方式

第十一条　保险资金可以投资符合下列条件的不动产：

（一）已经取得国有土地使用权证和建设用地规划许可证的项目；

（二）已经取得国有土地使用权证、建设用地规划许可证、建设工程规划许可证、施工许可证的在建项目；

（三）取得国有土地使用权证、建设用地规划许可证、建设工程规划许可证、施工许可证及预售许可证或者销售许可证的可转让项目；

（四）取得产权证或者他项权证的项目；

（五）符合条件的政府土地储备项目。

保险资金投资的不动产，应当产权清晰，无权属争议，相应权证齐全合法有效；地处直辖市、省会城市或者计划单列市等具有明显区位优势的城市；管理权属相对集中，能够满足保险资产配置和风险控制要求。

第十二条　保险资金可以投资符合下列条件的不动产相关金融产品：

（一）投资机构符合第九条规定；

（二）经国家有关部门认可，在中国境内发起设立或者发行，由专业团队负责管理；

（三）基础资产或者投资的不动产位于中国境内，符合第十一条第一款第（一）项至第（五）项的规定；

（四）实行资产托管制度，建立风险隔离机制；

（五）具有明确的投资目标、投资方案、后续管理规划、收益分配制度、流动性及清算安排；

（六）交易结构清晰，风险提示充分，信息披露真实完整；

（七）具有登记或者簿记安排，能够满足市场交易或者协议转让需要；

（八）中国保监会规定的其他审慎性条件。

不动产相关金融产品属于固定收益类的，应当具有中国保监会认可的国内信用评级机构评定的 AA 级或者相当于 AA 级以上的长期信用级别，以及合法有效的信用增级安排；属于权益类的，应当建立相应的投资权益保护机制。

保险资金投资不动产相关金融产品的规则，由中国保监会另行规定。

第十三条 保险资金可以采用股权方式投资第十一条第一款第（一）项至第（四）项规定的不动产，采用债权方式投资第十一条第一款第（一）项至第（五）项规定的不动产，采用物权方式投资第十一条第一款第（三）、（四）项规定的不动产。保险资金采用债权、股权或者物权方式投资的不动产，仅限于商业不动产、办公不动产、与保险业务相关的养老、医疗、汽车服务等不动产及自用性不动产。

保险资金投资医疗、汽车服务等不动产，不受第十一条第一款第（二）项至第（五）项及区位的限制；投资养老不动产、购置自用性不动产，不受第十一条第一款第（一）项至第（五）项及区位的限制；本款前述投资必须遵守专地专用原则，不得变相炒地卖地，不得利用投资养老和自用性不动产（项目公司）的名义，以商业房地产的方式，开发和销售住宅。投资养老、医疗、汽车服务等不动产，其配套建筑的投资额不得超过该项目投资总额的 30%。

保险资金投资不动产，除政府土地储备项目外，可以采用债权转股权、债权转物权或者股权转物权等方式。投资方式发生变化的，应当按照本办法规定调整管理方式。保险资金以多种方式投资同一不动产的，应当分别遵守本办法规定。

第十四条 保险公司投资不动产（不含自用性不动产），应当符合以下比例规定：

（一）投资不动产的账面余额，不高于本公司上季度末总资产的 10%，投资不动产相关金融产品的账面余额，不高于本公司上季度末总资产的 3%；投资不动产及不动产相关金融产品的账面余额，合计不高于本公司上季度末总资产的 10%。

（二）投资单一不动产投资计划的账面余额，不高于该计划发行规模的 50%，投资其他不动产相关金融产品的，不高于该产品发行规模的 20%。

第十五条 保险资金投资不动产，应当合理安排持有不动产的方式、种类和期限。以债权、股权、物权方式投资的不动产，其剩余土地使用年限不得低于 15 年，且自投资协议签署之日起 5 年内不得转让。保险公司内部转让自用性不动产，或者委托投资机构以所持有的不动产为基础资产，发起设立或者发行不动产相关金融产品的除外。

第十六条 保险公司投资不动产，不得有下列行为：

（一）提供无担保债权融资。

（二）以所投资的不动产提供抵押担保。

（三）投资开发或者销售商业住宅。

（四）直接从事房地产开发建设（包括一级土地开发）。

（五）投资设立房地产开发公司，或者投资未上市房地产企业股权（项目公司除外），或者以投资股票方式控股房地产企业。已投资设立或者已控股房地产企业的，应当限期撤销或者转让退出。

（六）运用借贷、发债、回购、拆借等方式筹措的资金投资不动产，中国保监会对发债另有规定的除外。

（七）违反本办法规定的投资比例。

（八）法律法规和中国保监会禁止的其他行为。

第四章 风险控制

第十七条 保险资金投资不动产，应当建立规范有效的业务流程和风控机制，涵盖项目评审、投资决策、合规审查、投资操作、管理运营、资产估值、财务分析、风险监测等关键环节，形成风险识别、预警、控制和处置的全程管理体系，并定期或者不定期进行压力测试，全面防范和管理不动产投资风险。

第十八条 保险资金投资不动产，应当按照监管规定和内控要求，规范完善决策程序和授权机制，确定股东（大）会、董事会和经营管理层的决策权限及批准权限。

决策层和执行层应当各司其职，谨慎决策，勤勉尽责，充分考虑不动产投资风险，按照资产认可标准和资本约束，审慎评估不动产投资对偿付能力和收益水平的影响，严格履行相关程序，并对决策和操作行为负责。保险资金投资不动产不得采用非现场表决方式。

第十九条 保险资金投资不动产，应当聘请符合第十条规定条件的专业机构，提供尽职调查报告和法律意见书，制定有效的投资方案、经营计划和财务预算，并通过科学的交易结构和完善的合约安排，控制投资管理和运营风险。

第二十条 保险资金以股权方式投资不动产，拟投资的项目公司应当为不动产的直接所有权人，且该不动产为项目公司的主要资产。项目公司应当无重大法律诉讼，且股权未因不动产的抵押设限等落空或者受损。

以股权方式投资不动产，应当向项目公司派驻董事、高级管理人员及关键岗位人员，并对项目公司的股权转让、资产出售、担保抵押、资金融通等重大事项发表意见，维护各项合法权益。

第二十一条 保险资金以债权方式投资不动产，应当在合同中载明还款来源及方式、担保方式及利率水平、提前或者延迟还款处置等内容。债务人应当具有良好的财务能力和偿债能力，无重大违法违规行为和不良信用记录。

第二十二条 保险资金以物权方式投资不动产，应当及时完成不动产物权的设立、限制、变更和注销等权属登记，防止因漏登、错登造成权属争议或者法律风险。对权证手续设限的不动产，应当通过书面合同，约定解限条件、操作程序、合同对价支付方式等事项，防范和控制交易风险。

第二十三条 保险资金投资不动产相关金融产品，应当对该产品的合法合规性、基础资产的可靠性和充分性，及投资策略和投资方案的可行性，进行尽职调查和分析评估。持有产品期间，应当要求投资机构按照投资合同或者募集说明书的约定，严格履行职责，有效防范风险，维护投资人权益。

第二十四条 保险资金投资不动产，应当实行资金专户管理，督促开户银行实行全程监控，严格审查资金支付及相关对价取得等事项。

保险资金投资不动产，应当合理确定交易价格。保险公司、投资机构与托管机构、专业机构不得存在关联交易。保险公司与投资机构存在关联交易的，不得偏离市场独立第三方的价格或者收费标准，不得通过关联交易或者其他方式侵害保险公司利益。

第二十五条 保险资金投资不动产，应当加强资产后续管理，建立和完善管理制度，设置专门岗位，配置管理人员，监测不动产市场情况，评估不动产资产价值和质量，适时调整不动产投资策略和业态组合，防范投资风险、经营风险和市场风险。出现重大投资风险的，应当及时启动应急预案，并向中国保监会报告风险原因、损失状况、处置措施及后续影响等情况。

第二十六条　保险资金投资不动产，应当聘请符合第十条规定条件的专业机构，按照审慎原则，综合考虑不动产所处区位、市场及其他相关因素，采用成本法、市场比较法和收益还原法等评估方法，合理评估不动产资产价值。

第二十七条　保险资金投资不动产，应当明确相关人员的风险责任和岗位职责，并建立责任追究制度。

保险公司的高级管理人员和主要业务人员，在职期间或者离任后，发现其在该公司工作期间，存在违反有关法律、行政法规和本办法规定投资不动产行为的，保险公司应当依法追究其责任。

第二十八条　保险资金投资不动产，应当要求投资机构按照法律法规、有关规定及合同约定，履行信息披露义务，并对所披露信息的及时性、真实性、完整性和合法性负责。投资机构所披露信息，应当满足保险公司了解不动产及不动产相关金融产品的风险特征、风险程度及投资管理的需要。所披露信息内容至少应当包括不动产或者不动产相关金融产品的投资规模、运作管理、资产估值、资产质量、投资收益、交易转让、风险程度等事项。

第五章　监督管理

第二十九条　保险公司投资不动产，投资余额超过 20 亿元或者超过可投资额度 20% 的，应当在投资协议签署后 5 个工作日内，向中国保监会报告；对已投资不动产项目追加投资的，应当经董事会审议，并在投资协议签署后 5 个工作日内，向中国保监会报告。

前款规定的报告，应当至少包括董事会或者其授权机构决议、可行性研究报告、资产配置计划、合法合规报告、资产评估报告、风险评估报告、关联交易说明、偿付能力分析、后续管理方案、法律意见书、投资协议书等。

保险资金投资养老项目，应当在确定投资意向后，通报中国保监会，并在签署投资协议后 5 个工作日内，向中国保监会报告。除本条第二款规定内容之外，还应当说明经营目的和发展规划，并提交整体设计方案和具体实施计划等材料。

中国保监会发现保险公司投资行为违反法律法规或者本办法规定的，有权责令其改正。

第三十条　保险公司投资不动产，应当在每季度结束后的 15 个工作日内和每年 3 月 31 日前，向中国保监会提交季度报告和年度报告，至少包括以下内容：

（一）投资总体情况；

（二）资本金运用情况；

（三）资产管理及运作情况；

（四）资产估值；

（五）资产风险及质量；

（六）重大突发事件及处置情况；

（七）中国保监会规定的其他审慎性内容。

除上述内容外，年度报告还应当说明投资收益及分配、资产认可及偿付能力、投资能力变化等情况，并附经专业机构审计的相关报告。

第三十一条　投资机构应当于每年 3 月 31 日前，就保险资金投资不动产相关金融产品情况，向中国保监会报告，至少包括以下内容：

（一）保险资金投资情况；

（二）产品运作管理、主要风险及处置、资产估值及收益等情况；

（三）基础资产或者资产池变化、产品转让或者交易流通等情况；

（四）经专业机构审计的产品年度财务报告；

（五）中国保监会规定的其他审慎性内容。

除上述内容外，投资机构还应当报告专业团队和投资能力变化、监管处罚、法律纠纷等情况。

不动产相关金融产品为公开发行或者募集的，应当按照有关规定披露相关信息。

第三十二条　托管机构应当于每季度结束后的 15 个工作日内和每年 3 月 31 日前，向中国保监会提交季度报告和年度报告，至少包括以下内容：

（一）保险资金投资情况；

（二）投资合法合规情况；

（三）异常交易及需提请关注事项；

（四）资产估值情况；

（五）主要风险状况；

（六）涉及的关联交易情况；

（七）中国保监会规定的其他审慎性内容。

第三十三条　中国保监会制定不动产投资能力标准，保险公司及相关投资机构应当按照规定标准自行评估，并向中国保监会提交评估报告。中国保监会将检验并跟踪监测保险公司及相关投资机构的不动产投资管理能力及变化情况。

中国保监会可以根据市场需要，适当调整投资比例、相关当事人的资质条件和报送材料等事项。保险资金投资不动产及不动产相关金融产品的相关当事人，向中国保监会报送的材料，应当符合监管规定，并对材料的真实性负责。

第三十四条　中国保监会依法对保险公司投资不动产进行现场监管和非现场监管，必要时可以聘请专业机构协助检查。

保险公司投资不动产，出现偿付能力不足、重大经营问题、存在重大投资风险，或者可能对金融体系、金融行业和金融市场产生不利影响的，中国保监会应当采取有关法律法规规定的停止投资业务、限制投资比例、调整投资人员、责令处置不动产资产、限制股东分红和高管薪酬等监管措施。保险公司投资不动产后，不能持续符合第八条规定的，中国保监会应当责令予以改正。

违规投资的不动产或者超比例投资的不动产，中国保监会按照有关规定不计入认可资产范围。突发事件或者市场变动等非主观因素，造成不动产投资比例超过本办法规定的，保险公司应当在规定期限内，按照规定调整投资比例。保险资金投资不动产的资产评估标准和方法及风险因子的规则，由中国保监会另行规定。

第三十五条　投资机构和专业机构参与保险资金投资不动产活动，违反有关法律、行政法规和本办法规定的，中国保监会有权记录其不良行为，并将违法违规情况通报其监管或者主管部门。情节严重的，中国保监会将责令保险公司不得与该机构开展相关业务，并商有关监管或者主管部门依法给予行政处罚。

保险公司不得与列入不良记录名单的投资机构和专业机构发生业务往来。

第六章　附　　则

第三十六条　保险公司投资购置办公用房、培训中心、后援中心、灾备中心等自用性不动产，应当运用资本金。

保险公司投资购置自用性不动产的账面余额，不得高于该公司上年末净资产的 50%。

保险公司投资的同一不动产，含自用性不动产和投资性不动产的，应当按照本办法规定，分别确定运用资本金和保险责任准备金的比例，分别核算成本和投资收益并进行会计处理。

第三十七条 保险资金投资境外不动产，按照《保险资金境外投资管理暂行办法》和中国保监会有关规定执行，保险资金投资境内和境外的不动产及相关金融产品，投资比例合并计算。

保险资金以取得不动产所有权为目的投资项目公司股权，不适用《保险资金投资股权暂行办法》的有关规定。

第三十八条 本办法由中国保监会负责解释和修订，自发布之日起实施。

10 最高人民法院关于审理非法集资刑事案件具体应用法律若干问题的解释

《最高人民法院关于审理非法集资刑事案件具体应用法律若干问题的解释》已于 2010 年 11 月 22 日由最高人民法院审判委员会第 1502 次会议通过，现予公布，自 2011 年 1 月 4 日起施行。

二〇一〇年十二月十三日

最高人民法院关于审理非法集资刑事案件具体应用法律若干问题的解释

（法释［2010］18 号 2010 年 11 月 22 日由最高人民法院审判委员会第 1502 次会议通过自 2011 年 1 月 4 日起施行）

为依法惩治非法吸收公众存款、集资诈骗等非法集资犯罪活动，根据刑法有关规定，现就审理此类刑事案件具体应用法律的若干问题解释如下：

第一条 违反国家金融管理法律规定，向社会公众（包括单位和个人）吸收资金的行为，同时具备下列四个条件的，除刑法另有规定的以外，应当认定为刑法第一百七十六条规定的"非法吸收公众存款或者变相吸收公众存款"：

（一）未经有关部门依法批准或者借用合法经营的形式吸收资金；

（二）通过媒体、推介会、传单、手机短信等途径向社会公开宣传；

（三）承诺在一定期限内以货币、实物、股权等方式还本付息或者给付回报；

（四）向社会公众即社会不特定对象吸收资金。

未向社会公开宣传，在亲友或者单位内部针对特定对象吸收资金的，不属于非法吸收或者变相吸收公众存款。

第二条 实施下列行为之一，符合本解释第一条第一款规定的条件的，应当依照刑法第一百七十六条的规定，以非法吸收公众存款罪定罪处罚：

（一）不具有房产销售的真实内容或者不以房产销售为主要目的，以返本销售、售后包租、约定回购、销售房产份额等方式非法吸收资金的；

（二）以转让林权并代为管护等方式非法吸收资金的；

（三）以代种植（养殖）、租种植（养殖）、联合种植（养殖）等方式非法吸收资金的；

（四）不具有销售商品、提供服务的真实内容或者不以销售商品、提供服务为主要目的，以商品回购、寄存代售等方式非法吸收资金的；

（五）不具有发行股票、债券的真实内容，以虚假转让股权、发售虚构债券等方式非法吸收资金的；

（六）不具有募集基金的真实内容，以假借境外基金、发售虚构基金等方式非法吸收资金的；

（七）不具有销售保险的真实内容，以假冒保险公司、伪造保险单据等方式非法吸收资金的；

（八）以投资入股的方式非法吸收资金的；

（九）以委托理财的方式非法吸收资金的；

（十）利用民间"会"、"社"等组织非法吸收资金的；

（十一）其他非法吸收资金的行为。

第三条　非法吸收或者变相吸收公众存款，具有下列情形之一的，应当依法追究刑事责任：

（一）个人非法吸收或者变相吸收公众存款，数额在20万元以上的，单位非法吸收或者变相吸收公众存款，数额在100万元以上的；

（二）个人非法吸收或者变相吸收公众存款对象30人以上的，单位非法吸收或者变相吸收公众存款对象150人以上的；

（三）个人非法吸收或者变相吸收公众存款，给存款人造成直接经济损失数额在10万元以上的，单位非法吸收或者变相吸收公众存款，给存款人造成直接经济损失数额在50万元以上的；

（四）造成恶劣社会影响或者其他严重后果的。

具有下列情形之一的，属于刑法第一百七十六条规定的"数额巨大或者有其他严重情节"：

（一）个人非法吸收或者变相吸收公众存款，数额在100万元以上的，单位非法吸收或者变相吸收公众存款，数额在500万元以上的；

（二）个人非法吸收或者变相吸收公众存款对象100人以上的，单位非法吸收或者变相吸收公众存款对象500人以上的；

（三）个人非法吸收或者变相吸收公众存款，给存款人造成直接经济损失数额在50万元以上的，单位非法吸收或者变相吸收公众存款，给存款人造成直接经济损失数额在250万元以上的；

（四）造成特别恶劣社会影响或者其他特别严重后果的。

非法吸收或者变相吸收公众存款的数额，以行为人所吸收的资金全额计算。案发前后已归还的数额，可以作为量刑情节酌情考虑。

非法吸收或者变相吸收公众存款，主要用于正常的生产经营活动，能够及时清退所吸收资金，可以免予刑事处罚；情节显著轻微的，不作为犯罪处理。

第四条　以非法占有为目的，使用诈骗方法实施本解释第二条规定所列行为的，应当依照刑法第一百九十二条的规定，以集资诈骗罪定罪处罚。

使用诈骗方法非法集资，具有下列情形之一的，可以认定为"以非法占有为目的"：

（一）集资后不用于生产经营活动或者用于生产经营活动与筹集资金规模明显不成

比例，致使集资款不能返还的；

  （二）肆意挥霍集资款，致使集资款不能返还的；

  （三）携带集资款逃匿的；

  （四）将集资款用于违法犯罪活动的；

  （五）抽逃、转移资金、隐匿财产，逃避返还资金的；

  （六）隐匿、销毁账目，或者搞假破产、假倒闭，逃避返还资金的；

  （七）拒不交代资金去向，逃避返还资金的；

  （八）其他可以认定非法占有目的的情形。

  集资诈骗罪中的非法占有目的，应当区分情形进行具体认定。行为人部分非法集资行为具有非法占有目的的，对该部分非法集资行为所涉集资款以集资诈骗罪定罪处罚；非法集资共同犯罪中部分行为人具有非法占有目的，其他行为人没有非法占有集资款的共同故意和行为的，对具有非法占有目的的行为人以集资诈骗罪定罪处罚。

  第五条 个人进行集资诈骗，数额在10万元以上的，应当认定为"数额较大"；数额在30万元以上的，应当认定为"数额巨大"；数额在100万元以上的，应当认定为"数额特别巨大"。

  单位进行集资诈骗，数额在50万元以上的，应当认定为"数额较大"；数额在150万元以上的，应当认定为"数额巨大"；数额在500万元以上的，应当认定为"数额特别巨大"。

  集资诈骗的数额以行为人实际骗取的数额计算，案发前已归还的数额应予扣除。行为人为实施集资诈骗活动而支付的广告费、中介费、手续费、回扣，或者用于行贿、赠与等费用，不予扣除。行为人为实施集资诈骗活动而支付的利息，除本金未归还可予折抵本金以外，应当计入诈骗数额。

  第六条 未经国家有关主管部门批准，向社会不特定对象发行、以转让股权等方式变相发行股票或者公司、企业债券，或者向特定对象发行、变相发行股票或者公司、企业债券累计超过200人的，应当认定为刑法第一百七十九条规定的"擅自发行股票、公司、企业债券"。构成犯罪的，以擅自发行股票、公司、企业债券罪定罪处罚。

  第七条 违反国家规定，未经依法核准擅自发行基金份额募集基金，情节严重的，依照刑法第二百二十五条的规定，以非法经营罪定罪处罚。

第八条　广告经营者、广告发布者违反国家规定，利用广告为非法集资活动相关的商品或者服务作虚假宣传，具有下列情形之一的，依照刑法第二百二十二条的规定，以虚假广告罪定罪处罚：

（一）违法所得数额在 10 万元以上的；

（二）造成严重危害后果或者恶劣社会影响的；

（三）二年内利用广告作虚假宣传，受过行政处罚二次以上的；

（四）其他情节严重的情形。

明知他人从事欺诈发行股票、债券，非法吸收公众存款，擅自发行股票、债券，集资诈骗或者组织、领导传销活动等集资犯罪活动，为其提供广告等宣传的，以相关犯罪的共犯论处。

第九条　此前发布的司法解释与本解释不一致的，以本解释为准。

参考文献

1. 国家统计局编．中国统计年鉴 2000—2011 年．北京：中国统计出版社，2011

2. （美）弗兰克·J·法博齐编著．俞桌菁译．金融工具手册．上海：上海人民出版社，2006

3. （美）特瑞斯·M·克劳瑞特，G·斯泰·西蒙著．龙奋杰，李文诞等译．房地产金融 – 原理和实践．北京：经济科学出版社，2004

4. （美）彼得·林奇著．骆玉鼎等译．战胜华尔街．上海：上海财经大学出版社，2002

5. （美）吉姆·罗杰斯著．凌建平，胡利平译．风险投资家环球旅行．上海：上海人民出版社，2004

6. Higgins, David, *Real Estate Investment Trusts*：*Structure and Application in Asia*,Singapore Presentation, Unpublished Paper

7. 中华人民共和国国家发展和改革委员会网站 www. sdpc. gov. cn

8. 中国人民银行网站 www. pbc. gov. cn

9. 中华人民共和国国家统计局网站 www. stats. gov. cn

10. 中华人民共和国国土资源部网站 www. mlr. gov. cn

11. 中华人民共和国住房和城乡建设部网站 www. mohurd. gov. cn

12. 世界银行网站 www. worldbank. org

13. 国际货币基金组织网站 www. imf. org

14. 经济合作与发展组织网站 www. oecd. org

15. 标准普尔网 www. standardandpoors. com

16. 穆迪网 www. moodys. com

访谈：私募基金正当时，这是一个美好的时代[❶]

初见张健，感觉他是一个"傲气"的人，即使他的表现很谦逊，对周围的人很客气，也无法抹去身上固有的"荣耀"气质。但是，这种气质在我们短暂交谈之后渐渐被隐去，取而代之的是谦逊和低调。其间，给记者印象最深的还是，在谈到他的留学经历时，即使略带艰辛，他仍会面带微笑，侃侃而谈。或许，正如他所说，"只有经历了才知道，再难的事情其实不过如此"。或许，正是他的释然与豁达、历练与坚持，才成就了现在"资深房地产投融资和战略专家"这份荣耀。

记者不怀疑他的"谦卑"，一个懂得谦卑的人才有能力去构筑和维系别人给予他的信任工程。他说，"替别人着想是作为一名基金管理者最起码的职业品德"。

留学·"写书是在学习，工作也是在学习"。

"我会看很多非专业的和专业的书，一来可以拓展自己的思维，二来也可以让自己的专业更出类拔萃。我无时无刻都保持着学习的心态，以致后来的工作是这样，写书也是这样。书能帮我解惑。"

一谈到留学，或许很多人都会跟我有一样的想法——留学的生活很苦很苦。但张健却给了记者不一样的答案，他说："留学的经历有些艰苦，同时

---

❶ 本文刊登于 2010 年 9 月《华房商学院》，记者怀斯。

既简单又复杂。"

"我 1989 年出国，为了能让自己有更多的条件学习，我跟所有的中国留学生一样，以打工的方式为自己争取更多的实践机会。譬如，考虑到我的建筑管理专业背景，我尝试去房地产公司做销售，即使我不懂得销售技巧……"

可是，正是这个"不懂得销售技巧"，让张健在异国他乡遭遇了第一次工作打击，"当时（20 世纪 90 年代初）国内几乎还没有房地产行业，我想我是一个科班出身的建筑管理的专业人才，居然在房地产销售这一块比不过一些无建筑背景的'外行人'。"也正是这一打击，让张健顿悟到房地产和建筑工程有很大的不同，也让他更加迷恋上了房地产行业；譬如，做房产销售并不一定要有多么高深的建筑学识，但是要有一定的心理战术和推销技巧以及毅力，任何人都有潜力成为一名出色的房产销售人员。于是，在这之后，张健更加珍惜各种学习机会，在澳大利亚住宅公司工作的两年，为他积累了丰富的房地产开发和市场销售经验。

他说："人生就是要不断地摸索，直到找到他真正想追求的。"带着这样的疑问和思考，他在获得澳大利亚西悉尼大学房地产经济学硕士学位后即转战于全球最大的房地产和建筑集团之一的联胜集团（Lend Lease Corporation）。说到这里时，他不无感慨地说："联胜集团，对于很多干房地产这一行的人来说，是梦寐以求的单位。我之所以能进，是因为我比别人多了一份耐心和肯钻研的态度。我很珍惜在联胜集团工作的 4 年时间，除了把英文练得更专业外，我还要拼命看书，不停地学习，不停地动脑筋想，不停地研究案例。"也就在这几年时间里，张健参与了房地产开发项目管理和房地产投资信托基金等方面的工作。

但凡事业成功的人都会经历或多或少的磨难，而张健就是在这样的环境中用不断完善自己、充实自己的方式来诠释着自己对房地产行业的热忱与责任。他说："虽然那个时候，国外的房地产行业已发展得非常完善，但在当时的中国内地，这个行业却还是一个新兴的行业。"所以，他有了一个想法，"我要回国，把这些年来，在联胜集团也好，麦格理银行也好，所学到的实战经验、理论战术，以及经手过的案例操作，统统带回国，让国内房地产行业的从业人员了解国际做法，这对国内的同行来说将是一件获益匪浅的事。"

回国·"有文凭的人很多，聪明的人很多，唯有坚持的人才能成功"。

"就像爬一座山，越到高处，越觉得力不从心。可是，只要咬牙再坚持一会儿，就能享受到站在高处俯视众物的乐趣。所以，很多时候，我都会对自己说，只要坚持，一切都会过去的。坚持是一种信念，只要信念不倒，人就能成功。"

张健无疑是一个自信而务实的人，1999 年他自荐去了澳大利亚最大的投资银行麦格理银行（Macquarie Bank），准备谋得上海分公司做房地产投资基金管理的工作。虽然当时等待的时间长达两个多月，但他还是幸运地等来了聘用电话。在问及当时的心情时，张健浅浅地笑了笑："我很自信，因为一般跨国公司用人有一个决策程序，且我有联胜集团等的经历和大大小小的成功案例。"

在麦格理银行，张健所参与管理的几只人民币基金都是从海外募集过来的，是传统意义上的私募基金。张健说："譬如在 2000 年，我直接负责谈判的投资项目每个至少在 2 亿元人民币以上。"

或许，当经验累积到一定程度时，油然而生的自信心和自豪感也会随着自身能力的不断提升从而得到体现。从"联胜"到"麦格理"，从"开发运营管理"到"投资基金管理"，张健无疑为自己的人生来了一次华美跳跃。他说："人生就像一个圈，从最初的建筑管理到后来的房地产开发和投资，再到现在的房地产基金，可以说都是在房地产这一个行业里转着。"

在问及如何把握因为工作性质的调整而产生的无法估算的变数时，他说："首先，建筑管理、房地产开发和房地产基金有很大的关联性；其次，但凡一个工作，不管类型如何，行业如何，只要用心去找，都会有一个共性——做好和做优。"自然，从张健身上，记者看到的不仅仅是自信、谦逊、隐忍、坚持，更多的还是他对这个行业所赋予的使命感和责任感。这就让记者想到了对他影响颇深的一句话："有文凭的人很多，聪明的人很多，唯有坚持的人才能成功。"有文凭的人不一定能成功，聪明的人也不一定会成功，只有坚持到底的人才有决定能否成功的潜在因素，"抓住这个因素，你就成功了一半"。

"善待机会，把握机会"慢慢地成为了他的人生信条——"没有机会要学会创造机会，机会来了就要学会好好把握，善待了机会就等于善待了自己的经历，这样才能更全面地认识自己。"

"股权投资基金会为茫然的投资者和融资者带去希望"。

房地产私募基金在中国是一个很新的房地产金融产品，其实这里的私募也可以称为"非上市"，正如公募对应"上市"一样。私募基金相对公募基金的操作有许多优点，包括管理团队更多的责任性和利益相关性。

从全球来看，私募基金的运作模式越来越受融资者和投资者欢迎，可以说它有更强的生命力。譬如，2008 年全球金融危机发生以来，美国的许多大型上市公司危机频发，而私募基金的发展越加壮大。

对于包括房地产私募基金在内的我国房地产金融创新，张健一开始就有想为中小企业服务的意愿。但是，就前些年的大环境而言，房地产金融创新的服务对象更多的还是国有企业，以及上市的大型企业，而那些影响不是很大的中小房地产企业融资渠道非常有限。从长远利益来看，这无疑制约了房地产中小企业的发展。"我接触过很多房地产中小企业管理者，我了解他们在投融资方面所面临的尴尬与困境。"而目前房地产私募基金的运作是正当时，很大程度上解决了我国中小房地产企业的融资问题和房地产投资者的投资渠道问题，这正是一个美好的时代。

显然，张健是一个有着 20 多年房地产投融资经验的战略专家，骨子里仍留存着 20 世纪 60 年代生人特有的使命感和责任感，"人活到一定境界时，会自然而然地焕发出'被需要'的思想，被社会需要，被周围人需要，被企业需要，思想空间越大，被需要的层次就会越多，人潜在的社会责任感和企业使命感就会越发强大。"或许，这就能说明，张健为何在繁忙的工作之余写出了六本房地产专著并在部分著名大学的房地产总裁班和 MBA 课程授课，同时把所有的热情都投身于房地产金融包括私募基金的建设上，"急他们之所急，想他们之所想，从根本上为他们排忧解难。"

房地产宏观调控以后会是常态，商业银行的开发贷款也会趋紧，而企业的资金问题自然成为了很多房地产商们首要考虑的因素。资金就好比他们的血液，失血的房地产商自然没有办法存活；与此同时，我国许多机构和个人的大量资金在寻找投资渠道，国家目前也鼓励和支持金融创新，于是房地产私募基金应运而生。

"这才是体现房地产私募基金价值的时候"，张健不无感慨地说。

"正所谓'天时、地利、人和'，有了私募基金发展的好'天时'，也有了房地产基金的好'地利'，我相信，以我们团队在投融资和基金方面的专业能力，一定会给想投资的机构和个人以及想进一步发展的房地产企业一个'人和'的好环境。我们房地产私募正当时，这是最美好的时代。"

后　记

　　作者经常为全国的一些房地产和基金投资者、著名房地产企业、高等院校做专题的和系列的课程和讲座（课程和讲座主题及内容举例如下），目的是将本套系列图书中的有关内容和信息与业内人士进一步沟通，同时能有机会使参加讲座或讨论会的人士直接提出他们最关心的问题并讨论。想了解更多情况，请直接联系 jzhanggcf@163.com。

课程和讲座主题

专题一：房地产股权投资基金实务

专题二：房地产市场和投资策略分析

专题三：房地产企业投融资

专题四：房地产企业的资本运作与风险管理

专题五：我国房地产金融及其创新

专题六：房地产投资理财

专题七：相关房地产公司内部培训课程

　　课程使用最具有实战性的教学模式，充分考虑学员的实际学习需求，采取互动式案例教学，选取行业经典案例进行实战分析、模拟与讨论，使课程极具针对性和系统性；它将使学员掌握并运用相关知识。

［例］专题一主要内容（共 1~2 天的课程）

房地产股权投资基金课程概要

一、我国房地产资金来源和私募基金的出现

房地产行业的发展趋势

房地产融资现状和创新

房地产私募股权基金的概念和内容

国内外房地产私募股权基金的发展情况

房地产私募股权基金发展的历史机遇

现有法律框架下的私募基金募集

房地产私募股权基金和民间融资的关系

从两个生活中的典型案例看房地产私募股权基金

二、房地产股权投资基金的运作

房地产私募股权基金产品分类

房地产私募股权基金主要的构成元素（主要条款）

房地产私募股权基金投资流程（融资、投资、管理和退出）

怎样募集和投资房地产私募股权基金

当前房地产私募股权基金主要投资哪些项目

房地产私募股权基金基本的投资结构分析

房地产私募股权基金的几个主要相关法律文件简介

两个房地产私募股权基金典型案例分析和讨论

课程的主要目的

□ 理解我国房地产金融现状和前景

□ 深入了解房地产私募股权基金概念、内容和发展的必然性

□ 深入了解房地产私募股权基金的运作（融资、投资、管理和退出）

□ 把握怎样募集和投资房地产私募股权基金

□ 根据情况制定自己企业与房地产私募基金合作的方式

［例］专题四主要内容（共1～2天的课程）

房地产企业的资本运作与风险管理

一、房地产企业的金融环境分析

二、房地产企业的资本运营的主要内容和战略

三、房地产企业的融资产品分析

四、房地产企业的收购与兼并实务

五、房地产企业的风险管理分析

六、产品、融资及其创新与合作

课程的主要目的

□ 了解房地产企业资本运作的内容和我国的现状和前景

□ 掌握各种房地产企业融资方式的特点、机遇和创新

□ 根据情况制定房地产企业的最佳资本运作方式

□ 了解房地产企业风险管理的基本内容和方式

□ 借鉴发达资本市场房地产企业资本运作的成功经验

□ 拓宽运营思路，提高和升华